Leila Emami & Fenna Williams (Hrsg.)

Hortus Delicti

Vom Park in den Sarg

Für Heikes beste
Freundin Julia.
Mordsmäßige Grüße
aus Bad Vilbel.
[illegible]

wellhöfer VERLAG

Wellhöfer Verlag
Ulrich Wellhöfer
Weinbergstraße 26
68259 Mannheim
Tel. 0621/7188167

info@wellhoefer-verlag.de
www.wellhoefer-verlag.de

Titelgestaltung: Uwe Schnieders, Fa. Pixelhall, Malsch
Satz: FPW Verlagsdienstleistungen, Mannheim
www.fpw-verlagsdienstleistungen.de

Die Erzählungen sind frei erfunden. Ähnlichkeiten mit wirklichen Personen oder tatsächlichen Ereignissen sind nicht beabsichtigt und somit rein zufällig.

ISBN 978-3-95428-212-8

Inhalt

FENNA WILLIAMS

Der Nächste, bitte!

Hattersheim, Schlocker-Stiftung

Wollen Sie die lange oder die kurze Version? Ja, das verstehe ich. Wer vor einer so endgültigen Entscheidung steht, einer Entscheidung für die Ewigkeit sozusagen, will umfassend informiert sein. Dann also die lange Version. Das mache ich gerne. Aber die Zeit läuft. Ab jetzt koste ich Geld. Sollten Sie sich für meine Dienstleistungen entscheiden, wird diese Stunde selbstverständlich mit dem Gesamtvolumen verrechnet. Mit anderen Worten: Wenn ich den Auftrag bekomme, entfällt die Gebühr für dieses konspirative Treffen, dann gehört dieses Gespräch zum Service.

Gerne erkläre ich Ihnen ausführlich, weshalb Sie mir vertrauen dürfen und ich alles tun werde, um Ihnen ein finanziell gesichertes und zufriedenes, rundum ungestörtes Leben zu ermöglichen.

Warum ich gewillt bin, menschliche Ärgernisse für Sie dauerhaft zu beseitigen? Das ist ganz einfach: Ich verstehe, was Sie durchmachen. Denn ich stand einmal am gleichen Punkt wie Sie. Vor genau zwölf Monaten. Nur handelte es sich bei mir nicht um einen untreuen, verschwenderischen Ehegatten, der mir den Lebensabend vergällte, sondern um eine geizige Behörde.

Diese Behörde hatte mir meinen Rentenbescheid zugestellt und damit mein Leben grundlegend verändert. Nein, ich lebe seitdem nicht gesünder, ich lebe seitdem zielführender. Für mich und für Sie. Das hat seinen Grund: Als ich las, dass sich meine monatliche Unterstützung nicht einmal annähernd im vierstelligen Bereich befinden würde, bin ich Millimeter an einem Infarkt vorbeigeschrammt. Mich hat nur die pure Wut vom Sterben abgehalten. Wut über ein Leben voller Arbeit, aber ohne Anerkennung.

All die Jahre als Sprechstundenhilfe bei Dr. Grantig und dann Almosen. Staatliches Hohngelächter für eine Fachkraft. Eine Mitarbeiterin, die alles kann, was ihr Beruf verlangt: Verbände anlegen, Blut abnehmen, Spritzen geben. Meine Mund-zu-Nase-Beatmung weckt Tote auf.

Obendrein war ich immer höflich, immer geduldig. Mein »Der Nächste, bitte!« hat nie seinen freundlichen Unterton verloren, in keiner Grippeepidemie und auch nicht, als ich nach einer Wirtshausschlägerei eine beachtliche Anzahl Gliedmaßen wieder ihren rechtmäßigen Besitzern zuordnen musste.

Sogar Dr. Grantig, der seinem Namen immer dann gerecht wurde, wenn ich um eine Gehaltserhöhung meines schmal bemessenen Salärs bat, schätzte mein Können und hätte mir niemals gekündigt.

So viel ist gewiss: Ich habe meine Arbeit gut gemacht, gewissenhaft und zum Wohle der Allgemeinheit.

Aber das kümmerte meinen Sachbearbeiter wenig. Der hat nur gerechnet und gerechnet – und dann ungerührt den Stempel unter den Bescheid gesetzt. Das macht die Behörde gerne: Kurz bevor sie dir ausbezahlen müssen, was du fünfundvierzig Jahre lang eingezahlt hast, schicken sie dir die Bestätigung, wie wenig du wert bist.

Mir blieben nicht mehr als 765 Euro Rente, bei einer Miete, die bereits Anspruch auf die Hälfte dieser Summe erhebt. Mein Rentenbescheid las sich für mich wie eine Verurteilung zu lebenslanger Arbeit. Kein Zweifel: Ich musste mir für den Rest meiner Tage etwas dazuverdienen. Aber wie? Und vor allem womit?

Mir wollte einfach nicht einfallen, welchen Job ich bis an mein Lebensende erledigen konnte, ohne mich körperlich zu übernehmen. Ich ging sogar noch einmal zur Berufsberatung

– obwohl die ja vierzig Jahre zuvor bereits auf ganzer Linie versagt hatte, als sie mir den Beruf der Sprechstundenhilfe als eine gute und sichere Lebensperspektive vorgegaukelt hatte. Ich lief umher wie in Trance, stand mit meiner Enttäuschung auf, ging mit ihr ins Bett und träumte von ihr. Ich nahm hohe Dosen Baldrian, um nicht auszurasten oder tagelang zu heulen vor Wut. Wie und durch was sollte ich überleben? In meinem Alter konnte ich in keine Praxis zurück, in keine legale jedenfalls. Aber illegal, das ging. Da war auch für mich noch was drin. Dafür musste ich nur Eigeninitiative entwickeln und bereit sein, ein paar Rüschen an meine Phantasie zu nähen.

Da kam mir eine alte Gewohnheit zu Hilfe. Fünfundzwanzig Jahre lang hatte mich mein Weg jede Woche in den Blumenladen der Schlocker-Stiftung in Hattersheim geführt, um dort Gestecke oder Blumen für die Rauchglasvase auf dem Anmeldetresen unserer Praxis zu kaufen und unseren Patienten so ein Lächeln ins Gesicht zu zaubern. Diese Rauchglasvase offerierte mir Dr. Grantig an meinem letzten Arbeitstag als Abschiedsgeschenk, zusammen mit einem mickrigen Gutschein für eine letzte Füllung. Im Nachhinein kann ich sagen: Das war das Wertvollste, was ich je von ihm bekommen habe.

Mein letzter Gang zur Schlocker-Stiftung als Sprechstundenhilfe war auch mein erster Schritt in mein neues Leben. Oder anders gesagt: Die Stiftung hat mich gerettet und ich bedanke mich für diesen Liebesdienst, indem ich dafür sorge, dass sie ihren gepflegten Grabschmuck auf wesentlich mehr Gräber verteilen darf, als dies ohne meinen neuen Job der Fall wäre. Die Schlocker-Stiftung und ich, wir arbeiten Hand in Hand – auch wenn diese überaus menschenfreundliche Einrichtung von meiner unkonventionellen Unterstützung nicht das Geringste ahnt.

An jenem Abend wechselte Dr. Grantigs Gutschein zwar in die Hände der Schlocker-Stiftung zurück, aber nicht für Blumen, nicht für Setzlinge und nicht für Gestecke. Als ich den Laden betrat, fiel mein Blick auf ein Plakat: In einem zu einer kulturellen Begegnungsstätte umgewidmeten Teil der Gewächshäuser, passend Grüner Daumen getauft, sollte wenig später eine Lesung unter dem Motto »Der Mörder ist immer der Gärtner« beginnen. Krimiautoren aus dem Rhein-Main-Gebiet würden bei Wein und Kerzenschein fantasievolle Möglichkeiten präsentieren, wie man unliebsame Zeitgenossen sauber und ohne Nebenwirkungen für den Täter ins außerstoffliche Dasein befördert.

Unliebsame Zeitgenossen! Ich musste sofort an Dr. Grantig denken, aber auch an die Tatsache, dass ich nie mehr »Der Nächste, bitte!« in die Runde rufen würde. Als auch noch ein paar unangenehme Patienten und mein Sachbearbeiter an meinem inneren Auge vorbeizogen, beschloss ich, den Gutschein gegen eine Eintrittskarte einzutauschen und den Abend als Weiterbildungsveranstaltung zu betrachten.

Das Programm war reiner Genuss. Erst wurden wir alle durch die imposante Anlage geführt – von den riesigen Gewächshäusern bis hin zum artenreichen Wildstaudengarten. Ich konnte endlich sehen, woher die vielen Blumen gekommen waren, die den angenehmen Teil meiner Arbeit in der Praxis ausgemacht hatten. Der junge Mann, der die Führung übernommen hatte, erklärte en détail, wie viel Liebe und Arbeit es kostet, um Pflanzen vom kleinen Samenkorn oder Setzling bis in meine Rauchglasvase zu bringen. Während er mit Begeisterung erzählte, fragte ich mich, wie es sich anfühlen würde, in Zukunft ohne die Ergebnisse seiner Kunst zu leben. Blumen bedeuteten in meiner mickrigen Zukunft puren Luxus. Auf meinem Tisch würde es kein wöchentlich wechselndes Farbspiel geben, weil es schwierig genug werden würde, vernünftiges Essen aufzutragen.

An diesem Punkt spürte ich, wie die Säure in meinem Magen vor Zorn zu brodeln begann. Ich sah all die Menschen vor mir, die sich an ihrem Lebensabend der kleinen, aber entscheidenden Freuden beraubt sahen, die unser Leben bereichern und deshalb für jeden erschwinglich sein sollten. Ganz gleich, ob der Auslöser ungerechten Verzichtes irgendeine Behörde, die Familie, der Freundeskreis oder die Arbeitgeber waren. Ich begann zu ahnen, dass ich in einem überfüllten Boot saß, das zu kentern drohte, wenn nicht diejenigen daraus entfernt würden, die sich viel zu breit machen und damit das Wohlergehen aller aufs Spiel setzten.

Nachdem wir einiges über Zier- und Wildpflanzen gehört hatten und sowohl heilende als auch hochgiftige Pflanzen bewundern konnten, wurden wir in den Grünen Daumen zur Lesung gebeten. Als ich mich in dem lichten, luftigen Raum umsah, begann ich mich zum ersten Mal seit Wochen wieder wohlzufühlen. Außer mir nahmen etwa vierzig weitere Zuhörer auf bezaubernd bunt bemalten Stühlen Platz, auf den Tischen vor uns warteten kühler Riesling und leckere Knabbereien darauf, köstliche Begleitung für mörderisch unterhaltsame Geschichten zu werden.

Ich entspannte mich von Minute zu Minute mehr. Durch alles, was ich sah und hörte, stellte sich die Zuversicht ein, mir solche Veranstaltungen weiter regelmäßig gönnen zu können. Ich hatte zum ersten Mal wieder Augen und Ohren für die Menschen um mich herum. Deshalb entging mir nicht, dass ausgerechnet an meinem Tisch eine Dame meines Alters saß, die offenbar die gelöste Stimmung und die nette Gesellschaft nicht so genießen konnte wie alle anderen. Nachdem ich durch die Veranstaltung neuen Mut gefasst hatte, wollte ich die Dame neben mir aufheitern, ganz so, wie ich es in meinem Beruf täglich und hundertfach getan hatte. Ich verwickelte sie in der Pause in ein Gespräch und ließ dann nur noch sie reden. Eine meiner Stärken: Ich weiß, wie ich Menschen dazu bringe, mir ihre Ängste, Sorgen und Nöte zu offenbaren.

»Elise Trautwein«, stellte sich die Dame vor und bekam Tränen in die Augen. »Noch! Stellen Sie sich mal vor, mein Mann will sich scheiden lassen. Nach vierzig Ehejahren glaubt er, ausgerechnet in unserer Haushaltshilfe aus Bulgarien die große Liebe gefunden zu haben. Er besteht darauf, dass ich meinen Mädchennamen wieder annehme. Es kann nur eine Frau Trautwein geben, hat er gesagt. Er wünscht keine Verwechslungen zwischen seiner hübschen Donka und einer alten Schabracke wie mir.«

»Hat er nur sein Hirn bei der jungen Frau abgeliefert oder auch seine Brieftasche?«, erkundigte ich mich.

»Er will unser Haus verkaufen und sich dafür ein neues bauen, mit Blick aufs Schwarze Meer. Da bekommt er für das Geld eine richtige Villa, sagt er.« An dieser Stelle war es mit Elises Fassung vorbei, und ich manövrierte sie auf die Toilette, damit sie sich beruhigen und ihre Fassade wieder restaurieren konnte. Unterwegs erfuhr ich, dass sie zwar drei Kinder geboren und großgezogen hatte, aber durch die schreiende Ungerechtigkeit, dass diese Arbeit keine nennenswerte Rente einbringt, in Zukunft vor dem Nichts stünde. Um Nägel mit Köpfen zu machen, hatte ihr Mann bereits heimlich das gemeinsame Haus beliehen, um mit dem Erlös zu verschwinden.

Während des nächsten Teils des Programms hüllte meine neue Freundin sich in düsteres Schweigen, bis, ja, bis eine Autorin ihren Krimi vorlas, in dem eine ältere Dame ihre Rente auf höchst ungewöhnliche Weise aufbesserte: als Auftragskillerin!

Diese Schriftstellerin hatte binnen Sekunden unsere ungeteilte Aufmerksamkeit.

Auftragskillerin. Bei dieser Berufsbezeichnung stellten sich bei mir Bilder von gutaussehenden, nie alternden Männern mit der Lizenz zum Töten ein oder von Mr. und Mrs. Smith aus Hollywood, aber diese Autorin berichtete von einer ganz normalen Frau, einer Frau meines Alters, die sich selbst die beste Tarnung war.

Wer traut schon einem Mütterchen mit 65 Jahren mehr zu, als mit einer überdimensionalen Handtasche aus Kunstleder auf einer Parkbank zu sitzen und, die steifen Henkel fest im Griff, den Enten dabei zuzusehen, wie sie die mitgebrachten Brotkrumen aufpicken? Dass eben diese Tasche außer Entenfutter auch noch eine beachtliche Waffensammlung von einer eleganten Beretta 950 Jetfire bis hin zu einem äußerst scharfen Klappmesser und für Gesunde tödliche Insulinspritzen beherbergen könnte, kam nie jemandem in den Sinn, machte die Handtasche aber um vieles verlässlicher – und hässlicher. Jedenfalls für die Opfer.

Die Dame in der Geschichte mordete nur für sich. Sie tötete alle, die ihr die Würde nahmen, sie schlecht behandelten, ihr etwas verweigerten, sozusagen alle, die glaubten, eine so alte Lady wie sie gehöre nicht mehr in den Park, sondern in den Sarg. Schließlich tat sie nichts mehr für die Allgemeinheit, kostete aber Rente.

Rente. Das war das Stichwort. Ich kapierte. Aus den Voraussetzungen Alter, Park, unauffällige Erscheinung und Handtasche ließ sich auch für mich ein passendes Geschäftsmodell entwickeln. Noch dazu in einer Branche, für die sich meine frühere Tätigkeit geradezu als Grundausbildung anbot.

Ich streichelte meine Handtasche liebevoll. Sie war ebenso groß und ebenso hässlich wie die in der Geschichte. Als ich aufsah, traf sich mein Blick mit Elises und ich wusste: Sie hatte denselben Gedanken.

In jener Nacht saßen wir noch lange zusammen. Der Plan, in Zukunft als Täterin statt als Opfer durchs Leben zu gehen, war schnell gefasst. Elises Egon und seine Donka sollten unsere Versuchskaninchen sein. An ihnen wollte ich üben.

Ich werde Sie an dieser Stelle nicht mit dem Tathergang langweilen. Nur so viel: Mein Wissen um Spritzen, Druckverbände, anatomische Verhältnisse und die Schwächen des menschlichen Körpers kommen mir bei jedem Auftrag zugute. Genau wie die Dame aus der Geschichte bin ich meine beste Tarnung, keines meiner Opfer hat mich jemals als Bedrohung empfunden: Gerade mal 1,65 cm groß, dreißig Kilo Übergewicht, Twinset, Tweedrock, Gesundheitsschuhe mit Blockabsätzen. Auf mich achtet niemand. Frauen über sechzig sind heutzutage ja faktisch unsichtbar. Das zahlt sich aus. Ich kann jede Tat begehen und anschließend in der Menge verschwinden, ohne dass sich irgendjemand an mich erinnert.

Gut so, denn zack – schon landet wieder Geld in meinem Sparstrumpf, mit dem Elise und ich uns mehrmals im Jahr eine Kreuzfahrt gönnen, Balkonkabine, Oberdeck.

Sie möchten wissen, wo ich die Morde begehe? Vorzugsweise in Parks und öffentlichen Gärten, genau da, wo alte Ladys hingehören. Unser schönes Rhein-Main-Gebiet ist in dieser Hinsicht geradezu üppig ausgestattet.

Ich kann mich dabei ganz nach den Gewohnheiten meiner Opfer richten. Wo geht die Zielperson am liebsten spazieren? Im Palmengarten von Frankfurt? Dort ist es ein Leichtes, sie mit dem Blauen Eisenhut in Berührung zu bringen und sie durch das in der Pflanze enthaltene Gift ins außerstoffliche Dasein zu befördern. Zu dumm, aber solche Unfälle passieren selbst im eigenen Garten.

Die Nervensäge liebt historische Friedhöfe? Dann wird sie mit Sicherheit an einer der äußerst seltenen Führungen über den russisch-orthodoxen Friedhof auf dem Wiesbadener Neroberg teilnehmen wollen. Dieser Ort liegt den Rest des Jahres so wunderbar still und verlassen da, dass ein zusätzlicher Erdhügel niemals bemerkt werden wird.

Ich hatte auch bereits ein Rendezvous mit dem Liebhaber alter Schlösser und Burgen, dessen tiefer Fall von der Mauer des Altangartens der Burgruine Eppstein auf die Altstadt darunter noch heute von seiner Geliebten, wenn auch nicht von der betrogenen Ehefrau, heftig betrauert wird. Ich könnte auch noch erwähnen, dass das Arboretum Main-Taunus zwischen Eschborn, Sulzbach und Schwalbach schon mehr als einen erfolgreichen Besuch meinerseits verzeichnen konnte und mit dem zusätzlichen Kompost wächst, blüht und gedeiht.

Sie möchten wissen, welche Rolle Elise in all dem spielt? Sie geht mir bei allen Vorbereitungen zur Hand, erledigt die finanzielle Seite, legt unsere Gelder an und überweist regelmäßig Zuwendungen an Projekte, die Menschen helfen, denen es nicht so gut geht wie uns. Sie möchte eben nicht untätig sein, hat sie doch am eigenen Leib erfahren, wie ausgeliefert man sich fühlen kann.

Ihren Mann und seine Geliebte haben wir seinerzeit übrigens auf eine einsame Anhöhe bei Breckenheim gelockt. Die Stelle ist ganz leicht zu finden. Man hat von dort einen weiten Blick über das Land bis hin nach Wiesbaden. Wir hatten diesen Platz allerdings nicht wegen der schönen Aussicht gewählt, sondern weil am Tag nach unserem Stelldichein eine große Pflanzaktion stattfinden sollte. Viele kleine Bäumchen wurden gesetzt und bilden seither die Basis einer neuen Streuobstwiese. Egon und seine Donka liegen tief unter dem Wurzelwerk und sind, wenn Sie so wollen, der Grunddünger. Elises Kinder wähnen das ungleiche Liebespaar noch immer unter östlicher Sonne. Ganz falsch ist das nicht, schließlich gehört Breckenheim zu den östlichen Vororten unserer schönen hessischen Landeshauptstadt.

Wie bitte? Nein, keine Angst. Elise und ich werden alles so einzurichten wissen, dass weder die Polizei noch Verwandte, Bekannte oder Nachbarn jemals argwöhnen, dass Sie etwas mit dem Verschwinden Ihres ... menschlichen Problems zu tun zu haben. Meine äußerst beachtliche Erfolgsquote können Sie an der Tatsache ablesen, dass bisher kein Staatsanwalt jemals in meine Nähe oder in die meiner Auftraggeber kam.

Ich denke, Sie wissen jetzt genug über mich und meine Qualifikationen und können in Ruhe entscheiden, wie Ihre Zukunft aussehen soll.

Nur eins noch: Geheimhaltung hat höchste Priorität. Wer es sich anders überlegt und weiter unter seiner Nervensäge leiden möchte, wird respektiert, es sei denn ... er redet. Dann müssen wir leider eingreifen und ihm einen endgültigen Riegel vorschieben, wenn Sie verstehen, was ich meine.

Aber was sage ich, diese wichtige Regel lesen Sie besser selbst nach. Im Geheimbereich meines Internetauftritts. Ich gebe Ihnen dafür jetzt ein exklusives Passwort, das nur ein einziges Mal und nur von Ihnen genutzt werden kann. Machen Sie unbedingt davon Gebrauch, denn dort finden Sie unsere Preise und Gebühren, alle notwendigen Vertragsunterlagen – und das Kleingedruckte rings um Ihre eigene Sicherheit vor, während und nach der Erledigung meines Auftrages. Besuchen Sie mich auf www.Der-Nächste-bitte!.com

Der Tatort

Die Gärtnerei der Schlocker-Stiftung gehört zur *EVIM Behindertenhilfe* und gibt über 30 beeinträchtigten Menschen eine Arbeit als Gärtner in den Gewächshäusern und auf dem Friedhof sowie als Parkpfleger. Es werden Beet- und Balkonpflanzen angebaut und seit 2016 auch Wildstauden und Wildkräuter. Der *Grüne Daumen* ist der Veranstaltungsraum der Gärtnerei in einem ehemaligen Gewächshaus. Hier gibt es einmal im Monat Veranstaltungen rund um die Themen Garten, Kultur oder Kulinarik.

www.schlocker-gaertnerei.de

Anfahrt
mit öffentlichen Verkehrsmitteln:
Die S1, die zwischen Frankfurt und Wiesbaden verkehrt, hält auch in Hattersheim. Ein Fußweg von 10 Minuten führt entlang der Schulstraße direkt zum *Grünen Daumen.* Alternative: Buslinie 832, Haltestelle Friedhof.

mit dem PKW:
Von Wiesbaden oder Frankfurt kommend, nehmen Sie von der A 66 die Ausfahrt 12 Richtung Hattersheim / Eppstein / Kriftel. Am Ende der Abfahrt rechts halten, der Beschilderung in Richtung Hattersheim-Okriftel / Hattersheim-Stadtmitte Süd / West folgen und dann weiter auf der L 3011 fahren. An der nächsten Kreuzung links in die Mainzer Landstraße einbiegen. Nach dem Ortsschild in den Keltenkreisel einfahren und sofort die erste Ausfahrt Dürerstraße wählen. Rechter Hand sehen Sie bereits die Gewächshäuser der Schlocker-Gärtnerei.

Parkplätze: Vor den Gewächshäusern gibt es Kundenparkplätze für die Gärtnerei und den Gartentreff *Grüner Daumen.*

D.C. Hubbard

Unter Rosen gebettet

Hattersheim, Rosarium

Der Höllenlärm war der ganz normale Geräuschpegel für die Bauarbeiter auf dem Grundstück, das im Frühjahr 1997 das Rosarium werden sollte. Große und kleine Geräte in Hochbetrieb verschlangen Rolf Jansens Rufen. Deshalb musste der junge Vorarbeiter herumspringen wie ein Hampelmann, als er versuchte, den Bagger anzuhalten. Endlich sah ihn der Baggerführer und brachte seine gefräßige Maschinerie zum Stehen.

»Was ist?«, schrie Rudi Richter aus der Führerkabine. »Ich muss bis zum Feierabend mit dem Ausheben des Teiches fertig werden.«

Jansen schüttelte energisch den Kopf. »Komm schnell runter. Guck dir das hier an.« Auf der Erde lag etwas, das aus der letzten Schaufelladung des Baggers herausgefallen war. Jansen bückte sich noch einmal darüber, um die Gegenstände näher zu betrachten. »Sieht fast aus wie ... Gott, ja, es sind Knochen«, sagte er erschrocken.

»Gott bewahre uns! Sind wahrscheinlich Tote, die drüben aus dem Friedhof ausgebrochen sind«, knurrte Rudi.

»Oder Reste von Hunden und Katzen«, schlug Jansen vor.

»Ganz egal, ich muss heute fertig werden.« Der Baggerführer richtete sich auf und stemmte die Hände in die Hüften. »Wegen ein paar Knochen können wir den Zeitplan nicht durcheinanderschmeißen. Außerdem ist Knochenmehl gut für die Rosenzucht.«

Erneut schüttelte Jansen den Kopf. »Und wenn es keine Tierknochen sind?« Er kniete sich neben den Fund und scharrte in der Erde, in der die Knochen gelegen hatten. Sorgfältig lockerte der Vorarbeiter den Boden und brachte einen weiteren Knochen ans Tageslicht. Mit den Fingern entfernte er die lose Erde – und hielt Augenblicke später einen menschlichen Schädel in Händen. »Das war's dann für heute, Rudi. Wenn es um menschliche Überreste geht, haben wir keine Wahl. Ich rufe die Kripo.«

*

Schweren Herzens trat Reinhardt durch die Tür in die Scheune und näherte sich seiner Frau, die die einzige Kuh melkte. Sie erhob sich. »Nur vier Gulden hab ich für die Sau bekommen, mein Schatz«, flüsterte er Ursula ins Ohr. »Schade, sie verkaufen zu müssen, aber das Geld bringt uns gewiss bis Rotterdam. Bis zur Abreise tauchen wir bei Onkel Heinrich in Acroftele unter, dann schauen wir weiter. Ursula nickte, aber ihre Miene verriet innere Unruhe. Sie lehnte sich fest an ihn und flüsterte: »Ich habe solche Angst. Ich will meine Familie nicht verlassen. Ich sehe sie nie wieder. Außerdem sind es nur ein paar Wochen, bis das Kind da ist.« Sie berührte ihren Bauch, der für eine so zierliche Frau sehr groß wirkte. »Ich werde nur ganz langsam laufen können.«

»Wenn wir nur eine Wahl hätten.« Reinhardt strich mit der Hand über die rotblonden Haare seiner Frau und küsste sie auf die Stirn. Dann nahm er ihren Kopf zärtlich zwischen seine kräftigen Hände, die schwere Arbeit auf dem Hof gewohnt waren, und schaute in ihre grünen Augen. »Heute Abend ziehen wir los. Wir nehmen den Esel deines Vaters mit, damit du nicht so leiden musst. Wir brauchen ihn mehr als er. Er hat ihn uns ohnehin angeboten.« Ursula kämpfte gegen die Tränen und wischte sie mit ihrer Schürze aus dem Gesicht. »Ja, ja, das Angebot müssen wir wohl annehmen. Wie weit ist es von Heffterich bis Acroftele?«

»Mein Vater schätzt, wir brauchen drei Nächte. Seinen Brief habe ich eingesteckt, damit Onkel Heinrich uns auch wirklich aufnimmt. Bei ihm sind wir halbwegs sicher, bis wir auf einen Kahn gehen. Hier um Idstein herum ist es für dich viel zu gefährlich.«

»Nur weil ich die Menschen mit Kräutern zu heilen weiß, soll ich vom Teufel besessen sein? Und muss meine Heimat verlassen?«

Reinhardts Brust schwoll an vor Wut, als er an die Konsequenzen dachte, die ihr Bleiben bedeuten könnte. »Schon morgen könnten die Büttel an die Tür klopfen, um dich abzuholen. An alles, was dann folgen würde, wage ich nicht zu denken.«

Ursula zitterte. »Die Emmi steckt dahinter. Sie hasst mich, weil ich dich gekriegt habe. Die pure Eifersucht hat sie getrieben, mich zu denunzieren. Sie tanzt mit dem Satan, nicht ich!«

»Ich schwöre dir, ich habe ihr nie was versprochen. Sie hat sich alles eingebildet. Jetzt hetzt sie gegen dich, gegen uns, mit üblem Gerede. Es sind böse Zeiten, wenn eine wie sie den Scharfrichter bestellen kann.«

*

Um den Fund näher anschauen zu können, ging Polizeikommissar Schilling vorsichtig in die Hocke. Schließlich wollte er vermeiden, seine schicke Hose zu verschmutzen. Er nahm den Schädel in die Hand. »Das ist kein Fall für die Kripo. Wenn dieser Mensch ermordet wurde, liegt das mehr als ein paar Jährchen zurück, wenn nicht gar Jahrhunderte. Sie haben den Fund pflichtgemäß gemeldet, Herr Jansen. Das war vorbildlich. Ich bestelle jetzt die Archäologen vom Denkmalamt. Sie müssen das Alter der Knochen feststellen. Es tut mir leid: Vorerst ist hier Baustopp. Rühren Sie nichts mehr an.«

*

Im Laternenlicht der Scheune hievte Reinhardt ein mit Essen und ihren wenigen Habseligkeiten gefülltes Bündel auf seinen Rücken und schnürte es fest um sich. Als er Ursula helfen wollte, ihre Taschen über den Esel zu hängen, winkte sie ab. »Wart einen Moment, ich will dir was zeigen«, sagte sie leise. Sie griff in ihre Umhängetasche und brachte zwei kleine Gegenstände hervor. »Schau. Von meiner Mutter fürs Kind. Diese Spielsachen sind schon lange in der Familie.« Sie hielt eine aus Ton gefertigte Rassel und ein kleines Glöckchen zur Laterne hoch.

»Kleine Andenken aus der Heimat.« Reinhardt lächelte gerührt. »Deine Eltern verstehen aber, dass sie niemandem etwas verraten dürfen?«

»Und ob sie das wissen. Seit der Enthauptung der Pfarrfrau Wicht erzählen sie niemandem mehr etwas.« Ursula fing still an zu weinen. »Sie werden unser Kind nie sehen. Ach, Reinhardt, würde es nicht reichen, wenn wir nach Frankfurt gingen?«

Ihr Mann umarmte sie fest. »Vermutlich ja, aber ich will lieber weit fort. Es muss in Holland, vielleicht erst in der Neuen Welt, Chancen für Arbeitswillige geben. Denken wir lieber nicht dran, dass das auch bedeutet, unsere Familien nie wiederzusehen. Lass uns keine Zeit mehr verlieren. Die Nacht ist kurz.«

Nach einem verregneten Frühjahr war die Mainacht kalt, aber wenigstens trocken. Dennoch war die Straße aufgeweicht und von den Rädern unzähliger Fuhrwerke zerfurcht. Ein Dreiviertelmond leuchtete den Weg, als Reinhardt den mit Frau und Gepäck beladenen Esel so leise wie nur möglich aus dem Dorf Heffterich hinausführte. Auch der Esel schien den Ernst der Lage zu erkennen, denn er folgte ihm brav und ruhig.

Nach den Feldern verschwand der Weg im Wald. Weil die Baumwipfel das Mondlicht verschluckten, zündete Reinhardt eine kleine Laterne an. Nun in der Abgeschiedenheit des Waldes riskierten die zwei, leise miteinander zu sprechen. »Wir sind wie Maria und Josef, sogar mit Esel«, sagte Ursula traurig. »Meinst du, sie würden mich verbrennen?« Sie fasste sich an den Hals und schluckte schwer. »Oder wie Frau Wicht nur enthaupten?«

»Dir passiert nichts, ich lasse es nicht zu. Und jetzt kein Wort mehr darüber.«

Wie eine sanfte Melodie wehte der Wind leicht durch die Bäume. Die Luft war klamm und roch nach verrottenden Blättern, nach dem Tod. Gelegentlich flatterten Fledermäuse über den Pfad, um gleich wieder in den Baumkronen zu entschwinden. Die Rufe der Eulen ließen Ursula seufzen, Melancholie machte ihre Glieder schwer. Entlang der Straße verlief der Silberbach, der von der Schneeschmelze und dem Frühlingsregen zum reißenden Strom angeschwollen war und Richtung Main stürzte.

Reinhardt blieb stehen und schaute über die Schulter zurück. Im schwachen Licht des Mondes war der Umriss des Kirchturms von Heffterich gerade noch zu erkennen. Sie würden das Dorf nie wiedersehen.

*

Zwei Tage nach dem Fund erschienen die Archäologen vom Landesdenkmalamt auf der Baustelle. Karl Zimmermann und sein junger Assistent Stephan Roth hörten Vorarbeiter Jansen schon von weitem schimpfen. »Das darf nicht zu lange dauern, hören Sie? Die Erdarbeiten sind im Verzug!«

Zimmermann stellte seinen Werkzeugkoffer ab. »Sie sind Herr Jansen? Ihnen auch einen guten Tag. Wissen Sie, es dauert so lange, wie es dauert.«

Jansen führte sie zur Fundstelle, wo die Bauarbeiter die Knochen leicht zugeschüttet hatten, um sie zu schützen. »Die Stelle ist natürlich von Baggern gestört worden. Na ja, wie kann es anders sein. Keiner hat vermutet, dass hier irgendwas anderes liegt als Erde. Schließlich soll der Teich achtzig Zentimeter tief werden.«

Zimmermann stöhnte. »Demnach ist bisher kein archäologisches Gutachten erstellt worden. Das kennen wir, da wird vorab gerne gespart.«

Mit Schippen entfernten er und sein Assistent vorsichtig die angehäufte Erde, bis die losen Knochen und der Schädel sichtbar wurden. Die Gebeine legten sie auf eine ausgebreitete Plane und fotografierten sie. Von nun an galt es, die Position jedes Skelettteils und jeden weiteren Fund mit Worten und in Bildern akribisch zu dokumentieren. In dem zweimal ein Meter großen Bereich, den der Bagger freigelegt hatte, gingen die beiden Männer auf die Knie und schabten mit Spitzkellen weiter, bis sie auf Widerstand stießen. Zimmermann seufzte leise. »Ja, jetzt kommt's. Stephan, mach mal ganz langsam und ganz vorsichtig. Ich vermute, wir haben hier ein ganzes Skelett.«

»Mehr als das, Chef. Hier ist ein zweiter Schädel.«

*

Die Flucht durch die Nacht war bedingt durch das hügelige Gelände äußerst mühsam. Jedes Geräusch, ganz gleich ob ein Reh im Wald oder ein Fuchs im Gebüsch, brachte Ursulas Herz zum Rasen. Dennoch versuchte sie tapfer vor Reinhardt zu verbergen, wie sehr sie sich fürchtete. Er war ihr Held, ihr Retter. Für sie verließ er Haus und Hof. Für ihn hatte sie mutig zu sein – auch wenn sie sich keineswegs so fühlte.

Der Hexerei bezichtigt, auf der Flucht und zu allem Überfluss hochschwanger. Ohne Reinhardt hätte sie sich ihre Adern aufgeschlitzt und sich in den kalten flachen Kilbach gelegt. Die Angst trieb sie nun vorwärts, nicht nur das Bangen um die eigene Person, sondern auch um das unschuldige Kind, das sie unter ihrem Herzen trug. Sollte die Flucht scheitern, wäre Reinhardt ebenso zum Tode verdammt wie sie.

»Reinhardt, ich friere. Ich will ein Stück zu Fuß gehen.«

Ihr Mann nickte und half ihr, vom Esel zu steigen. Zitternd vor Kälte und Angst wickelte sie ihr Gewand enger um sich und lief neben ihm her.

»Bergauf laufen wärmt dich schnell auf, und der Esel wird sich über die Erleichterung auch freuen.«

Trotz ihrer Furcht antworte Ursula mit nervösem Kichern. »Ja, ich bin doch zurzeit eine schwere Last.«

»Bald bist du wieder beweglicher. Und wir sind über alle Berge, in Sicherheit. Eilheldin liegt bereits hinter uns; jetzt ist es nicht mehr weit bis Vockenhausen. Kurz davor verlassen wir die Straße und tauchen in den Wald ein. Dort suchen wir uns einen kuscheligen und sicheren Platz bis zum Abend. Es scheint, dass wir ungesehen aus Heffterich entkommen sind. Noch ist keiner hinter uns her. Hoffentlich bleiben wir weiterhin unsichtbar.«

»Wie weit ist es bis zum Main hinunter?« fragte seine Frau.

Reinhardt kratzte sich am Kinn. »Ich schätze, wir brauchen schon die nächsten zwei Nächte, um es zu schaffen.«

Ursula seufzte schwermütig. »Ich bin noch nie so weit von Heffterich fort gewesen.« Nichts mehr wird, wie es mal war, dachte sie und rieb mit beiden Händen über ihren Bauch. »Das Kind ist zappelig. Es dreht sich wild hin und her und tritt immer wieder auf meine Blase.«

Reinhardt lachte auf. »Ein gesunder Kerl wird das. Ist bestimmt ein Junge, der mir auf dem Hof helfen wird.«

Ursula rollte die Augen. »Ein Mädchen kann genauso gesund und lebhaft sein! Und nützlich!« Das Laufen brachte Ursula ins Schwitzen; sie ließ ihr Gewand locker hängen. Ihre Atmung wurde schneller und flacher, denn das Kind drückte ihr auf die Lungen.

Kurze Zeit später hielt Reinhardt an und zeigte auf einen Trampelpfad. »Schau, da vorne ist Vockenhausen. Es dämmert.« Er horchte auf. «Ich höre Pferde! Nehmen wir schnell diesen Weg in den Wald.«

*

Karl Zimmermann und Stephan Roth arbeiteten hoch konzentriert, um die einzelnen Knochen freizulegen, ohne sie aus ihrer ursprünglichen Lage zu entfernen. Es waren nicht wenige.

»Chef, könnte es ein Massengrab sein?«

Zimmermann zuckte die Achseln. »Das wird sich zeigen. Vielleicht war hier früher ein kleiner Friedhof. Es ist auch möglich, dass bei einer der Pestepidemien Opfer begraben wurden. Oder es sind im Krieg Gefallene. Davon haben wir genug gehabt. Wenn wir die Skelette registriert haben, nehmen wir sie heraus, dann können wir tiefer gehen und den Graben in der Weite ausdehnen. Da keine Textilien dabei sind, dürften die Knochen ziemlich alt sein. Aber sie kommen zur Datierung. Erst dann wissen wir Verbindliches.«

Nach circa zwei Stunden hatten sie zwei Skelette ausgegraben; mit den schon gefundenen Knochen waren sie komplett bis auf die Finger- und Zehenknochen, die schneller verwesten als der Rest des Skeletts. Zimmermann drehte seinen Kopf hin und her, um die Lage der Leichen genauer zu studieren. Die Furchen auf seiner Stirn wurden tiefer.

»Das ist gar keine Bestattung im eigentlichen Sinne«, stellte er fest. »Die beiden klammern sich aneinander. Wie in einer verzweifelten Umarmung. Als ob sie in eine Notlage geraten wären.«

Er rief Jansen zu: »Kommen Sie mal her. Wissen Sie zufällig irgendetwas über das Gelände, historisch, meine ich?«

Jansen zuckte mit den Schultern und schüttelte den Kopf. »Rein gar nichts. Ich weiß nur, wie es ausgesehen hat, als wir anfingen. Es war Acker.«

Der Baggerführer Rudi Richter kam herübergeschlendert. »Wollte mal vorbeischauen und gucken, wann es weitergeht. Hab Ihre Frage eben gehört, Herr Zimmermann. Ich weiß keine Details, aber ich bin von hier, und früher war ganz Okriftel eine Auenlandschaft. Bei Hochwasser des Mains war weit und breit Land unter. Selbst jetzt noch saufen bei hohem Wasserpegel viele Keller im Ort ab. Die Feuerwehr muss zum Auspumpen kommen. Wo die zwei lagen, war früher Wasser.«

*

Reinhardt und Ursula rasteten weit abseits der Straße in einem Waldstück. Die Bäume dienten ihnen als einziger Schutz vor dem einsetzenden Nieselregen. Von der Straße her vernahmen sie ab und an Geräusche von Pferden, die vorbeitrabten und Fuhrwerke hinter sich herzogen. Reinhardt gönnte sich wenig Schlaf und sah zu, wie Ursula erschöpft einschlief, sobald sie sich hingelegt hatte. Später am Tag aßen sie Brot und Wurst und tranken Wasser. Als die Nacht zurückkehrte, sammelten sie ihre feuchten Sachen zusammen und bereiteten sich auf die nächste Etappe vor, liefen aber erst los, als alle Lichter in Vockenhausen erloschen waren.

Ganz gleich, durch welches Dorf sie kamen, in keinem wurde Wache gehalten, aber jedes Haus war verschlossen und verrammelt. Seit dem Ende des Krieges, der dreißig Jahre lang getobt hatte, wurde das Land nur zaghaft befriedet. Auch im Jahre 1676 gingen nachts keine anständigen Leute freiwillig vor die Tür, nicht einmal, um auf der Gasse nachzuschauen, warum der Hofhund bellte. Für Reinhardt und Ursula war das ein unerwarteter Segen. Der Esel aber erschreckte und schnaubte laut, Reinhardt hielt ihn an den Zügeln fest und führte ihn weiter.

Kurz darauf war das Paar in Epstein, das schon mehr Häuser und Höfe vorzuweisen hatte. Hoch auf dem Felsen zeichnete sich die Burg als schwarze Kontur gegen den Nachthimmel ab. Die Flüchtlinge zogen wortlos vorbei und weiter entlang der finsteren Straße, bis sie wieder zwischen Feld und Wald entlangliefen, ins enge Lorspachtal hinein.

»Heute Nacht will ich mindestens bis Hobheim kommen, vielleicht auch bis Cruftel«, sagte Reinhardt. »Dann ist das Schlimmste vorbei.« Kaum hatte er das gesagt, hörten sie hinter sich das dumpfe Donnern von Pferdehufen, das sich stetig näherte. Reinhardt riss den Esel an den Zügeln und zog ihn von der Straße fort, um auf einem schmalen Weg in einem Eichenhain Schutz zu suchen. Aus der Deckung sahen sie zu, wie zwei Reiter ihre Pferde voranpeitschten.

Ursula stieg vom Esel ab und klammerte sich an Reinhardt. »Meinst du, sie sind hinter uns her?« Reinhardt schwieg, antwortete nur mit Achselzucken.

*

Karl Zimmermann suchte Rat bei der Stadt Hattersheim und wurde fündig. Im Archiv fand er alte Landkarten. Im siebzehnten Jahrhundert verlief ein alter Mainarm tatsächlich auf dem Gelände, auf dem jetzt das Rosarium entstehen sollte. Im Laufe der Zeit hatte sich der Main jedoch nach Süden verlagert. Erst im späten neunzehnten Jahrhundert hatte man den Fluss in sein modernes Bett gebannt, was schließlich zum endgültigen Austrocknen des alten Mainarms geführt hatte.

Zimmermann kehrte zur Baustelle zurück, wo in der Zwischenzeit Stephan weitergegraben hatte. Als der Kollege nach und nach die einzelnen Knochen der Skelette aus der Erde entfernt hatte, um sie für die Datierung einzupacken, stieß er auf Aufregendes. »Chef, schau mal! Ich hab was!«, rief er. Er strahlte und streckte dem Kollegen seine offene Hand entgegen: Darin lagen vier Münzen, die Stephan schon so gut wie möglich gereinigt hatte. »Ich glaube, es steht 1670 drauf«, sagte er. »Sie lagen unter dem größeren Skelett.«

Zimmermans Augen wurden weit. »Wow!« Er klopfte Stephan auf den Rücken. »Gut gemacht, Junge! Das macht uns die Datierung ein gutes Stück leichter.«

»Aber es gibt noch was. Das hier habe ich beim kleineren Skelett gefunden.« Stephan hielt eine Tonrassel und eine stark verrostete Schelle hoch.

Zimmermann schielte auf die Teile. »Wenn ich mich nicht täusche, sind das Kinderspielsachen.«

Stephan zuckte mit den Schultern. »Ich habe keine Kinderknochen gefunden, nur die von zwei Erwachsenen.«

Zimmermann überlegte einen Moment. »Wenn es sich um ein Kleinkind – oder gar einen Säugling – handelt, können wir keine Knochen mehr erwarten. Sie hätten noch hauptsächlich aus Knorpel bestanden und sich schon längst aufgelöst.«

Stephan schaute traurig auf seine Funde. »Meinst du, dass ein Baby dabei war?«

Zimmermann nickte. »Das eine Skelett deutet auf einen kräftigen Mann, das andere ist von einer zierlichen Person, vermutlich weiblich. Theoretisch könnte ein Baby dabei gewesen sein.«

*

Als die Reiter verschwunden waren, wagten es Reinhardt und Ursula, zurück auf die Straße zu gehen. Sie schafften es, unentdeckt durch Hobheim zu laufen und an Cruftel vorbei. Kurz vor Sonnenaufgang zogen sie sich wieder erschöpft in den Wald zurück. Der Nieselregen hatte endlich aufgehört und die Sonne schien zögerlich durch die Wolkendecke. In einer Lichtung legten sie sich zur Ruhe in der Hoffnung, dass sie und ihr Gepäck im Laufe des Tages trocknen würden. Gegen Mittag gab es das letzte Brot.

Ursula sah ihren Mann hoffnungsvoll an. »Nicht mehr so weit, gell?«

Reinhardt nickte erleichtert. »Wenn diese Reiter Büttel waren, die uns hinterher sind, haben sie Pech gehabt.«

Es würde noch Stunden dauern, bis die Dunkelheit sie wieder unsichtbar machen würde, und Ursula legte sich zum

Ausruhen hin. »Liebster, du kennst doch die schöne Kletterrose meiner Frau Mutter, die neben der Haustür? Die blüht im Juni so üppig. Die dicken rosaroten Blumen liebe ich so sehr. Und wie sie duften!« Sie seufzte. »Wir verpassen sie in diesem Jahr. Und für immer.«

»Anderswo wachsen auch Rosen, auch für uns, davon bin ich überzeugt.«

»Versprichst du mir, Reinhardt, dass wir auch Rosen ums Haus setzen können, egal wo wir am Ende bleiben?«

Die Sehnsucht in ihren Augen hätte ihn alles schwören lassen. »Oh ja. Ich verspreche es dir, du wirst so viele Rosen haben, wie du möchtest. Ich pflanze sie höchstpersönlich!«

Nunmehr beruhigt lächelte Ursula ihn an und küsste ihn auf die Wange. »Ich liebe dich, weißt du das? Ich liebe dich mit meinem ganzen Herzen und Körper. Und ich gehe mit dir, wohin du es für richtig hältst. Auch in die Neue Welt.« Sie überlegte kurz. »Und wenn es sein muss, in den Tod.«

*

Zimmermann erzählte Stephan und Jansen, was er beim Archiv Hattersheim erfahren hatte.

Jansen kratzte sich am Kopf. »Der Main verlief genau, wo wir jetzt bauen?«

Zimmermann nickte. »Die Landkarte aus dem siebzehnten Jahrhundert legt das nahe.«

Stephan schniefte und schaute betroffen auf die Skelette hinunter. »Also sind sie ertrunken?«

»Das ist zu vermuten. Das heißt, wir können viele Fragen stellen, uns vieles ausdenken. Zuallererst, wie sie in den Fluss gefallen sind. Aber Antworten werden wir nie finden. Ihre Geschichte ist verloren. Hier stößt die Archäologie an ihre Grenzen.«

*

In der folgenden Nacht erreichten sie binnen kurzem Heyderßheim. Das Ziel war im Visier: Acroftele. Die beiden jubelten. Obwohl die Nacht stockdunkel war, führte Reinhardt den Esel selbstbewusst und siegessicher durchs Dorf. Aber Ursula spürte schon die ganze Nacht, dass bei ihr etwas nicht in Ordnung war. Kam es vom Reiten, dass ihr Rücken so wehtat und dass es im Unterleib angefangen hatte zu ziehen? Auf der Straße zwischen Heyderßheim und Acroftele verschlechterten sich die Reisebedingungen drastisch, der Weg wurde matschig. Dem Esel gefiel es nicht, durch den Schlamm zu stapfen, und er sträubte sich, vorwärts zu gehen. »Reinhardt, Liebster, wir müssen anhalten. Mir ist nicht gut.«

»Das können wir hier schlecht. Aber wir sind gleich da. Nur noch ein paar hundert Meter bis zum Haus des Onkels, ich verspreche dir ...«

Weiter kam er nicht, denn Laternenlicht lenkte ihn ab und sie hörten, wie Pferde sich mühsam durch den Schlamm arbeiteten. »Psst! Ruhig. Da kommt jemand«, flüsterte Reinhardt.

»Es hilft nichts, ich muss sofort runter. Das Kind kommt. Es ist so dunkel. Ich sehe nichts. Was ist das für ein Rauschen?«

Getragen von zwei Reitern näherte sich das Licht. »Halt!«, riefen grobe Stimmen. »Sofort anhalten!«

Ursula erstarrte vor Angst. »Das sind die Büttel!« Sie ließ sich vom Esel gleiten, verlor aber das Gleichgewicht. Mit einem Schrei rutschte sie einen Hang hinunter.

Reinhardt versuchte, sie zu packen, griff aber ins Leere. Durch die vorgebeugte Haltung verlor auch er den Halt und schlidderte ihr hinterher, direkt auf einen Sumpf zu. Die Reiter stiegen ab und hielten die Laternen hoch, um nach den Flüchtigen zu suchen.

Reinhardt zog Ursula mit sich. »Wir müssen weg! Vorsicht, der Bach hat Hochwasser.« Er warf noch einen Blick über die Schulter und konnte erkennen, wie die Männer ihrer

Notlage tatenlos zusahen. Einer stemmte sogar die Hände in die Hüften, um Balance halten zu können, als er sich vorbeugte.

Das war das Letzte, was Reinhardt sah, dann brach der feuchte Boden unter ihnen weg und Ursula und er fielen in den reißenden Fluss. Ihre Wollgewänder sogen sich in Sekundenschnelle mit Wasser voll. Schwimmen konnten sie nicht, die Macht des Flusses ließ ihnen ohnehin keine Chance.

Die Büttel lachten auf, als wäre es ein großer Spaß, dem Paar beim Ertrinken zuzusehen. Als nichts von den Flüchtlingen mehr zu sehen war, hallte ihr boshaftes Gelächter durch die Nacht bis zum Haus des Onkels.

»Eine Hexe auf die Art umzubringen ist gar nicht so schwer! Jetzt haben wir den Esel als Beweis, dass wir sie gekriegt haben. Schön, dass diese Emmi uns verraten hat, dass die zwei mit ihm losgezogen sind«, sagte der Dunkelhaarige. »Das hat uns die Mühe erspart, die Eltern zu foltern.«

Der Blonde nickte vergnügt. »Der Esel ist eine wertvolle Beute. Aber Hannes, heißt es nicht, wenn eine Hexe ertrinkt, dass sie gar keine sei? Dass sie unschuldig war?«

»Schuldig – unschuldig? Das ist mir egal! Hauptsache, wir werden bezahlt! Und haben den Esel dazu.«

*

Stephan stöhnte und schaute mitleidig auf die Gebeine. »Ich fände es gut, wenn die beiden hier im neuen Park bleiben könnten. Man könnte sie unter einem Rosenbeet bestatten. Dann hätten sie immer Blumen auf dem Grab.«

»Das fände ich auch gut«, sagte Zimmermann sichtlich bewegt. Dann räusperte er sich. »Aber allzu sentimental sollten wir nicht werden über Menschen, die vor dreihundert Jahren gestorben sind.«

Trotzdem schlug er eben diese Art der Bestattung der Stadt Hattersheim vor – und das zuständige Amt war von der Idee entzückt. Nach der Auswertung der Funde, die eine Datierung für das späte siebzehnte Jahrhundert bestätigte, wurden die sterblichen Überreste der Liebenden tief unter einem Rosenbeet des neu geschaffenen Rosariums zur ewigen Ruhe gebettet.

Der Tatort

Das Rosarium mit seinen ca. 6.500 Rosensträuchern erinnert als lebendes Denkmal an den früheren Rosenanbau in dieser Gegend. Den Höhepunkt der Blüte und Farbenpracht genießt der Besucher im Juni und Juli. Das Rosarium ist durchgehend geöffnet und eintrittsfrei. Das Mitführen von Hunden ist nicht erlaubt.

Anfahrt
mit öffentlichen Verkehrsmitteln:
Die Anfahrt mit der S1 aus Frankfurt oder Wiesbaden ist möglich. Ausstieg Bahnhof Hattersheim, von dort aus weiter mit der Buslinie 833 zum Friedhof Okriftel.

mit dem PKW:
Das Rosarium liegt an der Verbindungsstraße zwischen Hattersheim und Okriftel (L 3011) in Höhe der Wasserwerkallee. Der 1997 angelegte Rosenpark gehört zum Regionalparkweg.

Parkplätze sind am Friedhof Okriftel vorhanden.

SUSANNE KRONENBERG

Nachricht von Claire

Taunus, Eppstein, Bergpark Villa Anna

Bin für ein paar Tage verreist. LG Claire

Was soll das heißen: verreist? Wieso kommt das per WhatsApp und ausgerechnet heute? Warum ruft Claire nicht wenigstens an?

Seit elf Uhr wartet Lina gestiefelt und gespornt in der winzigen Küche ihrer winzigen Altstadtwohnung auf die Freundin. Jetzt ist es kurz vor zwölf. Vor sich auf dem Tisch das Smartphone mit geladener Wanderkarte, dazu Schreibblock und Stift und an den Füßen – ungewohnt gewichtig – die nagelneuen Wanderschuhe. Der Rucksack lehnt griffbereit an der Tür.

Claire wollte doch unbedingt mit. Sie hatte es fest versprochen!

Lina steht auf, ist mit einem halben Schritt am Küchenfenster und sieht mit dem Fernglas auf die andere Seite. Wie harmlos vertraut er sich aus sicherer Entfernung gibt, dieser düstere Berghang, aus dessen Baumwipfeln der eckige Neufvilleturm herauslugt wie der kleine Bruder des Eppsteiner Burgturms. Rechts rückt die Villa Anna ins Bild: verschachtelte Fachwerkfassaden im glühenden Herbstlaub. Wahrhaft traumhaft, dieser Oktobertag.

Claire lässt sie im Stich! Ob Kaspar dahintersteckt? Gestern Morgen klingelte Claire an Linas Tür Sturm. Völlig aufgelöst, die Wangen rotfleckig und tränenüberströmt. Sie war unterwegs aus der S-Bahn gestiegen, um sich bei Lina auszuheulen. Claire wohnt wie Kaspar in Idstein, und seit beide eine gemeinsame Wohnung suchen, gibt es ständig Streit. Nach einem Tee fuhr sie, wieder halbwegs gefasst, weiter zu ihrem Job. Lina hat ihr die Stelle bei Dr. Philipp Heymer vermittelt, ihrem Therapeuten. Für Claire, die angehende Psychologin, ein erster Einblick in die Praxis, auch wenn ihre Arbeit vor allem aus Bürokram besteht.

Ist es wegen Kaspar?

Die Antwort kommt prompt: *Kannst du dir denken.*

Lina tippt aufs Telefon-Icon. Doch anstatt die Stimme der Freundin zu hören, erhält sie die Textnachricht: *Nicht anrufen. Kann nicht sprechen. Bin unterwegs.*

Hat er dich wieder geschlagen? Wo bist du, Claire?

Besser, du weißt es nicht. Ist aus mit Kaspar.

Das klingt nach einer Heidenangst. Gestern früh hat Claire die Ohrfeige ihres Freundes – keine heftige – bei ihrem überstürzten Besuch sogar noch verteidigt. Ist die Situation eskaliert?

Bisher konnte Lina Kaspar gut leiden, auch wenn er nicht ihr Typ ist. Mehr Testosteron als IQ, um es auf den Punkt zu bringen. Was Claire, soweit es den IQ betrifft, vehement bestreitet. Kapazität jedenfalls hat Kaspar für kaum mehr als für Kraftsport und Computer. Abgesehen von Claire natürlich. Er ist verrückt nach ihr. Aber diese nervende Eifersucht! Was Claire, die alles Entschuldigende, als eine besondere Herausforderung betrachtet. Mein Freund als Studienobjekt, behauptet sie immer und macht ein selbstironisches Gesicht.

Lina knallt das Fernglas auf das Fensterbrett. Möchte am liebsten die Wanderschuhe in die Ecke pfeffern! Was wird denn jetzt? Wie soll sie die Tour ohne Claire schaffen? Seit sie denken kann, hat sie Angst vor dem Wald. Der Wald, das ist ein Ort für Tiere. Für Pflanzen. Für die grässlichen Ausgeburten ihrer Alpträume, die nicht irrational bleiben müssen.

Immerhin ist es ihr gelungen, sich per Fernglas den Taunushängen anzunähern, die sich eng an Eppstein herandrängen. Hier in der Altstadt wie in einer Mausefalle zu leben, ist kaum auszuhalten. Dazu nun der verwegene Plan, den Bergpark Villa Anna zu erkunden. Höchstpersönlich und im Hier und Jetzt. Einen Park, der mehr Wildnis ist als Kulturlandschaft.

Der offizielle Anlass ist die Recherche für ihre Bachelor-Arbeit mit dem respektablen Titel „Die Lebensweise des Großbürgertums zur Mitte des 19. Jahrhunderts am Beispiel der Frankfurter Bankiersfamilie von Neufville". Eben jener Familie, die den Bergpark Villa Anna gründete. Lina studiert Geschichte, weil sie sich ihre berufliche Zukunft in der Ruhe und Abgeschiedenheit eines Kellerarchivs erhofft. Hermetisch abgeschottet von jeglichem Draußen.

Ihr Therapeut verficht die folgenschwere Auffassung, sie müsse sich endlich ihren Ängsten stellen. Die Wohnung mit dem Blick auf die Wälder ringsherum ist der erste Schritt. Der zweite: Warum nicht die Bachelor-Arbeit zum Anlass nehmen und sich raus ins Grüne wagen? Neben den Panikattacken fühlt sich Lina auch vom Ehrgeiz getrieben. Ihre Arbeit soll nicht nur gut, sie soll ausgezeichnet werden. Damit scheint der Besuch des einstigen Familienanwesens derer von Neufville unausweichlich. Den theoretischen Recherchen über Fernglas, Wanderkarte und Google Earth muss die Praxis folgen.

Ihr Herz rast, wenn sie nur daran denkt: an die bedrohlich nahen Baumstämme, die rauen, moosigen Borken, das Knarren der Äste, das Wispern der Blätter, das flirrende Sirren der aufsteigenden Säfte im mächtigen Holz. Allein in den Wald? Unvorstellbar! Den Vater zu fragen, ist auch keine Lösung. Er wäre sofort zum Mitkommen bereit, aufs Höchste entzückt über diesen längst fälligen Schritt der zimperlichen Tochter. Seine völlige Ignoranz ihrer Ängste jedoch, seine hilflosen Anstrengungen, sie von der Harmlosigkeit der Waldwesen zu überzeugen – nicht auszuhalten.

Nein, sie braucht Claire an ihrer Seite. Claire mit all ihrer Ironie und Warmherzigkeit!

Was ist mit dem Bergpark? Ich kann das nicht ohne dich!

Frag Robert, ob er mitgeht.

Robert! Als ob er ihr nicht sowieso im Kopf herumspukt. Im August fiel er ihr auf, im Café, das Dr. Heymers Praxis gegenüberliegt und in dem Claire sich jeden Donnerstagnachmittag nach der Sitzung mit Chai Latte und Apfelkuchen belohnt. Er saß drei Tische weiter. Mitte 30, gescheiter Blick, wissendes Lächeln – zweifellos kein Mann für eine graue Maus wie sie. Er ging, bevor sie bezahlt hatte. In der Woche darauf hielt sie vergebens nach ihm Ausschau. Doch kaum gabelte sie die letzten Kuchenkrümel auf, stand er plötzlich am Tisch und fragte höflich, ob ein Platz frei wäre. Sie blieben, bis das Café um 19 Uhr schloss, und trafen sich seitdem jeden Donnerstag. Robert Bellmann wohnt in Bornheim, wirkt an einem Forschungsprojekt des Philosophischen Instituts der Goethe-Universität mit und ist so klug und belesen – es macht Lina ganz fahrig, jeden Satz abzuwägen und sich trotzdem wie ein Schulkind vorzukommen. Beim letzten Treffen war Claire ihm begegnet, als sie Lina nach ihrem Heymer-Job im Café abholen wollte.

Ich dachte, er weckt deine Antipathie. Deine Worte!

Quatsch, Robert ist ok. Frag ihn.

Weiß nicht. Er müsste extra von Bornheim kommen.

Jetzt trau dich. Er mag dich.

Woher willst du das wissen?

Das spürt man. Ruf ihn an. Geh nicht allein in den Bergpark.

Robert! Sie sprachen über die Ängste – ebenfalls ein Rat des Therapeuten, offen damit umzugehen. Robert machte sich nicht über ihren Waldhorror lustig, was sie ihm hoch anrechnete.

Mit dem Mut der Verzweiflung ruft sie seine Mobilnummer auf. Nach dem vierten Signalton meldet er sich, überspielt seine Überraschung galant und behauptet, sich nichts Schöneres als einen Ausflug in den Taunus vorstellen zu können. Gern auch gleich. Ein Seminar sei ausgefallen, er könne die nächste S-Bahn nehmen. Sie verabreden den Eppsteiner Bahnhof als Treffpunkt eine Stunde später.

Lina sendet die Nachricht an Claire weiter und macht sich vor lauter Aufregung zu früh auf den Weg. Von der Wohnung bis zum Bahnhof sind es keine zehn Minuten. Reichlich Zeit, um zurückzugehen und eine wärmere Jacke zu holen. Vorsichtshalber steckt Lina eine Mütze in den Rucksack. Die leuchtende Sonne täuscht. Ein eiskalter Wind streicht durch die Altstadtgassen – Vorbote der angekündigten ersten Frostnächte. In das Grauen vor dem Wald mischt sich ein ungewohntes, freudiges Kribbeln, das eindeutig mit Robert zu tun hat.

Claire schweigt. Und Lina wird immer nervöser. Sie wählt Dr. Heymers Notfallnummer.

Allein der Klang seiner Stimme wirkt wie Valium. »Heute ist also der Tag? Stellen Sie sich Ihren Ängsten, Lina! Sie haben ja Claire an Ihrer Seite!«

Dass dem nicht so ist, irritiert ihn. »Claire wollte gestern Mittag zum Park fahren, sich dort umsehen und sich auf die Recherche vorbereiten.«

Lina ist gerührt. »Claire war schon gestern im Park? Das hat sie mir gar nicht erzählt.«

»Wie Claire so ist: nicht weniger perfektionistisch als Sie, Lina. Es passt nicht zu ihr, Sie damit allein zu lassen. Was ist da nur los?«, fragt Dr. Heymer verwundert.

»Claire hat Ärger mit Kaspar. Näheres weiß ich auch nicht. Aber keine Sorge, ich nehme einen Freund mit.«

»Ihre neue Bekanntschaft? Gut so, gehen Sie nicht ohne Begleitung.«

Sie hatte die Treffen im Café beiläufig erwähnt. Robert will nicht zum Thema der Sitzungen werden. Kein Name und keine Details über mich, verlangte er, und daran hält sie sich.

Sie zwingt sich, langsam weiterzugehen. Auf der Fußgängerbrücke, die die Bundesstraße in Richtung Bahnhof überspannt, kommt ihr mit energischen Schritten ein Mann entgegen. Lina macht auf dem Absatz kehrt.

Kaspar schließt auf, überholt sie und verstellt ihr den Weg. »Wo ist Claire?«

»Guten Morgen. Ich habe keine Ahnung.«

»Ihr macht doch heute eure Tour durch den Bergpark?«

»Sie hat abgesagt.«

»Warum lügst du? Sie tut alles für dich! Das mit dem Park ist ihr so wichtig.«

»Und euer Streit gestern Morgen?«

»Geht dich nichts an! Sie hat mich gestern Nachmittag vom Bergpark aus angerufen. Seitdem kann ich sie nicht erreichen.«

»Sie wird ihre Gründe haben. Mir schreibt sie. Jede Menge Nachrichten, die vor allem eins bedeuten: Sie hat genug von dir!«

Sein verstörter Blick macht ihr Angst. Sie lässt ihn stehen und bemerkt ihn erst wieder, als sie den Bahnsteig betritt. Kaspar drückt sich bei der Gaststätte herum, als hoffte er, sie warte auf Claire.

Endlich kommt der Zug in Sicht und zugleich eine Nachricht.

Schreib nicht mehr. Ich melde mich.

Was soll das, Claire? Ich mache mir Sorgen!

Robert begrüßt sie mit Küsschen rechts und Küsschen links und einer festen Umarmung. Ihr Pulsschlag verdoppelt sich.

»Kennst du den Bergpark?«, fragt sie, als sie ihrer Stimme wieder traut. »Bist passend ausgestattet.«

»Du meinst wegen der Schuhe?« Er lacht und hebt den robust verpackten Fuß an. »Ich bin gern draußen unterwegs und für alles ausgerüstet. Also der ideale Begleiter für dich. *Ich* lasse dich nicht im Stich.«

»Claire hat ihre Gründe!«

»Und die wären?«

Lina deutet verstohlen auf Kaspar, der auf dem Bahnsteig auf und ab tigert und finster herüberschaut. »Er zum Beispiel!«

Robert pfeift durch die Zähne. »Was für ein Kleiderschrank! Mit solchen Typen soll man sich besser nicht anlegen.«

Sie fasst ihre Begegnung mit Kaspar zusammen.

»Deine Freundin macht dir reichlich Ärger!«, urteilt Robert kühl.

»Das ist nicht Claires Schuld.«

»Wie auch immer. Lass uns gehen. Wo lang?«

Sie zeigt über den Parkplatz hinweg, der auf der Bahnhofsrückseite liegt. Am Fuß des stark ansteigenden, bewaldeten Hangs ist ein Weg auszumachen, der unterhalb eines älteren Gebäudes sanft bergauf führt. »In dem Haus dort wohnen junge Leute der Jugendhilfe. Wie auch in der Villa Anna. Dort ist das Tor zum Park.«

Sie ziehen los. Lina blickt sich mehrmals zu Kaspar um, der sie aus der Ferne beobachtet. Roberts gleichmäßiges Schrittmaß hat etwas Ermutigendes. Als Lina sich wieder umschaut, ist Kaspar verschwunden.

Im Gehen checkt sie das Smartphone.

»Claire?«, fragt Robert, ohne sein Tempo zu drosseln.

»Keine neue Nachricht. Sie verhält sich so seltsam.«

»Also doch nicht die beste Freundin.«

Lina wird langsamer. „Du kennst sie kaum. Hast sie nur kurz im Café gesehen.«

Auch er bleibt zurück. »Was ist das für eine Freundschaft, frage ich dich, Lina? Dich so zu enttäuschen.«

»Aber Claire hat ihre eigenen Sorgen und …«

»Können wir endlich aufhören, über Claire zu reden?«

Abrupt wendet er sich ab und marschiert weiter. Lina eilt ihm nach. Die Schärfe in seiner Stimme! Sie möchte lieber umkehren, aber Robert trägt ihren Rucksack mit ihrem Hausschlüssel.

»Gib mir den Rucksack«, bittet sie, als sie Robert einholt.

»Den nehme ich gern für dich«, erwidert er leichthin. »Hier geht's weiter.«

Ohne zu warten, durchquert er die Einfahrt zwischen zwei gemauerten Pfeilern. Mit Abstand folgt sie ihm ein gewundenes Sträßchen hinauf. Nach wenigen Kehren zweigt ein Pfad ab, den ein verwittertes Holzschild als Rundweg auszeichnet. Ohne zu zögern biegt Robert dort ein und verschwindet aus Linas Blickfeld. Der Pfad wird von dichtem Gestrüpp begleitet. Lina läuft los, holt Robert aber erst ein, als er stehen bleibt.

»Mach das nicht noch mal!«, verlangt sie zornig. »Sieht so deine Begleitung aus? Indem du mir davonläufst?«

»Sorry, war keine Absicht. Du gehst wie eine Schnecke. Sieh nur, was für ein netter Anblick dort unten!«

Damit meint er die Villa Anna, die sich zwischen den aufragenden Bäumen behauptet und mit ihren verwinkelten Gauben und blaugrünen Fensterläden etwas Anheimelndes ausstrahlt. Aus einem offenen Fenster wehen Reggaetakte herüber.

»Oben im Wald gibt es andere Gebäude«, erklärt Lina, sich auf die Fakten besinnend, um sich vom herandrängenden Wald abzulenken. »Da ist das sogenannte Schweizerhaus. Und der Neufvilleturm. Ganz oben am Hang noch ein Häuschen, das Taubenhaus.«

»Das Taubenhaus können wir auslassen«, sagt er.

»Warum? Auf den Fotos sieht es hübsch aus mit seinem bunten Dach.«

»Ich war schon mal dort, das lohnt sich nicht.«

Er klingt abweisend, und sie fragt lieber nicht nach. Während sie weiter hinaufwandern, gibt sie ihr Wissen über den Bergpark kund. Das Sprechen und der Klang der eigenen Stimme zähmen ihre Angst.

Das Schweizerhaus kommt in Sicht, ein wuchtiger Holzbau, still und vergessen, vom Wald verborgen. Dahinter zieht sich der Pfad steil ansteigend in schmalen Serpentinen den Hang hinauf. Lina kämpft sich über das rutschige Laub nach oben. Sie ist so damit beschäftigt, mit Robert Schritt zu halten, dass ihr kaum Gelegenheit bleibt, sich über die Bäume Gedanken zu machen, die keine Anzeichen zeigen, sie wie in ihren Alpträumen zu verfolgen, mit den knorrigen Ästen zu packen und hoch hinauf in die Kronen zu schleudern. Im Vorbeihasten nimmt sie die Schilder wahr, die ihr neben der Stieleiche, der Traubeneiche und der Hainbuche auch die Roterle, die Grünlinde, die Rosskastanie und die Douglasie nahebringen wollen, und gibt sich außer dem Atmen der steigenden Wut auf Robert hin.

An einer Gabelung hält er endlich inne. Als Lina ihn schwer schnaufend eingeholt hat, packt sie seinen Arm. »Was soll das? Was hetzt du mich so durch den Wald?«

Er erklärt gelassen: »Das Beste gegen Ängste ist die Konfrontation mit dem, was man so fürchtet.«

»Weißt du was? Du kannst mich mal! Ich kehre um!«

»Und deine Recherchen?«

»Sind mir so was von egal. Ich will hier nur weg!«

Er sieht ihr über die Schulter. »Lass dich doch von dem Kleiderschrank nach Hause bringen!«

Lina fährt herum und späht zwischen den Stämmen hindurch. Tatsächlich, ein Stück weiter unten stapft Kaspar den Pfad herauf, strammen Schrittes und den Blick auf den Boden gerichtet.

Robert zieht sie weiter. »Komm! Der Typ hat uns noch nicht entdeckt. Lass uns zum Turm gehen.«

Sie hasten voran, bis sie auf ein Schild stoßen, das auf den Neufvilleturm hinweist. Durch die Baumkronen kann sie unten am Hang das Dach und die Turmspitze erspähen. Der Bergpark ist so gut wie menschenleer. Abgesehen von Kaspar! Doch auch von ihrem Verfolger ist nichts zu sehen.

Lina keucht gegen die Seitenstiche an und drückt die Faust in den Bauch. Ein realer Grund, den Wald und die Bergaufschinderei zu hassen. Roberts Tempo hat sie ins Schwitzen gebracht, aber der Wind beißt ihr eiskalt in die Ohren. Sie stülpt sich die Kapuze über. Vom ganzen Unternehmen hat sie die Nase voll und ruft Robert eine Verwünschung hinterher, die vom Herbstlaub verschluckt wird.

Das Handy klingelt. Claire? Ihre ausgekühlten Finger wühlen in der Jackentasche. Sie schiebt, weitergehend, die Hand mit dem Telefon unter die Kapuze.

Es ist Dr. Heymer. »Hören Sie, Lina, ich kann Claire nicht erreichen.«

»Ich würde auch was drum geben!«

Ein Stück weiter wartet Robert, der mit den Armen rudert und etwas ruft, das »Schnecke« bedeuten könnte. Lina dreht sich um und konzentriert sich auf Heymers besorgte Stimme. Er habe eben erst diese Notiz von Claire entdeckt. Bei allem Interesse an der Psychologie gehe es eigentlich zu weit, wenn sie heimlich Patientenakten studiere, erklärt er beunruhigt.

»Warum erzählen Sie mir das?«, ruft Lina zornig und enttäuscht darüber, dass er kein Wort über ihre Lage verliert. Er ist es doch, der sie in den Wald geschickt hat.

»Weil die Notiz lautet: *Sagen Sie Lina, sie soll sich vor ihm in Acht nehmen.*«

Lina hält die Luft an. In Acht nehmen vor wem? Vor Kaspar? Ist er womöglich Heymers Patient?

Bevor sie nachfragen kann, fährt Heymer aufgeregt fort: »Er hat die Therapie vor zwei Monaten abgebrochen. Er neigt zu ... wie erkläre ich das einem Laien ... sagen wir, zu besitzergreifender Liebe. Zu Eifersucht, die ins Extreme gehen könnte. Zu Machtansprüchen und Gewaltfantasien. Zu Gewalt als solcher ...«

»Wer?«

Den Namen hört sie nicht mehr. Robert, der sich in ihrem Rücken herangeschlichen hat, reißt ihr die Kapuze vom Kopf und schlägt ihr das Telefon aus der Hand. Schneller als sie bückt er sich, hebt es auf und schleudert es 30 Schritte weit ins Gestrüpp. Das Handy zurückzuholen hieße, mit beiden Armen tief in Zweige und moderndes Laub einzutauchen. Als sie davonlaufen will, packt Robert zu. Zappelnd will sie sich befreien. Der schlanken Statur zum Trotz ist er überraschend kräftig. Mit beiden Armen umfasst er sie von hinten und lässt sich lieber treten, als sie loszulassen. Lina sieht sein Gesicht nicht, spürt nur seinen stoßenden Atem im Nacken.

»Wer war das?«, knurrt er und drückt fester zu, als Lina nicht sofort antwortet.

»Claire!«

»Lüge! Kann gar nicht sein. Wer?« Noch mehr Druck. Ihr bleibt die Luft weg.

»Dr. Heymer«, keucht sie. »Unser Kennenlernen im Café. Kein Zufall?«

»Du bist mir aufgefallen, als du aus der Praxis gekommen bist. So sanft. So scheu. So schutzbedürftig. Ich verstand sofort: Du brauchst mich. Brauchst meinen Beistand.«

»Bitte, Robert, ich krieg keine Luft ...«

»Ich will dir nicht wehtun!«

Er lockert die Umarmung gerade so weit, um sie zu Atem kommen zu lassen. Sie ist kurz davor, hysterisch loszubrüllen oder bewusstlos zu werden. Reiß dich am Riemen, Lina! Diese Angst ist kein Alptraum. Diese Angst ist real. Verteufelt real. Kämpfe, verdammt noch mal!

»Was hast du mit Claire gemacht?«

»Sie ist eine schlechte Freundin.«

»Diese Nachrichten. *Du* hast sie geschrieben, Robert. Unter Claires Nummer!«

»Sie ist böse, mein Engel. Sie tut unserer Liebe nicht gut.«

»Wo ist Claire?«

Mit aller Kraft verschafft sie sich Raum, bis sie sich drehen und ihm ins Gesicht sehen kann. Ein Anblick, der nicht zu ihrer Beruhigung beiträgt. Doch hinter Roberts Rücken bewegt sich etwas – eine muskulöse Gestalt, sich auf leisen Füßen herantastend. Einen Knüppel fest in beiden Händen.

Sie muss Robert ablenken. »Was ist mit Claire passiert?«

Robert verzieht gehässig den Mund. »Sie hat mich vor der Uni abgefangen. Hat mir gedroht. Wollte, wenn ich dich nicht in Ruhe lasse, dir all die Lügen erzählen, die dieser Quacksalber über mich aufgeschrieben hat. Ich bin ihr bis in den Park gefolgt und …«

»Kaspar! Nicht!«

Zu spät. Robert sackt zusammen wie ein Stein und reißt sie mit sich. Kaspar lässt den Stock fallen.

Lina rappelt sich hoch und starrt auf den leblosen Körper zu ihren Füßen. »Ist er … tot?«

Kaspar beugt sich herab. Tastet nach dem Puls. »Nein. Aber zucken wird der vorerst nicht. Hast Glück, dass ich zur Stelle war.«

Er richtet sich auf. »Claire hat mir verziehen. Das musst du mir glauben, Lina. Bitte sag: Wo ist sie?«

Lina rüttelt an Kaspars Arm. »Robert hat sie entführt! Sie muss irgendwo hier im Park sein.« Sie überlegt fieberhaft. »Vielleicht im Taubenhaus? Er hat vorhin so seltsam reagiert. Hast du ein Handy? Ruf die Polizei! Ich laufe zum Taubenhaus!«

Lina lässt Kaspar bei Robert zurück und hastet den Berghang hinauf. Als ein Weg ihren Pfad kreuzt, hält sie sich rechts und klettert voran, bis endlich bunte Dachziegel durch die Blätter schimmern. Wenige Schritte weiter kommt unter dem verwinkelten Dach das komplette Holzhäuschen in Sicht – am Rand einer Lichtung, wie sie es von den Fotos kennt.

Die letzten Schritte rennt sie. Blickt durch das nackte Fenster in einen kahlen Raum. Nichts! Sie eilt ums Häuschen herum: Dort liegt sie. Auf der Seite in ihrer schwarzen Jacke, den Bauch an die Bretterwand geschmiegt. Die Hände rücklings mit einem Strick an die Füße gebunden. Lina lässt sich neben Claire auf die Knie fallen. Zieht ihr behutsam das Klebeband vom Mund. Claire rührt sich nicht. Ihre Haut? Eiskalt. Aber der Puls: Er schlägt. Lina löst die Fesseln, wickelt Claire in ihre Jacke, nimmt sie in die Arme. Und wartet. Bis sie das wiedererwachende Leben spürt.

Der Tatort

Der Landschaftspark inklusive Villa ist in den Jahren 1885/90 von Anna geb. Mumm von Schwarzenstein und ihrem Ehemann Alfred von Neufville, einem Frankfurter Kaufmann und Bankier, angelegt worden, um sich in der guten Bergluft Eppsteins erholen zu können. Der im Park befindliche Neufvilleturm wurde von der Stadt Eppstein erworben und ist heute Aussichtsturm, die Villa ist nicht zugänglich.

Anfahrt
mit öffentlichen Verkehrsmitteln:
Der Bergpark liegt nahe am S-Bahnhof Eppstein. Zugang hat man über den Theodor-Fliedner-Weg. Man überquert den Parkplatz hinter dem S-Bahnhof und betritt den Park über die Zufahrt zur Villa Anna.

mit dem PKW:
Von der B 455 in Eppstein zum S-Bahnhof abbiegen oder über die Lorsbacher Straße den Zugang über den Rödelbergweg wählen.

Parkmöglichkeiten gibt es in Bahnhofsnähe oder in der Rossertstraße.

Eva Lirot

Adel verpflichtet

Taunus, Weilburg, Schlossgarten und Orangerien

Eigentlich recht schön hier. Wie in den Cotswolds, unserer berühmten hügeligen Urlaubsregion im Herzen Englands, in der wir auch viele attraktive Gartenanlagen haben. Und einen Fluss gibt's, zwar nicht so groß wie die Lahn, aber immerhin. In Sachen Palast fahren Sie unbedingt mal nach London, lohnt sich, glauben Sie mir. Nichts gegen Ihr schnuckeliges Weilburger Renaissanceschlösschen, doch verglichen mit dem Buckingham Palace wirkt es schon unerfreulich klein.

Apropos unerfreulich – ist das bei Ihnen in Deutschland auch so, dass es außerhalb der für die Besucher auf Hochglanz polierten Ecken schnell sehr unlustig werden kann? So wie in Brixton Hill, der Bronx von London? Schlimme Gegend, da kenne ich mich aus. Ich sage Ihnen, abends nach elf, wenn die Pubs dicht haben, fühlen Sie sich dort noch nicht mal mit einem Werwolf an der Leine sicher. Ich hatte da mal zu tun. Bin aber unverrichteter Dinge ganz fix wieder verschwunden. Obwohl das meinem Berufsethos auf eklatante Weise widerspricht.

Wahrscheinlich rührt daher auch mein Faible für schöne Gartenanlagen. Weil da immer alles ordentlich ist. Und bunt. Letzteres freilich nur, wenn nicht gerade Winter herrscht wie jetzt.

Herzlichen Glückwunsch übrigens zu Ihrem echt englischen Wetter, drei Grad und Nieselregen – das kriegen wir auf der Insel im Februar auch nicht besser hin. Da macht so ein Gartenspaziergang natürlich nur bedingt Spaß, aber ich bin ja nicht zum Vergnügen hier, sondern dienstlich. Zur ordnungsgemäßen Abwicklung meines Auftrages gehört es zwingend dazu, dass ich zunächst einmal die Lage sondiere. Gründlich. Deswegen war ich Punkt zehn Uhr da, zur Öffnungszeit des Weilburger Schlossgartens, und habe mehr oder weniger im Laufschritt das gesamte Areal in Augenschein genommen. Laufschritt deshalb, weil der Garten um zwölf schon wieder zumacht. Freitags jedenfalls.

Bisschen ungünstig gewählt, dieser Wochentag, keine Ahnung, was sich mein Auftraggeber dabei gedacht hat.

Andererseits hat er mit der Auswahl meiner Person die Gewissheit eingekauft, die absolute Elite meiner Zunft gebucht zu haben. Bei den Preisen, die unsereiner so aufruft, kann man kaum verlangen, dass sich die solvente Kundschaft mit solchen Kleinigkeiten befasst wie einem für die Auftragsausführung weit genug offen stehenden Zeitfenster. Wer einen Profi bucht, will nicht selbst mitmischen, sondern sicherstellen, dass der Job von einem Mann vom Fach erstklassig erledigt wird.

Ein Job, den ich so gut beherrsche, weil ich ihn von der Pieke auf gelernt habe. Von meinem alten Herrn. Neben dem praktischen Anschauungsunterricht, den er mir gewährte, nachdem ich meinen dritten Geburtstag gefeiert hatte – vorher ließ Mom nicht zu, dass er mich zur Arbeit mitnahm – wies er mich in aller Gründlichkeit auch in die Philosophie des richtigen Werkzeuges ein. Wann reicht ein simples Seil, wann sollte doch lieber ein Messer zum Einsatz kommen, in welchen Situationen braucht man eine Axt oder Säge und – ganz wichtig – wohin mit dem Rest. Mensch. Nein, falsch, Ex-Mensch. Noch besser gesagt: Leichnam.

Wobei mein Vater weniger Elite als mehr ein Mann fürs Grobe war, das sage ich Ihnen lieber gleich. Ging nicht anders. Er stammte aus Birmingham, der Stadt der rauchenden Schlote, in deren Gosse ich das Missvergnügen hatte, aufwachsen zu müssen. Dort finden Sie sich schnell inmitten des übelsten Killer-Prekariats wieder. Wenn Sie also mal ein billiges C-Movie drehen wollen mit wenigen Dialogen, dafür mit viel Blut und freiliegenden Gedärmen, dann packen Sie Ihre Videokamera ein und nichts wie ab in die Slums von Birmingham. Vielleicht haben Sie Glück und treffen sogar auf einen dieser selbstverliebten Schlächter, der sich auch noch freut, wenn Sie ihn bei seinem Gemetzel filmen und das Ganze bei Youtube hochladen.

Sie glauben mir nicht? Na, dann haben Sie vermutlich noch nie was von *Billy the Big Foot* gehört? Kann gut sein, denn so viel Blödheit dokumentiert noch nicht mal Google. Keine Ahnung, wie das vier Opfer lang gut gehen konnte. Nach seinem fünften Massaker haben sie Billy dann aber geschnappt. Etwa eine Stunde nach der Tat. Als er gerade sein drittes Ale abkippte, in dem Pub, zu dem die Blutspur führte. Die Blutspur, die seine Riesenfüße hinterlassen hatten, nachdem er ausgiebig im Lebenssaft des frisch Getöteten herumgetrampelt war, ohne es zu merken. Ich glaube, die drei Beagles, die zu der spätabendlichen Stunde aus ihren Körbchen beordert worden waren, schmollen bis zum Jüngsten Tag wegen der groben Beleidigung ihrer feinen Spürnasen.

Jetzt verstehen Sie sicher, warum meiner Mom damals so viel daran lag, dass ich den Absprung aus dieser Gegend schaffte und in die obere Killerklasse aufstieg.

Sie wäre bestimmt sehr stolz auf mich, wenn sie wüsste, was aus mir geworden ist. Würde jeden Schnipsel Zeitungsbericht sammeln, in dem ich Erwähnung finde. Was leider nicht möglich ist, da sie an ihrem vierzigsten Geburtstag ums Leben kam. Gemeinsam mit meinem Vater. Nach der Feier ertrunken. Im River Rea. Obwohl der Fluss an der Stelle gerade mal knietief war. Aber wenn man mit dem Gesicht nach unten drin landet ...

Egal, ich schweife ab. Und ich sehe, dass Ihr Blick immer ungläubiger wird, weil Sie nach wie vor nicht wissen, mit wem

Sie es zu tun haben. Verzeihen Sie, dass ich mich Ihnen nicht offiziell vorgestellt habe, das wäre in meiner Branche in etwa so klug wie ein Banküberfall, bei dem der Räuber seinen Personalausweis im leergeräumten Tresor hinterlässt. Keine Zeugen, wissen Sie. Das A und O in meinem Geschäft.

Wie es dann sein kann, dass ich trotzdem berühmt bin? Nun, die Berichterstattung erfolgt unter meinem Künstlernamen. Der zudem auf einen Adelsstand schließen lässt, in den mich der Boulevard höchstselbst erhob. Wegen der *Signatur*, die ich an meinen Tatorten zu hinterlassen pflege. Was anfangs gar nicht so geplant gewesen war. Ehrlicherweise gebe ich zu, dass ich den Teebeutel, den sie damals bei dem toten Friseur in Edinburgh fanden, aus reiner Nachlässigkeit zurückgelassen hatte.

Es gehört zu meinem persönlichen Arbeitsritual, dass ich vor der Vollendung meines Auftrages grundsätzlich eine Tasse Tee zu mir nehme, so viel Zeit muss sein. Den Beutel bringe ich mir selbst mit, seit es mehrfach vorgekommen ist, dass ich zu Tatorten entsandt wurde, an denen es keinen Tee gibt. In einem Freudenhaus zum Beispiel – ein Einsatzort, den betrogene Ehefrauen gerne wählen, wenn sie den untreuen Gatten sozusagen *in flagranti* erledigen lassen wollen – könnten Sie da schnell Pech haben. Also packe ich mir den Beutel lieber gleich selbst ein, um ihn gut sichtbar am Tatort hinterlassen zu können, damit die Presse gleich im Bild ist und weiß, dass der *Earl* wieder zugeschlagen hat. *Earl Grey.*

Nun sitze ich also hier im Schlosscafé bei einem Dornröschen-Frühstück und warte darauf, dass mein nächstes Opfer mich wachküsst.

Kleiner Scherz. Selbstverständlich verläuft alles nach Plan, und ich habe wie stets den vollen Durchblick. Was aufgrund der speziellen Auftragsübermittlung in meiner Branche nicht immer einfach ist. Die Auftraggeber legen Wert auf höchste

Diskretion, nicht die geringste Kleinigkeit darf einen Rückschluss auf ihre Person zulassen. Herkömmliche Kommunikationsmittel wie Telefon, Brief oder E-Mail fallen deshalb von vornherein aus, die Informationen müssen verschlüsselt übermittelt werden. Ich sage Ihnen, da habe ich schon die tollsten Dinger erlebt. Durchaus möglich, dass auch mal aneinander vorbei interpretiert und nicht auf Anhieb die richtige Zielperson beseitigt wird. Aber da brauchen Sie sich keine Sorgen machen, wenn Sie jemanden aus der Elite unserer Zunft engagieren. Ich arbeite ohne Aufschlag so lange nach, bis das korrekte Opfer nicht mehr atmet.

Dieses Mal war es auch nicht ganz einfach. Das mit der Tatort- und Opferidentifizierung, meine ich. Zunächst müssen Sie einen Auftrag ja erst mal als einen solchen erkennen, wissen Sie. Da bedarf es einiges an Erfahrung und Raffinesse. Sowohl seitens des Auftraggebers als auch durch mich.

Ich fand das Schriftstück vorgestern Abend. Beim Durchwühlen meines Jacketts, das mal wieder in die Reinigung musste. Das unbedarfte Auge hätte es schlicht für einen Kassenzettel gehalten. Ich aber wusste sofort, dass mein neuer anonymer Auftraggeber mir dieses betont lieblos zusammengeknäulte Zettelchen in die Jacketttasche geschmuggelt haben musste, wahrscheinlich während der Fahrt in der übervollen U-Bahn zur Rushhour.

Ich begab mich sogleich an die Entschlüsselung der Zahlen, die als diverse Einkaufsposten getarnt waren, und ermittelte zunächst den Tatort und die Tatzeit, was noch vergleichsweise leicht war.

Das Ausstellungsdatum dieses wirklich geschickt auf alt gemachten Papierstücks: 25. Januar 2015. Eine relativ einfache Chiffrierung, da es klar ist, dass ich schlecht in der Vergangenheit morden kann. Anhand der Tatsache, dass sich exakt ein Stornoposten auf dem Zettel befand, konnte ich den das Datum betreffende Dechiffrierungscode schnell ermitteln: minus eins, nur eben anders herum. Also plus eins. Das heißt, der Mord muss heute, am 26. Februar 2016 stattfinden. Zwei weitere Posten auf dem Zettel: Eine Damenbluse für 50.49 Pfund und ein vermutlich dazu passendes Halstuch im Wert von 8.28 Pfund.

Nun? Ahnen Sie schon, um was es sich bei diesen Zahlen in Wahrheit handelt? Richtig, das sind der Längen- und der Breitengrad meines Zielortes. Weilburg, Germany. Aus Tarnungsgründen aufgerundet auf die jeweils zweite Dezimalzahl hinter dem Komma.

Nun ist Weilburg zwar keine Weltstadt, aber dennoch wäre diese Ortsangabe allein doch recht dürftig, da sich so ein Mord ja praktisch überall verüben lässt. Ein weiterer genauer Blick auf den Auftragszettel verschaffte mir jedoch schnell die nötige Klarheit. Der Name des vermeintlichen Ladens, aus dem diese Quittung stammt, lautet: *Flower Power*.

Ganz simpel, nicht wahr? Wo gibt es Blumen? Im Garten, genau. Und welches Gebäude steht noch immer für die Präsenz von Macht? Ein Schloss. Bingo!

Noch eine nicht unwesentliche Information lässt sich aus diesem den Auftrag wirklich vorbildlich übermittelnden Schriftstück herauslesen, und zwar auf Anhieb: Schauen Sie sich die Artikel an, die angeblich gekauft worden sein sollen. Ausschließlich Damenwaren. Mein neues Opfer ist also eine Frau.

Sehen Sie, und deshalb sitzen wir zwei beiden jetzt als einzige Gäste in diesem Café. Nachdem ich durch den bei diesem Wetter völlig verwaisten Schlossgarten promeniert und dabei keiner Menschenseele begegnet bin. Nur ein paar vergoldete Bleifiguren habe ich gesehen. Teilweise sogar ohne ein die Scham bedeckendes Feigenblatt.

Da mein Auftrag auch keinen Hinweis auf einen Gruppenmord beinhaltete, fielen die Besucher der Schlossführung als Zielpersonen ebenfalls aus.

Nun verstehen Sie bestimmt, warum ich Ihnen so freimütig aus meinem Leben berichtet habe, nicht wahr? Weil Sie meine Geheimnisse ruhig mitnehmen können. In Ihr Grab.

Bleiben Sie ruhig, wehren Sie sich nicht, es ist sowieso zu spät. Wird Ihnen kalt? Und auch übel? Prima, dann haben Sie es gleich hinter sich. Zwei Gramm von der Wurzel des Blauen Eisenhuts, das war's. Habe ich in Ihren Kaffee geschmuggelt, so zwischendurch.

Ja, ich sehe, dass Sie sich nicht mehr bewegen können. Lassen Sie einfach los, ich werde Ihren leblosen Oberkörper auffangen und sanft auf den Tisch gleiten lassen. Sodass es aussieht, als würden Sie schlafen. Bei einer Dame Ihres Alters kein seltenes Phänomen. Bis der lahme Kellner, der lieber auf sein Smartphone starrt und uns die ganze Zeit über kaum eines Blickes gewürdigt hat, sich Ihrer annimmt, werde ich längst weg sein.

Und bitte sehen Sie es mir nach, dass ich Ihre wertvolle Uhr und auch Ihre Handtasche an mich nehme. Für den Fall, dass es zu einem Verdienstausfall kommt, weil mein Auftraggeber mal wieder nicht zahlt.

Der Tatort

Hoch über der Lahn thront das Weilburger Schloss, eines der am besten erhaltenen Bauwerke in Hessen aus der Renaissance.

Blickfang ist der Schlossgarten inmitten der Taunushügel, er besteht aus mehreren Terrassen. Die beiden Orangerien sind zur Lahn hin durch eine Mauer geschützt, von hier aus lockt die Sicht bis weit hinaus über das Flusstal. Über zwei Freitreppen geht es vom oberen in den unteren Schlossgarten, eine weitere Treppe führt zur Parterre-Terrasse. Nach Osten hin schließt sich das Gebück an, ein Wall aus Bäumen, der als ein natürliches Annäherungshindernis zur Schlossanlage hin angelegt wurde.

Das Schloss und die Gartenanlagen sind ganzjährig zu besichtigen, das inmitten der Anlage gelegene Schlosscafé richtet die Öffnungszeiten saisonbedingt aus. Übrigens: Das Dornröschen-Frühstück, das *Earl Grey* im Schlosscafé zu sich nahm, gab es zum Zeitpunkt seiner Anwesenheit tatsächlich auf der Speisekarte.

Adresse: Schlossplatz 3, 35781 Weilburg
www.schloesser-hessen.de

Anfahrt
mit öffentlichen Verkehrsmitteln:

Busverbindungen gibt es vom Limburger ICE-Bahnhof aus (Limburg Süd) nach Weilburg in die Schlesierstraße. Bis zum Schloss sind es knapp 30 Minuten Fußweg.

Vom Bahnhof Weilburg ist das Schloss in 15 Minuten zu Fuß zu erreichen.

mit dem PKW:
Von Wetzlar aus über die B 49, aus Richtung Limburg über die B 54.

Parkmöglichkeiten gibt es im Parkhaus Innenstadt, auf dem Parkdeck Hainallee und im Bereich der P+R-Anlage des Bahnhofs Weilburg.

Christiane Geldmacher

Der Debattenbeitrag

Kronberg im Taunus, Kronthal

»Claus? Was würdest du sagen, wenn ich mal jemanden umgebracht hätte?«

Überrascht sah Claus von seiner Sonntagszeitung hoch, die er soeben mitsamt den Brötchen vom Kiosk geholt hatte. Die Lektüre der Zeitung am Sonntagmorgen war Religion für ihn, der köstlichste Moment der Woche. Dabei wollte er nicht gestört werden. Besonders akribisch pflegte er sich ins Feuilleton zu vertiefen, wozu es unter der Woche selten Zeit gab. Claus liebte besonders die Debattenbeiträge; man mochte über die FAZ sagen, was man wollte, aber die Debattenbeiträge waren herausragend.

Tyler dagegen hasste diese Zeitung. Jede Woche hatten er und Claus die gleiche Diskussion. Tylers Standpunkt: Konnte man nicht wenigstens einen einzigen Tag in der Woche Ruhe vor den Nachrichten und den Zeitungen haben? Es war alles so redundant! Es gab Leute, die dafür bezahlt wurden, das Staatswesen in Ordnung zu halten. Warum also sollte er, Tyler, sich 24/7 darum kümmern? Der Sonntag gehörte der Beziehung, oder täuschte er sich? Der Sonntagmorgen war der einzige Morgen, an dem er Claus ganz für sich hatte – wenn dieser mitspielte.

»Claus? Ich *fragte* dich, wie du es fändest, wenn ich mal jemanden umgebracht hätte.«

»*Tyler*. Also wirklich.« Claus verdrehte die Augen. »Lass mich in Ruhe weiterlesen, ja?« Er vertiefte sich in einen Artikel über die Subventionen für das Theater. Wieder einmal sollten sie gekürzt werden, gerade in den Mittelzentren, obwohl viele Nebendarsteller dort schon häufig als Minijobber abgerechnet wurden. Einen offenen Brief konnte man im Internet auf petition.org unterschreiben. Claus beschloss, sich später dieser Petition anzuschließen.

»Ich bitte um eine Antwort!«, rief Tyler nachdrücklich.

»Herrgott! Was ist das für eine Frage?! *Ich fände es nicht so toll, Tyler.* Muss ich erst wieder ins Café gehen, um in Ruhe meine Zeitung lesen zu können?«

Neulich hatte ihre Paartherapeutin Patricia Claus vorgeschlagen, seine destruktive Haltung gegenüber den Sonntagvormittagen mit Tyler aufzugeben und seine Zeitung wenigstens *zu Hause* zu lesen statt ostentativ im Café. Großer Kompromiss! Aber Claus hatte genau gewusst, wohin das führen würde. Zu diesem hier. Tyler würde unter allen Umständen versuchen, sein Vorhaben zu torpedieren. Koste es, was es wolle.

»Es war dieser Architekt, weißt du.« Tyler pulte an der Tischdecke herum. »Er ist mir auf die Nerven gegangen. Er war immer so *negativ.*«

Claus tat so, als würde er zur nächsten Spalte des Subventionsartikels übergehen, dabei las er schon zum fünften Mal dieselbe Zeile, ohne etwas zu begreifen.

»Der, bei dem ich ein paar Jahre im Büro gearbeitet habe«, ergänzte Tyler. »Schrecklicher Kerl!«

Claus beschloss, am nächsten Sonntag sein Tablet aufzustellen und von Tyler und sich ein Video zu drehen, das der Paartherapeutin zeigen sollte, dass es in Gegenwart seines Freundes unmöglich war, in Ruhe die Zeitung zu lesen, und dass er deswegen wieder dazu übergehen würde, im Café zu frühstücken. *Fakt.* Er faltete die Zeitung zusammen. „Ich habe keine Ahnung, wovon du sprichst, Tyler.«

»Von *wem*, Hase! Von Edgar Kossack. Dem Architekten. Dem *Künstler*. Dem mit den rostigen Stahlskulpturen, du erinnerst dich doch. So Richard-Serra-mäßig.«

Rostige Stahlskulpturen, dachte Claus, ja, ja. Alle Welt fabrizierte heute rostige Stahlskulpturen. In jedem Taunusdorf fand man heute eine rostige Stahlskulptur, flankiert von einer historisierenden Bronzefigur, die einen Bauernjungen oder ein Milchmädchen bei der Arbeit darstellten. »Den hast du also umgebracht?«

»Er war ein fürchterlicher Idiot«, rechtfertigte sich Tyler.

»Das ist kein Grund, jemanden zu töten.« Selbst das Moralisieren fand Claus anstrengend. Nichts war schlimmer, als wenn Leute das Offensichtliche sagten, fand er. Ihm fehlte die Kraft, aufzustehen und diesen verdammten Edgar Kossack zu googeln, der wahrscheinlich gerade als internationaler Stararchitekt in allen europäischen Hauptstädten Zweigstellen aufmachte.

»Willst du die Geschichte hören oder nicht?« Tyler sah ihn gekränkt an.

Okay. Dieser Morgen würde wieder zu einer One-Man-Show Tyler Baldwins werden. »Ich höre«, sagte Claus grimassierend.

Weitschweifig ließ sich Tyler über seine Karriere als Architekt aus. Wie er als Student in einem Nette-Jungs-Büro in Darmstadt angefangen hatte, sympathisch, nicht-hierarchisch, dezentralisiert. Wie es keine Sekretärin gegeben hatte und er auf Bedarf hin zum Kopieren oder Getränkeholen eingesetzt worden war. Nach seinem Praktikum und der Arbeit in einem weiteren Architekturbüro war Tyler zu Edgar Kossack nach Kronberg gewechselt. Der hatte schon prestigeträchtige Realisierungswettbewerbe in Frankfurt gewonnen und Stararchitekten wie Renzo Piano und Frank O. Gehry aus dem Rennen geworfen. Aber Tyler war auf Dauer mit Edgar Kossack nicht gut ausgekommen. Nicht, nachdem er selbst Architekt geworden war. Sie waren sich ins Gehege gekommen.

»Es gab viele Reibereien. Erst war ich der vielversprechendste seiner Nachwuchsarchitekten, dann fand er mich zu unorganisiert. Außerdem hat es ihn genervt, dass ich sämtliche Unterlagen und Fotos, Zeichnungen, Pläne, Aquarelle und Schnitte nicht im Schreibtisch hatte, sondern nur auf meinem Rechner. Edgar war so *old school* ...« Tyler verdrehte die Augen.

»Ich dachte, er wäre eine Vaterfigur für dich gewesen«, murmelte Claus, der nicht glauben konnte, dass er diese Unterhaltung wirklich führte.

»Nur weil er schon über sechzig war? Aber nein, Hase. *Edgar* hatte ein ungelöstes Problem mit seinem Vater«, erinnerte Tyler sich. »Er hatte das Architektenbüro von ihm übernommen. Eines Tages hatten wir mal einen Termin mit einer Architekturzeitschrift, da waren erst nur Edgar und ich und der Journalist anwesend. Alles lief hervorragend, bis der Senior dazukam, die Unterhaltung an sich riss und ohne Unterbrechung eine halbe Stunde redete. Gegen seinen Vater durchsetzen konnte Edgar sich damals nicht. Sie trugen beide Fliegen, Vater und Sohn. Das sagt alles.«

Claus beschloss, Tylers Reminiszenzen radikal abzukürzen. »Aber wie hast du ihn umgebracht, Tyler?«

Tyler sah bekümmert auf sein leeres Frühstücksbrettchen hinunter. »Ich habe ihn erschlagen. Mit einem großen Stein. Gott, ich war so wütend.«

»War er gleich tot?«, fragte Claus kopfschüttelnd. Tyler und jemanden mit einem Stein erschlagen! Es war absurd. Er schaffte es kaum, ohne Schwächeanfall drei Scheiben Brot nacheinander abzuschneiden.

»Mausetot. In der Wut entwickelt man solche *Kräfte*, Hase.«

»Du kannst doch gar kein Blut sehen, Tyler. Ich glaube dir kein Wort.«

»Ich kann kein Blut sehen, richtig beobachtet. Jedoch es half nichts. Das Leben schreibt manchmal ein anderes Drehbuch. Aber was meinst du mit *Ich glaube dir nicht*? Das halte ich für keine gute Ausgangsbasis für eine Beziehung. Ich werde das bei Patricia zur Sprache bringen.«

»Wenn ich dir glauben würde und du hättest Edgar tatsächlich umgebracht, hielte ich *das* für keine gute Ausgangsbasis für eine Beziehung. Das könnte *ich* dann bei Patricia zur Sprache bringen.«

»In guten wie in schlechten Zeiten, Claus!«, erinnerte ihn Tyler.

»Mord? Ich bitte dich. Ich habe mir schon noch meine Unabhängigkeit bewahrt. Ich werde meinen Lebensabend nicht mit einem Mörder zubringen. Es gibt auch andere, Tyler!«

Schockiert sah Tyler seinen Freund an. »Es gibt auch andere? Gut, dass ich das noch vor unserer Hochzeit erfahre!«

»Also, was hast du mit der Leiche gemacht?«, fragte Claus ungeduldig.

»Was man halt mit so einer Leiche macht. Ich habe sie vergraben. Da, wo wir zu diesem Zeitpunkt waren, im Kronthal. Wenn du willst, kann ich es dir zeigen.« Tyler sah nach draußen und blinzelte in die Sonne. »Es ist so schön heute. Wir könnten hinfahren. Oder hast du noch etwas vor?«

O ja. Claus hatte vorgehabt, die Zeitung zu lesen, dann einen kleinen Spaziergang am Museumsufer zu machen und später irgendwo noch auf einen gepflegten Apfelwein einzukehren. Der liebe Tyler schaffte es doch immer wieder, noch eins draufzusetzen.

Als Tyler im Bad war, suchte Claus auf seinem Tablet nach Edgar. Was er herausfand, konnte ihm allerdings kaum gefallen. Der Kerl war verschollen. Edgar Kossack war vor einigen Jahren unter mysteriösen Umständen verschwunden – so drückte sich jedenfalls der *Stern* aus. Er hatte einige Millionen mit Bauten in Barcelona gemacht, dann war es zur Krise gekommen und seine Bauprojekte waren in Schwierigkeiten geraten. Es hatte Unstimmigkeiten mit der Steuer gegeben und dann war er eines Tages weg gewesen. Insider wähnten ihn auf einer Insel in der Südsee, fand Claus bei der *Bunten* heraus. Die Jahreszahlen deckten sich leider mit Tylers Angaben.

»Können wir?«, fragte Tyler und trat in himmelblauem Overall aus dem Bad heraus. Ergeben trottete Claus hinter ihm die Stufen im Treppenhaus hinunter, und ein paar Minuten später befanden sie sich schon auf der Autobahn Richtung Kronberg. Ein redseliger Tyler und ein sich immer unbehaglicher fühlender Claus. Während sie rasch die Skyline Frankfurts hinter sich ließen, erzählte Tyler, wie es zur tödlichen Auseinandersetzung zwischen ihm und seinem Chef gekommen war. Edgar hatte mal wieder auf Tylers Nerven herumgetrampelt; er, Tyler, sei faul und unzuverlässig, habe kein ästhetisches Empfinden, neige zum Kitsch und könne keine Projekte zu Ende führen. Edgar sei es leid, seine schützende Hand über Tyler zu halten, er müsse von nun an zusehen, wie er zurechtkäme. Er, Edgar, feuere ihn.

»Er wollte mir kein gutes Zeugnis ausstellen.« Voller Bitterkeit setzte Tyler den Blinker an der Ausfahrt Königstein. »Aber da war er an den Falschen geraten! Ich habe mein Zeugnis selbst geschrieben. Und seine Unterschrift gefälscht!«

Kopfschüttelnd sah Claus zum Fenster hinaus und betrachtete die Felder und Obstwiesen. Die Bäume waren bereits abgeerntet und der Sommer fast schon wieder vorbei. In der Ferne konnte er den Turm und den Renaissancegiebel der Burg Kronberg erkennen. Tyler, ein US-amerikanischer Diplomatensohn, hatte zwei Häuser entfernt davon in einer Mansarde gewohnt, bevor er zu Claus ins Frankfurter Westend gezogen war.

»Leider hat Edgar das mit dem Zeugnis herausgefunden, als ich mich damit in einem anderen Architektenbüro bewarb. Bei einem seiner *Intimfeinde*«, seufzte Tyler. »Das konnte er mir nie verzeihen.«

Vorbei ging es an der alten Mineralwasseranlage des Kronthals hinauf zum Friedhof am Thalerfeld. Tyler schlug das Lenkrad ein und stellte den Wagen schwungvoll auf dem Parkplatz ab.

Auf dem Fußweg ins Tal hinunter berichtete Tyler von jenem verhängnisvollen Abend im Spätsommer. Er war mit Edgar hier unterwegs gewesen. Für Spaziergänge bot sich dieses zauberhafte Tal an. Der Weg am Sauerbornsbach Richtung Opelzoo zählte quasi zu ihrer ausflüglerischen Routine. Natürlich war es damals noch nicht so schön gewesen wie heute, wo die ganze Anlage neu hergerichtet und saniert worden war.

Bald waren Edgar und er sich in die Haare geraten, die Sache mit dem Zeugnis war zur Sprache gekommen und schließlich war er, Tyler, in dem sich sehr viel aufgestaut hatte, ausgerastet. Die ganze Zeit habe er schon diesen Granitstein in den Händen gehabt, den er so hübsch gefunden hatte, und mit diesem habe er sich auf Edgar gestürzt und ihn damit erschlagen. Er habe es weiß Gott nicht geplant, er sei kein aggressiver, gewalttätiger Mensch – Claus kenne ihn ja –, aber Edgar habe ihn wieder und wieder provoziert und beschimpft und so sei es schließlich passiert. Erst ein paar Minuten nach der Tat sei er wieder zu sich gekommen und ganz verzweifelt darüber gewesen, was er angerichtet hatte. In Panik habe er den leblosen Edgar in die Brombeerbüsche gezogen und erst mal liegen gelassen. Was hätte er auch tun sollen? Am gleichen Abend habe er sich Schaufel und Spitzhacke besorgt und Edgar in der Nähe des Ufers vergraben. Der Vorteil der Brombeerbüsche – als sie unten angekommen waren, zeigte Tyler mit weiter Geste darüber – sei, dass sich keiner hier hinein verirre. Auch nicht die Kinder, die sich mit den Brombeeren am Wegesrand begnügen würden.

Forschend sah sich Claus im Park um. Viele Leute waren unterwegs, Familien und Wanderer, und es war kaum vorstellbar, dass man hier ungestört eine Leiche vergraben könnte. Aber gut, damals war das Tal überregional noch nicht so bekannt gewesen.

Tyler suchte nach dem Grab. Dauernd lief er den Weg hinauf und hinunter.

»Hier war's!«, rief er schließlich triumphierend und ohne Rücksicht auf Passanten, die sich mit Kinderwagen und Nordic-Walking-Stöcken um ihn herumschoben. »Ich habe mir diese Baumgruppe hier gemerkt!«

Die Baumgruppe schien Claus allerdings noch nicht sehr alt zu sein. Vielleicht zwei, drei Jahre. Zusammen mit Tyler spähte er in das Brombeerdickicht bis zum Sauerbornsbach hinunter. Tatsächlich schien es ihm, als gäbe es eine Art Pfad hindurch, der mit jüngeren Trieben überwachsen war. Mit bloßem Auge kaum erkennbar. Aber das konnte ebenso gut Einbildung sein, von Tyler insinuiert.

»Siehst du die Buche da hinten? Darunter liegt Edgar.«

Claus grunzte. Er hatte es so satt. Immer wieder Tylers abstruse Geschichten, um sich in Szene zu setzen. »Was erwartest du jetzt von mir, Tyler?«, fragte er mit verschränkten Armen. »Dass ich jetzt das Bachufer umgrabe, um herauszufinden, ob du die Wahrheit sagst?«

Tyler zuckte mit den Schultern. »Ich erwarte gar nichts. Ich wollte mir nur endlich von der Seele reden, dass ich mal jemanden umgebracht habe.«

»Prima, das hast du ja jetzt.« Claus hatte vor ein paar Jahren die Katze einer alten Dame aus dem Haus im Garten vergraben. Er wusste sehr genau, wie schnell man im Erdboden auf undurchdringliche Wurzeln und Gesteinsschichten stieß.

»Ich wollte herausfinden, wie viel ich dir *wert* bin. Nicht so viel, ist mein Eindruck.«

Claus rieb sich die Schläfen. »Was habe ich für Alternativen, Tyler? Wenn ich dir deine Story glaube – die du einzig zu dem Zweck erfunden hast, um mir meinen Sonntagmorgen zu ruinieren –, dann sollte ich dich anzeigen. Wenn ich sie dir nicht glaube, hast du einen billigen Trick angewandt, um meine Aufmerksamkeit auf dich zu lenken. Beides kann mir nicht recht sein.«

»Ich liebe dich, Claus.«

»Oh bitte! Ist das deine Art, das zu zeigen? Das Grab der Leiche deines ehemaligen Chefs?«

»Nenn es ruhig beim Namen, Claus. Es geht um Vertrauen, das wir seit Monaten bei Patricia bearbeiten.«

Claus sah abgestumpft in das Brombeergestrüpp. »Ich vertraue dir nicht. So oder so nicht. Und jetzt?«

Weil er das nicht tat, kämpfte Claus sich einige Tage später mit einer Taschenlampe und einer Gartenschere bewaffnet durch das Brombeergestrüpp Richtung Bach. Als er, den Boden entlang robbend, dort vollkommen verkratzt ankam, entdeckte er nichts. Kein Grab. Keine Senke von einem eingefallenen Grab. Nur Dornen überall.

»Was machen Sie denn da?«, rief ihm ein irritierter Spaziergänger zu, der den Krach im Gestrüpp gehört hatte.

Claus richtete sich mit zerzaustem Haar halb auf und machte sich auf den beschwerlichen Weg zurück. »Wonach sieht es denn aus? Kümmern Sie sich um Ihren eigenen Kram! Gehen Sie spazieren, Herrgott nochmal!«

Er konnte sich die nächste Therapiestunde lebhaft vorstellen. Er, mit verkratztem Gesicht, noch blutend, in der Mitte sitzend zwischen den beiden besten, selbstgefälligen Tunten Patricia und Tyler, die ihren Punkt machten. *Es geht um Vertrauen, Claus.*

Eben. Genau.

Trotzdem drehte er sich argwöhnisch noch einmal zu der Stelle um, wo das Grab sein sollte. Er sah nichts.

Noch nicht mal die Brombeersträucher, wenn er es sich recht überlegte.

Wieder auf dem Spazierweg angekommen, klopfte er sich die Hose ab und zuckte mit den Schultern.

Es war alles nur eine Erfindung Tylers.

Vertrauen, Claus.

Trotzdem wäre es irgendwie ganz praktisch, wenn dieser Edgar Kossack in absehbarer Zeit wieder an der Bildoberfläche auftauchen würde.

Der Tatort

Das Kronthal wurde im Jahre 2000 in den Regionalpark RheinMain integriert, www.regionalpark-rheinmain.de. Im Kronthal, 61476 Kronberg im Taunus

Anfahrt

mit öffentlichen Verkehrsmitteln:

Mit der S4 vom Frankfurter Hauptbahnhof aus nach Kronberg, dort weiter mit der Buslinie 85 bis zur Haltestelle Stift Kronthal, dort der Beschilderung Quellenpark Kronthal bzw. Regionalpark Rhein-Main folgen.

mit dem PKW:

Auf der A 66 die Ausfahrt 16 und von dort die B 8 Richtung Königstein nehmen. Durch Sulzbach weiter auf der Königsteiner Straße fahren. In Bad Soden rechts abbiegen auf die L 3014. Die Straße heißt Im Kronthal. Man folgt ihr bis zum Friedhof Thalerfeld.

Parkmöglichkeit auf dem Parkplatz des Friedhofs.

BELINDA VOGT

Der Böse, der Gemeine und der Glückliche

Wiesbaden, Freizeitgelände Alter Friedhof

Mit wuchtiger Hand schlug Karl Bronkmann alias Big Bronco auf die Portiersklingel des kleinen Hotels und hörte kurz darauf ein lautes Bellen. Schöne Kaschemme, dachte er, wo sie Tiere erlauben.

Er beobachtete, wie ein junger Mann aus einem Gang neben dem Eingangsbereich auftauchte, hinter sich einen gescheckten Hund, der sich sogleich daranmachte, Bronkmanns Hosenbeine ausgiebig zu beschnüffeln.

Bronkmann hasste das und wollte schon zutreten, da verwies ein strenges »Cecil! Aus!« den Köter zurück in sein Körbchen hinter dem Tresen. Wurde aber auch Zeit.

Der Typ am Empfang sah fertig aus, als hätte er sich schon ein paar Nächte um die Ohren geschlagen. Aber immerhin quälte er sich ein Lächeln ab, legte die Hände einsatzbereit auf die Tastatur des Computers und sagte freundlich: »Sie möchten ein Zimmer, nehme ich an?«

Was denn sonst, du Schlaumeier, dachte Bronkmann, zog den Pass aus der Innentasche seiner Outdoorjacke und knallte ihn auf den Tresen der Rezeption.

»Zimmer 12, erster Stock«, erklärte der Bursche und nahm einen Schlüssel mit schwerem Messinganhänger vom Haken. »Frühstück von halb sieben bis halb zehn.«

Bronkmann brummte seine Zustimmung und stieg die steile Treppe mit dem abgewetzten Teppichboden hinauf.

»Schönen Aufenthalt wünsche ich«, hörte er den Portier noch rufen.

Das winzige Zimmer ging nach vorne hinaus, und nachdem er seinen Seesack auf den Gepäckständer geworfen hatte, riskierte Bronkmann einen Blick auf die Straße. Viel hatte sich nicht verändert in all den Jahren. Noch immer das Kleine-Leute-Viertel mit den niedrigen alten Häusern, die direkt an den Bürgersteig grenzten, mit Toreinfahrten, hinter denen sich Handwerksbetriebe verbargen oder die Leute ihre alten Karren reparierten.

Bronkmann ließ sich aufs Bett fallen und verschränkte die Arme hinter dem Kopf. Vierzig Jahre! Hätte ihm damals irgendein Idiot gesagt, wie lange es dauern würde, bis er wieder hierher zurückkäme, er hätte dem Schwätzer einen Schlag in den Magen verpasst. Oder ihn gleich kaltgemacht. Aber besser spät als nie, dachte er. Wenn man es recht besah, war die Beute heute mehr wert als früher, eine schöne Altersversorgung, und die Spuren waren längst verwischt.

Sobald es dunkel war, würde er sich die Diamanten holen.

Dr. Harald Metz, pensionierter Oberstudiendirektor und Schulleiter a. D., starrte auf das Display seines GPS-Empfängers. Er verglich die angezeigten Satelliten-Koordinaten mit den Zahlen auf dem Zettel in seiner Hand. Es war nicht mehr weit bis zum nächsten Ziel des vorletzten Caches in der Stadtrallye. Metz war fest entschlossen, den Preis im diesjährigen Geocaching-Wettbewerb *WUF – Wiesbadens Ultimate Finder* zu gewinnen und die goldene Medaille als Entdecker des letzten Schatzkästchens voller Stolz in Empfang zu nehmen. Zu diesem Zweck hatte er bereits im vorherigen Cache – einer Tupperdose, die am Biebricher Rheinufer versteckt gewesen war – die Koordinaten ein klein wenig verändert. Ein einfacher Zahlendreher, und schon suchten die anderen Geocacher an einer Stelle, die etwa achthundert Meter vom eigentlichen Fundort entfernt lag. Das sollte ihm ausreichend Vorsprung verschaffen. Denn schließlich führte eine Box zur nächsten, und bis Mitternacht mussten fünfzehn Caches gehoben und die Trophäe aus dem Siegercache entnommen sein. Da half ihm jede Irritation seiner Konkurrenten. Die Vorstellung, wie die anderen Schatzsucher am völlig falschen Platz herumirrten, erfüllte ihn mit beschwingter Heiterkeit.

Es war bereits früher Abend, und Metz stand mitten auf dem Schlossplatz von Wiesbaden. Intensiv hielt er Ausschau nach einem möglichen Versteck für eine Box, das weder zu schwierig für den Finder noch zu offensichtlich für Außenstehende war. Sein Gerät hatte ihn hierher geführt, doch wie immer war nun Psychologie gefragt. Wo würde er einen Cache verstecken, noch dazu in der belebten Innenstadt? Ein äußerst schwieriges Terrain, voller Muggel, wie die Insider nach Harry-Potter-Art Menschen nannten, die von Geocaching keine Ahnung hatten. Er versuchte, sich in die Leute des örtlichen Clubs hineinzudenken. Wo konnten sie die Box platziert haben? Unter Laub getarnt zwischen den Büschen neben dem Stadtschloss, aufgehängt in den Bäumen rund um die Statue Wilhelms von Oranien oder irgendwo versteckt auf der Grünfläche vor der Marktkirche? Der Pfeil auf seinem Navigationsgerät zeigte weiter nach Südosten, und Metz hielt auf das Neue Rathaus zu. Er suchte nach Auffälligkeiten in der Fassade, schlich aufmerksam um die behauenen Sandsteinblöcke, immer darauf bedacht, sich durch sein intensives Starren auf Ritzen und Fugen nicht allzu verdächtig zu machen. Er wollte schon die Richtung wechseln, als ihm plötzlich ein Haken an einem Abflussgitter zu seinen Füßen auffiel. Rasch zog er einen Behälter an einer Kette hervor, nicht viel größer als eine Filmdose. Nicht schlecht, dachte Metz und zog den Deckel ab. In dem Döschen befanden sich – endlich, endlich – die Koordinaten für den Sieger-Cache sowie ein aufgerollter Streifen Papier, ein Mini-Logbuch, in das sich jeder Finder eintragen musste. Doch nein, das konnte nicht wahr sein! Harald Metz fluchte leise. Schon wieder war ein anderer vor ihm hier gewesen. Ein gewisser *Street Hunter* hatte den Cache bereits gehoben und sich verewigt. In jeder der verschiedenen Behälter, die Metz seit dem Morgengrauen geöffnet hatte, war ihm dieser

Name entgegengesprungen. Ob Plastikdose, Metallkassette oder Holzkästchen, wie zum Hohn hatte ihm aus jedem Logbuch dieser Mistkerl entgegengeleuchtet. Das konnte nur der Anwalt aus Frankfurt sein, der ihm schon beim Startschuss des Wettbewerbs aufgefallen war, ein Typ mit teurer Ausrüstung und nagelneuen Outdoor-Klamotten. Er hatte sich damit gebrüstet, schon tausend Caches gefunden zu haben, manche quasi im Vorübergehen. Aber noch gab es Hoffnung, sein Eintrag war erst fünfzehn Minuten alt, und *Street Hunter* war zu Fuß unterwegs. Wie es die Regel vorsah. Dr. Harald Metz kritzelte seinen Namen an die zweite Stelle und eilte mit den neuen Koordinaten zu seinem Wagen, den er im Parkhaus deponiert hatte.

Als Benjamin Faller schwere Schritte von oben kommen hörte, schloss er eilig die Schublade unter dem Tresen, in dem er sein Lehrbuch aufbewahrte. Der Vorteil bei seiner Arbeit als Nachtportier bestand darin, dass er hier in aller Ruhe für die Klausuren lernen konnte, aber vor allem machte er den Job, weil er Cecil mitbringen durfte. Wo sonst waren Hunde erlaubt?

Der Gast aus Zimmer 12 ging grußlos an der Rezeption vorbei, den Kragen der Outdoor-Jacke hochgestellt, einen dunklen Rucksack geschultert. Ein merkwürdiger Mensch.

Aber Benjamin konnte sich schon denken, wer da eingecheckt hatte. Vor zwei Wochen war bekannt geworden, dass ein niederländisch-südamerikanisches Konsortium mehrere Gebäude in dieser Straße kaufen wollte, praktisch die ganze Häuserzeile, in der sich dummerweise auch das Hotel befand. Das Viertel sollte aufgewertet werden durch Sanierung oder Abriss und Neubau. Die übliche Geschichte. Wenn der Gast mit dem grimmigen Gesichtsausdruck nicht ein vorausgeschickter Bauleiter war, der die Substanz der Objekte prüfen sollte, würde Benjamin Cecils Körbchen fressen. Samt Kissen. Dafür sprach nicht nur die pragmatische Kleidung des Mannes, sondern vor allem sein Pass, ausgestellt in Venezuela.

Nächstes Jahr würden hier also gut verdienende Familien wohnen mit adretten Kindern und dem unvermeidlichen Golden Retriever. Liebe Hunde, aber auch ein bisschen dämlich. Ganz anders als Cecil. Er konnte bis heute nicht verstehen, wie ein so kluger, hübscher Hund im Tierheim gelandet war. Umso größer war das Glück, dass sie sich gefunden hatten. Aber es gab wohl niemanden, der ein Praktikum im Tierheim machte, ohne anschließend mit einem Tier nach Hause zu gehen.

Benjamin seufzte. Die Idylle mit Cecil und ihm würde bald zu Ende sein. Und dann? Das Studium beenden und einen ganz normalen Job suchen? Cecil sich selbst überlassen, wenn er tagsüber arbeitete und nachts schlief? Nein, er würde alles tun, damit Cecil und er zusammenbleiben konnten. Auch wenn er dadurch auf Geld und Karriere verzichten müsste. Das hatte er längst beschlossen. Aber was wusste das Tier schon?

Mit der Ruhe eines Mannes, der sehr lange gewartet hat, schlenderte Bronkmann durch die ruhige Straße, die direkt zum Alten Friedhof führte. Vom Hotel aus war es nur ein Katzensprung bis zu dem Ort, wo er und Eddie Dengler die Beute vor vierzig Jahren vergraben hatten. Direkt nach dem Überfall auf den Juwelier in der Taunusstraße. Die Polizei war ihnen schon auf den Fersen gewesen, weil der alte Schmuckhändler es geschafft hatte, den Alarmknopf zu drücken. Als Eddie und er von ferne die Sirenen der Polizeiautos hörten, schnappten sie sich das bisschen Bargeld und den schwarzen Samtbeutel aus dem geöffneten Tresor und flüchteten durch den Hinterausgang. Zum Abschied verpasste Eddie dem alten Trottel noch eine Kopfnuss mit der Halbautomatik. Wer hätte ahnen können, dass der Schwächling vor Schreck einen Herzkasper bekommen und den Löffel abgeben würde?

Das Fluchtauto mussten sie zurücklassen, stattdessen kletterten sie über die Mauern zwischen den hochherrschaftlichen Altbauten, bis sie irgendwann wieder auf der Straße standen. Trotz ihrer Panik war Eddie der verlassene Friedhof ganz in der Nähe eingefallen. Dort würde sie niemand vermuten, seit Jahren lag das verwilderte Gelände ungenutzt an einer der Wiesbadener Ausfallstraßen.

Während die Polizeisirenen durch das Viertel hallten, ließen sich Eddie und er auf der anderen Seite der Friedhofsmauer ins Gebüsch fallen. Schon damals überwucherten hohe Gräser und Brombeersträucher die schiefen Grabsteine, Efeu umrankte Säulen und Statuen, moosbedeckte Steinbänke standen im dichten Unterholz. Die zwei mussten sich ihren Weg durchs Gestrüpp bahnen, um Unterschlupf in einem kleinen Mausoleum zu finden. Dort konnten sie endlich nach der Beute schauen. Bronkmann lächelte in Gedanken daran, wie er den Inhalt des kleinen Samtbeutels vorsichtig auf seine Handfläche geschüttet hatte – zweiunddreißig funkelnde Diamanten, die wie kleine Sterne leuchteten. Das war schon unverschämtes Glück gewesen! Aufgedreht und voller Pläne verbrachten sie die Nacht im Mausoleum und malten sich ihren künftigen Reichtum aus.

Am nächsten Morgen durfte sich jeder drei der glitzernden Steine aus dem Säckchen nehmen. Für den Notfall und bis Gras über die Sache gewachsen wäre, wanderte der Rest zurück in den Beutel. Den verstauten sie in einer herumliegenden Blechdose und verbuddelten alles unter einem steinernen Engel, der hoffentlich seine schützende Hand über ihren Schatz halten würde. In einem Monat, spätestens in einem Jahr, würden sie ihre Beute holen.

Schon von Weitem erkannte Bronkmann die Natursteinmauer, über die sie sich damals gestemmt hatten. Er sah die dunklen Tannen und Koniferen, die schmucklosen Rückseiten der Grabmäler und hörte das leichte Rauschen der mächtigen Rotbuchen und Ahornbäume. Er wunderte sich nur, dass der Seiteneingang nicht mehr von einer schmiedeeisernen Tür, sondern von einem modernen Metallgatter verschlossen war. Wie er außerdem feststellte, hatten noble Stadtvillen die einfachen Neubauten am Friedhofsweg ersetzt, dort standen jetzt moderne Häuser mit bodentiefen Fenstern – leider alle ohne Gardinen. Wachsam verharrte er in der hereinbrechenden Dunkelheit, bis seine Zeit gekommen war. Nochmal würde er sich nicht erwischen lassen.

Eddie hatten sie gleich geschnappt, er war für zehn Jahre in den Bau gewandert. Schwerer Raub mit Todesfolge lautete die Anklage. Er selbst konnte sich absetzen. Ein Freund mit Verbindungen nach Venezuela beschaffte ihm einen Pass und ein Ticket nach Caracas, was Bronkmann den ersten Stein kostete. Die beiden anderen gingen dabei drauf, dort die Männer von Pablo Mendez um sich zu scharen, dessen Stelle einzunehmen und sich durch diesen Coup den Namen Big Bronco zu verdienen.

Es folgten herrliche Tage auf seiner Residenz in Los Roques, Geschäfte unter der karibischen Sonne und jede Menge Señoritas und Margaritas. Aber auch die schönsten Zeiten gingen einmal vorüber, und es gab jüngere, kräftigere Männer, die einen Platz in der Firma beanspruchten. Sie machten ihm unmissverständlich klar, dass die Zeit für seinen Ruhestand gekommen war. Keinen Céntimo ließen ihm die Jungspunde, und das, obwohl er ein Waisenhaus in Caracas errichtet hatte, wenn auch, zugegeben, für die Nachkommen seiner Gegner.

Was blieb ihm übrig? Er musste zurück in die alte Heimat, wo die letzte Reserve lag. Nach allem, was er wusste, hatte Eddie die zehn Jahre abgesessen und war dann von der Bildfläche verschwunden. Andere erzählten, er habe nach seiner Entlassung ein normales, biederes Leben begonnen, mit Haus, Familie und dem ganzen Kram. Wieder andere sagten, Eddie habe allem Materiellen abgeschworen und lebe in einer Hippiekommune auf Ibiza.

Wie auch immer, Bronkmann hoffte, dass die Blechdose noch immer an der Stelle lag, wo sie vor Jahrzehnten vergraben worden war. Falls nicht, würde er sich Eddie schon schnappen.

Mit freudigem Schaudern stellte Dr. Metz fest, dass der Final, die Siegerbox, nicht weit entfernt Richtung Norden lag, nur wenig außerhalb des Stadtzentrums. Er gab die neuen Koordinaten in den GPS-Empfänger ein, klemmte das Gerät in die Halterung neben dem Steuer und fuhr los. Er befand sich auf dem fünfzigsten Breitengrad Nord und dem achten Längengrad Ost, lediglich die Minuten hatten sich verändert. Das bedeutete, dass der Fundort an einer der nördlichen Ausfallstraßen liegen musste. Der rote Pfeil auf dem Display würde ihn rasch zum Ziel führen. Wäre doch gelacht.

Als der Ruhestand unausweichlich näher gerückt war, hatten ihn alle gewarnt, die lieben Kollegen und die wohlmeinenden Freunde. Such dir ein Hobby, Harald, hatten sie ihm unentwegt geraten, mach Sport, halt dich fit, sonst droht der Herzinfarkt. Fast jeder kannte jemanden, der kurz nach der Pensionierung ins Gras gebissen hatte, für den es schnell vorbei gewesen war mit der ersehnten Freiheit. Je mehr Fälle sie ihm aufzählten, desto älter und ängstlicher fühlte er sich. Dabei war er doch noch immer Dr. Harald Metz, Schulleiter, Autoritätsperson und letzte Instanz im Spannungsfeld zwischen Schülern, Lehrern und Eltern. Mit harter Hand griff er durch, wenn sich die Sonderwünsche der Lehrkräfte häuften, angeblich hochbegabte Kinder in der Klasse saßen oder besorgte Eltern vor seinem Büro warteten. Die Schule war eben kein Ponyhof! Das sollten die Leute doch mittlerweile wissen. Dann die Abschiedsfeier in der Aula, die Blumen, das Konzert der Streicher-AG. Am nächsten Tag erwachte er mit einem Gefühl der Leere, das auch in den nächsten Wochen und Monaten nicht weichen wollte. Es musste tatsächlich etwas geschehen, wenn er nicht vor Langeweile sterben wollte.

Durch einen Zeitungsartikel stieß er auf Geocaching und beschaffte sich die dazugehörige Ausrüstung. Mit seinem Profi-Empfänger für Satellitensignale durchstreifte er seitdem Wald und Flur auf der Suche nach kleinen Schatzkästchen. Fand er einen Cache, entnahm er alles, was ihm wertvoll oder interessant erschien, und ließ für die nächsten Finder nur ein paar Steine oder altes Bonbonpapier zurück. Mittlerweile besaß er ein ganzes Regal voll kleiner Trophäen: Schlüsselanhänger, Glasmurmeln, Ziermünzen, ja sogar Halbedelsteine und ein echtes Schweizer Messer. Zuerst suchte er nur in unmittelbarer Nähe, im Taunus und im Rheingau, aber schon bald nahm er an Gebietsmeisterschaften und Landeswettbewerben teil. Gewonnen hatte er noch nie etwas, und wenn er von seinem Hobby erzählte, hoben die meisten seiner Bekannten gleichgültig die Schultern. Muggel eben, ahnungslose Dummköpfe. Zu seinem Glück fehlte ihm nur ein Sieg, ein einziges Mal, am besten heute, wo es die goldene *WUF-Medaille* zu gewinnen gab, zusammen mit einer Ehrenurkunde von *Groundspeak*, der amerikanischen Dachorganisation. Das war doch mal was! Da würde den Freunden ihr müdes Lächeln vergehen, und auch Rita würde staunen, seine genervte Gattin, die ihm ständig mit einer Kreuzfahrt in den Ohren lag. Schauderhaft, allein der Gedanke! Gefangen auf einem Schiff! Nein, der alte Spürhund Harald Metz würde es heute allen zeigen, so viel stand fest.

Die Straßenlaternen warfen zarte Lichtinseln auf den dunklen Friedhofsweg, und Karl Bronkmann zog sich kraftvoll über das Metallgatter am südlichen Eingang. Seine großen Füße landeten schwer auf dem Asphalt, der Klappspaten und die Taschenlampe in seinem Rucksack schepperten kurz und laut. Er hielt inne und schaute über das Gatter zurück zu den beleuchteten Fenstern; niemand hatte ihn bemerkt. Also wandte er sich dem Friedhofsgelände zu und schritt voran. Aber schon wenige Meter weiter blieb er irritiert stehen.

Wo war er? Dieser gepflegte Park konnte doch unmöglich das struppige Gelände von damals sein! Was zum Teufel war hier geschehen? Bronkmann lief den Weg weiter bis zu einer riesigen Rasenfläche, die sich im Zentrum des Parks erstreckte. Von Gräbern keine Spur. Verflucht, war das immer noch der gleiche Ort? Am Rand der Wiese erkannte er Bänke, Grillhütten und Picknickplätze. Mit blankem Entsetzen trabte er weiter, vorbei an einer hölzernen Kletterburg, an Trampolin, Torwand und Reifenschaukel, und konnte es nicht fassen. In den Sandkästen lag noch das Plastikspielzeug vom Nachmittag, aus den Mülleimern quollen Chipstüten und Bananenschalen. Sanft bewegten sich zwei Schaukeln im Wind, als wären die Kinder erst vor kurzem abgesprungen. Bronkmann war außer sich. Seine Gedanken rasten. Wer tat so etwas? Einen Friedhof in einen Spielplatz verwandeln? Da mussten Wahnsinnige am Werk gewesen sein. Gab es in diesem Land keine Pietät mehr? Wussten die Leute überhaupt, dass ihre Kinder über Gräbern spielten? Er hatte schon viel erlebt, reichlich Tote gesehen, aber dieser Gedanke ließ ihn schaudern. Das gäbe es nicht im schönen Venezuela! Da ließe man die Toten ruhen und setzte sie nicht Baggerlärm und Umbauarbeiten aus. Was ihn zu weiteren drängenden Fragen brachte: Wann war die Verwandlung geschehen? Vor allem: Existierte der steinerne Engel noch? Der Hüter der Diamanten, Bewacher der Blechdose? Bronkmann schöpfte Hoffnung, als er bemerkte, dass man die Grabsteine entlang der Mauer stehen gelassen hatte. Auch mittendrin waren einige Säulen und Denkmäler verschont geblieben. Im spärlichen Schein der Außenbeleuchtung schritt er die Grabsteine ab, bis er am anderen Ende des Parks die ausgebreiteten Flügel der ersehnten Statue durch die Bäume schimmern sah. Aufatmend stand er endlich vor der herrlichen Engelsfigur, unter deren segnender Hand sich sein sorgenfreier Lebensabend verbarg.

Als der rote Pfeil nach Osten schwenkte und auf ein ummauertes Gelände zeigte, wusste Dr. Metz, dass er angekommen war. Er kannte den Ort gut, ein ehemaliger Friedhof, der vor langer Zeit in das beliebte Freizeitgelände *Alter Friedhof* umgewandelt worden war. Metz parkte am nördlichen Ende und stieg aus. Da es dunkelte, kramte er seine Stirnlampe aus dem Kofferraum. Sicherheitshalber nahm er den Klappspaten mit, man wusste ja nie, auf welche Ideen die Clubmitglieder gekommen waren. Womöglich hatten sie den Schatz vergraben, was absolut regelwidrig gewesen wäre. Ein guter Geocacher vertraute auf perfekte Tarnung, nicht auf primitives Verbuddeln. Nun gut, man würde sehen. Er nahm den GPS-Empfänger wieder an sich, folgte konzentriert dem roten Pfeil – und stand schließlich vor dem verschlossenen Nordtor. Ungeheuerlich! Waren die Leute vom Club komplett wahnsinnig geworden? Den letzten Cache auf einem geschlossenen Gelände zu verstecken! Er fühlte Wut und Panik in sich aufsteigen. Man musste doch sicher eine Genehmigung beantragen, damit jemand außerhalb der Öffnungszeiten hier hineindurfte. Daran hatten die Amateure vom Organisationsteam wohl nicht gedacht, diese Idioten. Möglicherweise besaß aber auch alles seine Richtigkeit, und einer der anderen Zugänge war geöffnet. Wenn er aber jetzt den Park auf der Suche nach einem offenen Tor umrundete, würde er kostbare Zeit verlieren, und *Street Hunter* könnte in der Zwischenzeit den Sieger-Cache heben. Er musste sofort handeln. Genau an dieser Seite des Parks war die Mauer nicht sehr hoch, ein Kind könnte darüberklettern. Vielleicht gab es sogar Extrapunkte für die Überwindung des Hindernisses. Merz schob den Klappspaten durch die Metallstreben und schwang sich über das niedrige Tor. Der Park lag still und friedlich vor ihm, schemenhaft konnte er Bolzplatz und Grillhütte erkennen, umgeben von Büschen, die im nächtlichen Schwarz versanken. Absolute Ruhe. Merz jubelte innerlich, kein Konkurrent weit und breit, er war als erster angekommen! Die GPS-Anzeige führte ihn nach rechts unter die Bäume, unter mächtige Tannen, die das wenige Licht von außen schluckten. Er schaltete seine Stirnlampe an und ließ den Blick schweifen, bis er bei einem weithin sichtbaren Grabmal haltmachte, einem steinernen Engel. Metz lächelte nachsichtig. Ein typisches Geocacher-Versteck, ein bisschen zu plump für seine Begriffe. Eher etwas für Anfänger. Damit war der Sieg so gut wie sicher.

Doch dann hörte er die Geräusche.

Bronkmann schaufelte mit dem Klappspaten Erdbrocken zur Seite und kämpfte sich durch den völlig mit Wurzeln durchwachsenen Boden. Himmel, wo steckte die verfluchte Dose! Ganz genau wusste er nicht mehr, wo sie die Diamanten vergraben hatten, auch die Grabumrandung war verschwunden, die Anhaltspunkte hätte geben können. Sorgfältig leuchtete er noch einmal den ganzen Platz ab, bis er hinter dem Sockel des Engels eine Plastikdose entdeckte. Doch nichts als billiger Tand war darin, den wahrscheinlich ein paar Kinder hier versteckt hatten. In hohem Bogen warf er den ganzen Plunder in die Büsche. Dann grub er wie besessen weiter, mit zunehmendem Zweifel, an der richtigen Stelle zu graben. Er schaute zum Engel hinauf, versuchte sich zu erinnern, was er damals wahrgenommen hatte. Was war in seinem Gedächtnis übrig geblieben außer dem Moment, als die glitzernden Steine auf seiner Handfläche gefunkelt hatten? Langsam erschien es ihm wie ein Traum, dass er schon einmal hier gewesen sein sollte, aber er arbeitete mechanisch weiter. Plötzlich stieß seine Schaufel auf einen Widerstand, und er hörte ein metallisches Schaben. Sein Herz machte einen Freudensprung. Endlich, die Dose! Verrostet, aber intakt steckte sie im Boden, bei Weitem nicht so tief vergraben, wie er es in Erinnerung hatte. Ein reines Wunder! Er zog sie heraus, entnahm ihr das unbeschädigte Säckchen aus Samt und löste das seidene Verschlussband. Die Diamanten leuchteten ihm entgegen, überirdisch schön, mit einem Licht, das aus ihnen selbst zu kommen schien.

Gerade als er den Beutel einstecken wollte, hörte er das Knacken im Unterholz. Er kam rasch auf die Beine und drehte sich um. Vor ihm stand ein Fremder, der ihn mit einer leuchtenden Stirnlampe blendete. Das Leben hatte ihn darin geschult, sofort zu erkennen, wann er es mit einem Feind zu tun hatte, also umklammerte er fest seinen Spaten. In den wenigen Sekunden, die ihm bis zum Angriff blieben, wurde ihm klar, wer ihn da mit erhobener Schaufel bedrohte: Eddie! Niemand anderes als der verfluchte Eddie, der sich die Steine zurückholen wollte!

»Hab ich dich endlich, *Street Hunter*!«, hörte Bronkmann ihn rufen. Er hatte keine Zeit, sich über diese Anrede zu wundern, geschweige denn, etwas zu entgegnen, denn er sah, wie der andere mit einer Drehbewegung ausholte. Bronkmann legte alle Kraft in die Oberarme und schlug zu. Er wusste, dass er einen Volltreffer gelandet hatte, als er den dumpfen Aufprall hörte. Doch der gleichzeitige Schlag auf seine Schläfe durch die Schaufel des Angreifers raubte ihm fast das Bewusstsein. Er taumelte und ging zu Boden. Während er auf die lockere Erde sackte, vernahm er von gegenüber ein röchelndes Stöhnen, das langsam erstarb. Fahr zur Hölle, Eddie!

Mit letzter Kraft umklammerte Bronkmann das Säckchen mit den Diamanten und schickte dem Engel über sich einen Abschiedsgruß.

Benjamin Faller hängte das Schild *Komme gleich wieder* an die Eingangstür des Hotels und wunderte sich über Cecil. Was war nur heute mit dem Tier los? Der Hund führte einen nervösen Tanz auf, wie Benjamin ihn noch nie erlebt hatte. Er konnte kaum die Tür in Ruhe abschließen, so drängelte sein kleiner Freund zum Abmarsch. »Ist ja gut, Cecil«, sagte er beruhigend, damit sie ihre nächtliche Gassi-Tour um den Alten Friedhof schnell hinter sich bringen konnten.

Aber nach ein paar Metern spurtete das Tier davon, und obwohl Benjamin hinterherlief, konnte er nur erschrocken beobachten, wie der Hund sich durch die Stäbe des Metalltors am Südeingang zwängte.

»Cecil, bei Fuß!« Nichts zu machen, das Tier tauchte in die Dunkelheit ab und war nicht mehr zu sehen. Blöder Mist! Sie könnten Schwierigkeiten bekommen, wenn sie zu lange vom Hotel wegblieben. Dabei gehorchte der Hund doch sonst aufs Wort. Unfassbar! Benjamin rannte zum Südtor und überlegte, ob er sich über das Gatter schwingen sollte.

»Cecil, Cecil«, rief er stattdessen und wartete auf eine Antwort. Nichts, Cecil gab keinen Laut von sich. Nach weiteren bangen Minuten teilten sich endlich die Büsche, und der Hund raste auf sein Herrchen zu. Benjamin ging in die Hocke, um ihn zu empfangen und erleichtert zu kraulen. Dann stutzte er. Sein Freund trug etwas im Maul, das konnte er erkennen, als Cecil näher ins Licht kam. Das Tier quetschte sich wieder durch die Stäbe und legte behutsam ein Säckchen in Benjamins Hand. Dann sah es ihn erwartungsvoll an und wedelte mit dem Schwanz.

Vielleicht ahnte der Hund ja, dass in dem schwarzen Samtbeutel alle Möglichkeiten für eine verheißungsvolle Zukunft steckten. Nicht nur für sein Herrchen, sondern auch für ihn.

Der Tatort

Unter den Gärten und Parks im Rhein-Main-Gebiet stellt das Freizeitgelände Alter Friedhof eine Kuriosität dar. Es handelt sich um einen Friedhof aus dem Jahr 1832, der in den 1970er-Jahren in einen Freizeitpark umgewandelt wurde. Neben den Gräbern berühmter Persönlichkeiten wie der Herzogin Pauline von Nassau oder des Chemikers Carl Remigius Fresenius befinden sich ausgedehnte Spieloasen für Groß und Klein. Das Gelände verfügt außerdem über drei Grillplätze, die man (nach vorheriger Anmeldung) kostenfrei nutzen kann.

Öffnungszeiten: Februar und Oktober 9–18 Uhr, März und September 8–20 Uhr, April bis August 8–21 Uhr, November bis Januar 9–17 Uhr

Lage: Nordwestlich der Innenstadt, Platter Straße, 65193 Wiesbaden. Eintritt frei.

Hunde sind im Park nicht erlaubt.

Anfahrt
mit öffentlichen Verkehrsmitteln:
Man nimmt den ESWE-Bus Linie 6 und steigt an der Haltestelle Rothstraße aus.

mit dem PKW:
Platter Straße (kostenpflichtige Parkplätze), Behindertenparkplätze befinden sich vor dem Haupteingang.

Fenna Williams

Fallobst

Wiesbaden, Sortengarten Medenbach

»Bist du jetzt endlich still? Musst du wirklich zu allem was zu melden haben? Immer quatschen, quatschen, quatschen – bis um dich herum nichts anderes mehr zu hören ist? Kannst du nicht einfach mal für einen Moment den Mund halten und die Natur auf dich wirken lassen? Die Natur in ihrer ganzen Schönheit und Erhabenheit?« Sabrina Richling wies genervt, aber mit großer Geste über den Sortengarten hinaus bis ins friedliche Tal um das beschauliche Dörfchen Medenbach. »Nein, kannst du natürlich nicht«, beantwortete sie sich ihre Frage selbst, bevor ihr Gegenüber eine ausführliche Antwort geben konnte, und schnitt ihm so das Wort ab.

Jonathan Meinrad schnappte nach Luft. Er war es nicht gewöhnt, dass jemand nicht hören wollte, was er zu sagen hatte.

Völlig überrascht gestand er sich ein, zum ersten Mal einer Frau begegnet zu sein, die ihm nicht innerhalb kürzester Zeit zu Füßen lag, und dass gerade dies für ihn den Reiz ihres Zusammenseins ausmachte. Je häufiger er sich mit Sabrina Richling traf, desto größer wurde sein Verlangen, sie zu erobern. Er wünschte sich nichts sehnlicher, als sie auf seine Seite zu ziehen. Bei einer Klassefrau wie ihr musste es ein besonderes Vergnügen sein, die Ernte einzubringen – um ein Bild zu wählen, das zu der Streuobstwiese passte, auf der sie sich gerade befanden. Es war die sechste, die sie gemeinsam besuchten, und noch immer zeigte diese Frau keinerlei Spuren von Bewunderung für seine Person. Hut ab. Daran sollten sich die Groupies vor den Fernsehstudios mal ein Beispiel nehmen.

Konnte es sein, dass Sabrina vielleicht gar nicht wusste, wer er war? Hatte sie ihn noch nie im Fernsehen gesehen? Kannte sie seine Berichte über weltweiten Naturschutz nicht? Immerhin hatte er schon mehr als einmal Aussicht auf den begehrten Grimme-Preis gehabt. Das sollte selbst eine Sabrina Richling beeindrucken, wenn er das an passender Stelle – bescheiden, aber charmant, wie er war – ins Gespräch einfließen ließ. Konnte es wirklich sein, dass eine so engagierte Naturschützerin wie sie noch nie im Publikum gesessen hatte, wenn er mit seinen Vorträgen die Säle der Nation füllte und auf interessierte Bürger, Politiker, Lobbyisten und deren Auftraggeber gleichermaßen kenntnisreich Einfluss nahm? Es gab keine andere Erklärung: Immer wenn Sabrina Richling zur Kasse gekommen war, mussten die Tickets ausverkauft gewesen sein. Aus diesem Grunde hatte er es für nötig gehalten, auf dem Weg zum Medenbacher Sortengarten sein profundes Wissens über das weltweite Bienensterben, das erschreckende Anwachsen der Roten Liste gefährdeter Arten und die Verschmutzung der Weltmeere zu umreißen und ihr obendrein – quasi als Anerkennung ihrer eigenen Leistungen auf dem Gebiet des Landschaftsschutzes durch den Erhalt und Aufbau von Streuobstwiesen – das Du anzubieten. Sie hatte alles unbeeindruckt zur Kenntnis genommen und damit seinen Jagdeifer weiter angestachelt.

Zugegeben, vielleicht hatte er bei den ausgewählten Themen ein wenig zu dick aufgetragen. Dann würde er sich jetzt eben ein wenig zurücknehmen, auch mal ihre Meinung erfragen, sich den Problemen stellen, die sie bewegten. Bei einer Frau mit den Idealmaßen 90-60-90 und glänzenden Haaren bis zum Po konnte man sich ruhig mal ins Zeug legen. Kostete ja nichts.

Er musterte Sabrina von oben bis unten. Eigentlich waren Frauen mit tizianrotem Haar gar nicht sein Beuteschema. Er stand eher auf blond bis brünett, wahrscheinlich weil seine mittlerweile angegrauten Schläfen vor gar nicht langer Zeit selbst zu viele rote Farbpigmente aufgewiesen hatten. Aber ein glühender Haarschopf wie der seiner Führerin über die Streuobstwiesen rund um Wiesbaden, so rot und glänzend wie die Äpfel an den Bäumen um sie herum, der war etwas anderes. Half es, wenn er ihr erklärte, dass sie etwas Besonderes war, mittlerweile zu einer aussterbenden Spezies gehörte? Schwarze Haare waren weltweit auf dem Vormarsch, bereit, alle anderen Farben auszulöschen. Lateinamerika, Afrika, Asien – überall nur noch Schwarzhaarige. In ca. 160 Jahren, so hatte er errechnet, würde es keine Rothaarigen mehr geben. Der Genpool wäre aufgebraucht. Schreckliche Vorstellung. Da musste man doch etwas tun. Da konnte einer wie er doch nicht einfach dabeistehen und tatenlos zusehen.

Der Abend war lau. Das Gras um die Bäume und die Bank herum, auf der sie saßen, war schon eine ganze Weile nicht gemäht worden und somit lang genug, um die Rettung rothaariger Menschenkinder zu unterstützen. Jonathan Meinrad half überall auf der Welt bedrohten Minderheiten, warum nicht auch hier und jetzt? Im Medenbacher Sortengarten, eigens angelegt, um den Menschen das Verständnis um die Wichtigkeit der Streuobstwiesen und den ursprünglichen Lauf der Natur wiederzugeben. Hier konnte neues Leben entstehen. Er musste es nur richtig anpacken. Sie packen. Von sich überzeugen. Ihr Interesse und ihren unermüdlichen Einsatz für die Natur im Kleinen auf besonders hingebungsvolle Weise belohnen. In Gedanken legte er sich zusätzlich einen Vortrag über außergewöhnliche Fortpflanzungsmethoden des Tierreiches zurecht, um für die Überleitung zum Wesentlichen ein anregendes Thema parat zu haben.

Das Objekt seiner Begierde war aufgestanden und zeigte auf die Apfelbäume, als wäre das Vorhandensein alter Sorten wie *Rheinische Schafsnase* oder *Erbachhofer Mostapfel* ihr einziger Lebensinhalt. Jetzt streichelte sie die schartige Rinde einer *Sievenicher Mostbirne* mit derartiger Hingabe, dass Jonathan erschauderte. Als er sich ihre liebevolle Zuwendung auf der eigenen Haut vorstellte, wurde sein Hals rau und er musste sich räuspern.

»Hier ist alles so voller Leben, so unglaublich ... natürlich – aber nein, dich beeindruckt es selbstverständlich nicht«, sagte Sabrina, als wäre sein Räuspern eine Meinungsäußerung gewesen. »Für dich müssen es immer spektakuläre Naturwunder sein, mindestens der Grand Canyon oder die Wasserfälle des Sambesi.«

»Iguazu«, korrigierte Jonathan automatisch, um zu verdeutlichen, dass die Wassermassen des brasilianischen Urwalds die Bemühungen der Victoriafälle bei weitem übertrafen.

Sabrina schien für einen Moment tatsächlich aus der Fassung gebracht, dann setzte sie sich wieder zu ihm auf die Bank; zu Jonathans Freude näher als zuvor. »Der Herr Abenteurer gibt sich nicht mit alten Apfelsorten auf einer Streuobstwiese zufrieden«, fuhr sie leiser fort: »Für dich muss ein Fleckchen Erde mindestens in der Liste des Weltnaturerbes verzeichnet sein, bevor du Bewunderung äußerst. Eine Wiese, auf der 160 Bäume zu finden sind, die allesamt als typische Vertreter des Streuobstes gelten können, und die obendrein Hunderte von Wald- und Wiesenpflanzen beherbergt, ist zu profan für dich. Daran ändern auch Bataillone von Insekten nichts. Insekten, die es nur noch hier in solcher Hülle und Fülle gibt. Dem Streuobst sei Dank.« Sabrinas Gesicht nahm einen geradezu liebevollen Ausdruck an und blinzelte erst der Abendsonne zu und dann ihm.

Jonathan jubilierte innerlich: Sabrina lächelte ihn an. Zum ersten Mal! Sie redete zwar weiter über eklige Kleintiere, verriet aber durch die neue Zärtlichkeit in der Stimme, dass sie sich vorstellen konnte, mit dem aufregenden Herrn Abenteurer ein aufregendes Abenteuer zu erleben.

Jonathan überhörte Sabrinas weiteren Lobgesang auf die Insekten und machte stattdessen Pläne für eine sehr nahe gemeinsame Zukunft. Diese Bank steht an genau der richtigen Stelle, dachte er. Von hier aus hatte man einen weiten Blick in die Ferne, war aber gleich dahinter für niemanden mehr zu entdecken und konnte so Sabrinas exquisite Landschaft in aller Ruhe unter die Lupe nehmen. Paradiesische Zustände.

Einstweilen musste er sich allerdings noch mit einem Apfel begnügen. Er erinnerte sich zwar schwach, dass auf einer der Erklärungstafeln darum gebeten wurde, die Früchte nicht zu essen, sondern denen zu überlassen, die sich um diesen Schaugarten kümmerten und sich durch die Ernte eine wichtige Einnahmequelle erhofften, griff aber trotzdem zu und pflückte ein besonders einladendes Exemplar. Ein einzelner Apfel fiel schließlich nicht ins Gewicht. Und wenn er ihn zärtlich drehte und wendete, putzte und polierte und wie ein seltenes Juwel behandelte, würde Sabrina sicher erkennen, wie erstrebenswert es für sie sein könnte, ihn nicht nur in *diesen* Apfel beißen zu lassen.

Unerklärlicherweise blieb Sabrina weiter standhaft bei ihrem Thema, referierte über die Wichtigkeit der Streuobstwiesen für die grüne Lunge der Stadt und machte deutlich, wie notwendig finanzielle Zuwendungen wären, um weitere Refugien dieser Art in die Landschaft zu integrieren.

Jonathan biss krachend in den Apfel und ließ dabei Sabrinas Worte ebenso über sich hinweggleiten wie die Heerscharen winziger Tierchen, die das Insektenhotel rechts von ihm frequentierten. Sabrina erklärte gerade, wie so ein Ding funktionierte. Gar nicht uninteressant. Er runzelte die Stirn. Sein rothaariger Engel hatte recht. Er wusste tatsächlich nichts über Streuobstwiesen und ihre Relevanz für die heimische Flora und Fauna. So gesehen war ihre Schimpftirade vorhin nicht einmal sonderlich abwegig gewesen, wenn auch ihr Hauptargument nicht zog. Er redete nicht ununterbrochen, jetzt schwieg er ja auch. Er redete sogar ganz bewusst nur, wenn er über die Materie bestens Bescheid wusste und entsprechende monetäre Mittel ihm die Zunge lockerten. War Geld im Spiel, wurde er äußerst gesprächig und konnte sehr überzeugend wirken. Die Bandbreite seines Wissens war im Laufe der Jahre beachtlich angewachsen. Infolgedessen wurde er von tragenden Stützen der Gesellschaft nach seiner Meinung gefragt, denen er dann gerne und ausführlich seine Welt erklärte.

Ja, er kannte die Menschenaffen in Ruanda besser als seine eigene Familie, und sämtliche vom Aussterben bedrohten Meeressäuger waren mindestens einmal an seiner Kamera vorbeigeschwommen.

Es war nicht seine Schuld, dass deshalb Parteien und Umweltorganisationen jeglicher Couleur Schlange standen, um ihn als Experten zu gewinnen. Jetzt gab es auch noch diesen Mäzen, Reinhold Höllerbach von der Höllerbach-Ölpumpen AG, der das durch einen Umweltskandal in der Nordsee ramponierte Image seiner Firma mit Engagement für heimische Naturschutzprojekte wieder aufpolieren wollte. Gemeinsam hatten sie Umweltgruppen gebeten, sich bei Jonathan zu bewerben, damit er sie auf ihre Gemeinnützigkeit, ihre Umweltrelevanz und ihre Werbewirksamkeit abklopfen konnte, bevor man sich entschied, wer die äußerst beachtliche Zuwendung bekam. Bei der Höhe der avisierten Gelder war es nicht verwunderlich, dass einige der Gruppen ihn, die Ikone der Naturberichterstattung, auf ihre Seite zu ziehen versuchten und sich sehnlichst wünschten, er würde bei Höllerbach-Ölpumpen ein gutes Wort für sie einlegen.

Jonathan lächelte zufrieden, als er an die erkleckliche Summe dachte, die der Firmenchef ihm höchstpersönlich für seinen Sitz in der Jury übergeben hatte. In bar. Auf einer Bank wie dieser, allerdings auf Jersey. Tolle Insel übrigens, und damit meinte er nicht allein ihr Offshore-Finanzkonzept.

Der Geldkoffer hatte viele grüne Argumente enthalten, um am Ende dieser Kampagne genau die Umweltorganisation auszuwählen, die Höllerbach sich wünschte – eine von ihm selbst beziehungsweise von seinen Hintermännern ins Leben gerufene Stiftung, in der unehrenhaft ergrautes Geld heimlich wieder weißgewaschen werden konnte.

Dennoch hatte Höllerbach, des Anscheins absoluter Integrität wegen, darauf bestanden, Jonathan wochenlang durch die gesamte Republik zu schicken: zur Auswilderung von Wölfen in die vorpommersche Pampa, zu einem Biberbauprojekt an die tschechische Grenze, zu Feuchtwiesen für Kiebitze und in neue Lebensräume für Großtrappen. Überall waren ihm von der eigenen Wichtigkeit besessene Vereinsmeier begegnet, die hofften, dass er auf ihrer Schleimspur ausrutschen und in ihre Arme schlittern würde. Nur der vermaledeite Verein für Streuobstwiesen hatte ihm keinerlei Avancen gemacht, sondern stattdessen eine rote Göttin geschickt, die bisher keine Sekunde vom Pfad der Tugend abgewichen war.

Warum sah sie ihn gerade so erwartungsvoll an? Hatte er Entscheidendes verpasst?

»Das Letzte habe ich nicht verstanden, Sabrina. Könntest du das noch einmal wiederholen?«, säuselte er, in der Hoffnung, so wieder Anschluss an ihre Vortrag zu finden.

Sabrina zog die Stirn in Falten. »Welchen Teil von *wieso machst du dich mit Höllerbach gemein?* hast du denn nicht verstanden?«, fragte sie betont freundlich. »Sag schon, was springt für dich bei der ganzen Sache heraus?«

»Du meine Güte.« Jonathan zuckte überrascht zurück. Wann war Sabrina denn von ihrem Apfelbaum heruntergeklettert und hatte versucht, hinter seine Kulissen zu gucken?

»Jemand wie du hat doch eine versteckte Agenda«, sagte Sabrina mit dem Brustton der Überzeugung. »Du lässt dir doch kein X für ein U vormachen, du doch nicht. Du bist nicht so dumm und arbeitest umsonst.«

Jonathan lächelte geschmeichelt. Von einer wie Sabrina klang ein solches Statement wie ein Kompliment, aber um etwas über seine persönlichen Hintergründe zu erfahren, musste die Kleine schon früher aufstehen. Schließlich hatte es vonseiten seiner Gegner in der Vergangenheit schon öfter Versuche gegeben, ihm Bestechlichkeit nachzuweisen, besonders wenn er in seinen Vorträgen und Berichten gestandenen Wissenschaftlern und aufgeregten Bürgerinitiativen in wesentlichen Punkten widersprochen hatte. Sein Dauerargument: Manchmal traten bei den Untersuchungen weltweiter Umweltskandale eben unerwartete Ergebnisse zutage, und die waren nicht immer wie erhofft. Dieser Teil seiner Strategie war bisher immer aufgegangen. Zugegeben, erstaunlicherweise stets zu seinen Gunsten, aber das hatte nun wirklich nur ihn zu interessieren.

»Ich mache mich nicht mit Höllerbach gemein«, sagte er deshalb betont ruhig. »Aber ich erkenne den Wunsch seines Konzerns an, aus Fehlern zu lernen und Wiedergutmachung zu leisten. Auf meine bescheidene Weise kann ich so die Firmenleitung unterstützen, aber vor allem sichergehen, dass sie nicht plötzlich anderen Sinnes wird und sich wieder allein der Profitmaximierung zuwendet.« Jonathan war stolz auf sich. Die entscheidenden Schlagwörter aus dem PR-Coaching waren ihm gerade rechtzeitig eingefallen.

Sabrinas kritischer Blick war bei diesen Sätzen reiner Hochachtung gewichen. Sie rutschte noch näher an ihn heran. Wahrscheinlich turnte es sie an, dass er an den Schaltzentralen der Macht Knöpfchen drücken konnte; da nahm selbst sie es nicht so genau mit dem Wie und Warum. Jonathan lächelte und zwang sich, dieses Lächeln nicht triumphierend aussehen zu lassen. Seine letzten Worte hatten also den Spalt im Felsen gefunden, durch den die schöne Sabrina zu knacken war. Jetzt war es wichtig, gleich noch eins draufzusetzen, damit ihre steigende Bewunderung seinem ersten richtigen Zugriff Tür und Tor öffnete.

»Wenn du es genau wissen willst: Die Idee zu dieser Kampagne hatte der alte Höllerbach nicht selbst. Ich habe ihn erst auf die Schienen gesetzt und ihm eingeredet, wie wichtig es ist, gerade jetzt der Welt von dem zurückzugeben, was er genommen und gewonnen hat.«

Sabrinas anerkennender Pfiff ertönte zwar etwas zu nahe an seinem Ohr, um wirklich erotisch zu wirken, aber Jonathan war sich des anerkennenden Grundtons bewusst. Angestachelt von ihrer Nähe und dem betörenden Duft des Parfüms, der sie umgab, nickte er wohlgefällig und lauschte nur dem Klang ihrer samtweichen Stimme, als sie folgerte: »Du bist also zu ihm hin und hast gesagt: Pass auf, Höllerbach, du hast Milliarden mit diesem Umweltschweinereien verdient, jetzt musst du den Umweltorganisationen statt der ständigen Peitsche mal ein wenig Zuckerbrot geben. Nur so werden sie dir aus der Hand fressen und die Steigbügelhalter in der Politik deine Projekte weiter durchwinken, ist das richtig?«

Jonathan konnte Sabrinas gestiegene Achtung fast mit Händen greifen und bestätigte geschmeichelt: »Wie heißt es so schön? Der Zweck heiligt die Mittel.«

»In diesem einen Falle haben ja wirklich alle etwas davon«, gab Sabrina zu, die Lippen so nah an seinem Haar, dass es in Jonathans Ohren zu rauschen begann und er wie unter einem inneren Zwang erzählte, wie er und Höllerbach bei etlichen Flaschen Dom Pérignon ihre gemeinsamen Geschäftsbedingungen ausgehandelt hatten.

Unwillkürlich stellte er sich vor, wie er mit Sabrina sein neues Apartment über den Dächern von London betreten würde, das er für einen Teil des Höllerbach-Geldes gekauft hatte, um in der Nähe des Finanzplatzes zu sein, an dem sein Gönner und er in Zukunft ihre Gelder gewinnbringend anzulegen gedachten: in Biotechnologieaktien selbstverständlich. Von Jonathan auf seine ureigenste Weise überprüft.

Schließlich war auch der ganze Rummel um *Höllerbach sucht die Super-Stiftung* zuallererst ins Leben gerufen worden, um die Talfahrt der Höllerbach-Aktien zu stoppen und obendrein Hilfsmittel aus verschiedenen EU-Fonds für besonders umweltschonende Firmen zu kassieren. Jonathan kicherte in sich hinein und gestand dann nicht ohne Stolz: »Du wirst es nicht glauben, aber wenn man alle unsere Maßnahmen zusammenzählt und noch mitrechnet, wie sich die Spenden beim Fiskus absetzen lassen, dann hat der alte Höllerbach am Ende einen echten Reibach gemacht.«

»Du bist doch mindestens ebenso gewitzt wie er, gib es schon zu«, flüsterte Sabrina, während sie ihre Hand behutsam unter seinen Hemdkragen schob und ihre Finger mit äußerster Zärtlichkeit um seinen Hals wandern ließ.

Jonathan Meinrad stöhnte auf. Der Geruch von frischem Obst an den Händen, ihr Mund zum Küssen nah, der Wasserfall roten Haares, der jetzt über sein Gesicht fiel, all das benebelte seine Sinne und ließ ihn auf mehr hoffen. Während er krampfhaft überlegte, wie er möglichst schnell von der harten Bank ins hohe weiche Gras wechseln könnte, flötete Sabrina: »Du bist mir ein ganz Raffinierter. Spielst den großen Umweltschützer und bereitest stattdessen Insidergeschäfte in der Umweltbranche nach deinem Gusto auf.«

»Man muss sehen, wo man bleibt«, bestätigte Jonathan und konnte sein Glück kaum fassen, als sie ihn mit Schwung von der Bank zog und sich rittlings auf ihn setzte.

Es stimmte also: Macht und Geld wirkten auf Frauen erotisierend. So, wie sein Körper unter ihrer süßen Last willenlos und lang hingestreckt auf der Wiese lag, rutschte jetzt auch noch sein letztes bisschen Hirn in südlichere Hemisphären, und er plauderte aus, was bisher nur sein geheimes Bankkonto auf den Kanalinseln hätte erzählen können.

Sabrina stöhnte über so gut wie jeden Cent, den er am Finanzamt vorbei außer Landes geschmuggelt hatte, und stachelte damit sein männliches Ego weiter an. Der Wunsch, seine Cleverness offen zur Schau zu stellen, wurde übermächtig.

Schadet ja nichts, dachte er, soll sie ruhig alles wissen. Dies war die Frau, die für den Rest seines Lebens wichtig sein sollte. Sie hatte das Zeug dazu, ihn so zu begleiten, wie er es verdiente. Sie würde begreifen lernen, dass die Umwelt mit frommen Wünschen allein nicht überleben konnte – aber eben auch nicht Jonathan Meinrad.

Er glaubte seinen Augen nicht zu trauen, als Sabrina bei seinen letzten Worten ihre Bluse aufknöpfte. Langsam, aufreizend langsam.

»Und«, sagte sie und benetzte dabei die Lippen mit der Zunge. »Was hast du als nächstes vor, du großer, kluger Held?«

Jetzt konnte Jonathan sich das triumphierende Lächeln nicht mehr länger verkneifen. »Ich werde diese Streuobstwiese auszeichnen, ich werde dafür sorgen, dass es hier nur noch grünt und blüht, und dabei, meine Liebe, werde ich in den reizendsten Apfel beißen, den ich je gesehen habe.«

Er schob seine Hände unter ihre Bluse und versuchte ihren Busen zu umfassen.

Dann stockte er. Er fühlte kaltes Metall und jede Menge Schnüre. Jonathan Meinrad riss die Bluse auseinander und sah eine äußerst fachgerechte Verkabelung vor sich, die Sabrina wie ein Panzer vor unerwünschtem Zugriff bewahrte.

Durch die schnelle Bewegung hatte sich ein Mikrofon gelöst und baumelte höhnisch in seine Richtung. Ungläubig sah Meinrad, wie Sabrina es nahm, an ihren Mund hielt und mit ruhiger, professioneller Stimme sagte: »Liebe Kollegen von der Steuerfahndung. Ich denke, das reicht jetzt. Wir haben genug gehört. Jonathan Meinrad ist derzeit bewegungsunfähig und geständig. Operation Fallobst ist abgeschlossen.«

Der Tatort

Der Sortengarten Medenbach ist immer zugänglich und der Eintritt frei. Besucher werden gebeten, die Bäume und Einrichtungen pfleglich zu behandeln und die Früchte sowohl am Baum als auch am Boden zu belassen.

Die Umweltorganisation Naturefund e. V. unterstützt dieses Projekt sowie den Streuobstkreis und dessen weiteren Projekte. Jedes Jahr gibt es mehrere Aufrufe, um neue Streuobstwiesen zu erschließen und alte zu pflegen. Für diese Aktionstage sind Gäste und Helfer jederzeit willkommen.

Der Sortengarten wird vom sehr engagierten Streuobstkreis Wiesbaden e. V. betreut. Informationen zu Streuobstwiesen im Allgemeinen findet man unter www.streuobstroute-nassauer-land.de.

Anfahrt
mit dem Bus:
Der Sortengarten liegt in Medenbach, einem östlichen Vorort von Wiesbaden, und ist bequem mit der Buslinie 21 zu erreichen. Ausstieg an der Haltestelle An den drei Weiden. Von dort aus ist man in einer Minute vor Ort.

mit dem PKW:
von Wiesbaden kommend, fährt man am günstigsten über die Bierstadter Straße, die B 455 und K 661 bis Alt Auringen, biegt dort in die August-Ruf-Straße und wenig später auf die L 3028 ein, der man bis zum Straßenverlauf Hockenbergstraße, Fritz-Erler-Straße, Wildsachsener Straße folgt, an welcher rechter Hand der Sortengarten liegt.

Karsten Eichner

Eiskalter Anschlag am Warmen Damm

Wiesbaden, Warmer Damm

Ich habe in dieser Geschichte von Anfang an den richtigen Riecher gehabt. Kein Wunder, werden Sie jetzt vielleicht sagen, bei so einer exorbitant langen Nase. Aber seien Sie unbesorgt, ich ärgere mich über solche Einwürfe schon lange nicht mehr, sondern nehme sie für gewöhnlich sogar als Kompliment. Es kann schließlich nicht jeder aussehen wie ein Mops, der aus lauter Dummheit soeben frontal gegen eine Mauer gerannt ist. Lange Nasen zeugen durchaus von Charakter. Denken Sie nur beispielsweise an Cyrano de Bergerac, falls Sie sich, wie ich hoffe, ein wenig in französischer Literatur auskennen. Zudem möchte ich Ihnen versichern, dass mein Riechorgan keinesfalls außergewöhnlich groß ist für meinesgleichen, sondern absolut klassische Proportionen aufweist. Ja, ich möchte sogar behaupten, dass es meine aristokratischen Züge geradezu aufs Vorteilhafteste unterstreicht.

Doch genug der Vorrede. Schließlich geht es hier nicht um meine Physiognomie oder gar um meinen Stammbaum, obwohl dieser durchaus erwähnenswert wäre, sondern um einen Kriminalfall erster Güte, um ein ruchloses Verbrechen, das sich ausgerechnet in meinem Lieblingspark zugetragen hat.

Vielleicht kennen Sie ja den Warmen Damm in Wiesbaden? Er erstreckt sich direkt in der Innenstadt entlang der Wilhelmstraße und wird von einer Reihe schöner, akkurat geschnittener Platanen begrenzt, unter denen ich fast jeden Morgen eine Weile zu flanieren pflege, bevor ich mir im Kurhaus ein leichtes Gabelfrühstück mit Wagyurind-Tatar gönne. An der Stirnseite des Parks befindet sich der neobarocke

Bau des Hessischen Staatstheaters. Genau genommen nur dessen Rückseite, aber auch die ist äußerst sehenswert. Auf den anderen beiden Seiten wird der Park von einigen prächtigen Villen begrenzt, von denen eine aussieht wie das Weiße Haus in Washington. Ziemlich genau in der Mitte des Warmen Damms liegt ein Ententeich. Ab und zu mache ich mir einen Spaß daraus, diese plumpen Vögel ein wenig zu jagen und so aus ihrer trägen Lethargie zu reißen. Fettes Entenfleisch ist absolut nichts für Gourmets, auch wenn der eine oder andere Barbarie-Genießer jetzt vehement widersprechen mag.

Schon wieder bin ich ins Plaudern geraten. Das passiert mir leider öfter, denn an interessanten Gesprächspartnern mangelt es mir allzu häufig. Das bringen meine ausgezeichnete Allgemeinbildung und mein sozialer Status mit sich. Multimilliardäre haben selten Freunde, zumindest keine richtigen. Und mit Schnorrern und Schmeichlern mag ich mich nun wirklich nicht abgeben. Kein Stil, kein Niveau. Dieses ewige Schönreden, Betteln und Anwanzen hat so etwas schrecklich Vulgäres. Da bleibe ich lieber allein. Bis auf die täglichen Parkspaziergänge mit Frau von der Heide.

Wenn man uns so sieht, könnte man meinen, dass da eine vermögende ältere Dame mit ihrem liebevoll umsorgten Dackel einen Morgenspaziergang macht. Uns beiden liegt viel daran, dass dies auch in Zukunft so bleibt. Denn wir haben irgendwann unisono festgestellt, dass dieses Arrangement uns beiden zum Vorteil gereicht. Ein wenig Mimikry ist in der Natur stets hilfreich. Je mehr jemand hat, desto diskreter wird er, das gilt zumindest für die ganz hohen Tiere. Aber bei den meisten Menschen ist es leider genau umgekehrt. So heißt Frau von der Heide in Wirklichkeit Heide Kellermann und war die Haushälterin meines verstorbenen Frauchens. Aber der Name Kellermann war ihr mit Recht zu profan, als sie mit meiner Obhut beauftragt wurde, und so entschloss sie sich zu einer leichten gesellschaftlichen Verbesserung. Egal, ich bin da nicht kleinlich; der neue Fantasiename passt auch viel besser zu meinem eigenen – Bodo von der Bühlerhöhe.

Dass ich selbst der Gattung *canis lupus familiaris* angehöre und ein reinrassiger Langhaardackelrüde bin, haben Sie hoffentlich inzwischen meinen Andeutungen entnommen. Dass ich vor einiger Zeit ganz unverhofft der Erbe eines amerikanischen Milliardenvermögens geworden bin, vermutlich auch. Details würden an dieser Stelle zu weit führen, ich empfehle Ihnen zur Hintergrundlektüre den ausführlichen Bericht in der amerikanischen *Forbes*. In dieser Geschichte genügt es für den Augenblick zu wissen, dass mir die Hinterlassenschaft ein sorgenfreies, allerdings reichlich vorhersehbares Leben in einer pompösen Gründerzeitvilla in Wiesbaden beschert hat, mit Zweitwohnsitzen überall auf der Welt. Würde ich nicht hin und wieder für ein paar Stunden aus diesem goldenen Käfig ausbrechen und spannende Kriminalfälle lösen, wäre mein Luxusleben zwischen Spa-Anwendungen, VIP-Empfängen namhafter Hundefutterhersteller und Abenden in meiner Privatloge im Staatstheater (erster Rang, Premierenabonnement Oper und Ballett) sowie gelegentlichen Bayreuth- oder Met-Besuchen vermutlich unerträglich.

Dass dieses Abenteuer aber damit begann, dass es ausgerechnet meinen Lieblingsbaum am Warmen Damm erwischte – das hätte dann doch nicht sein müssen. Noch heute trauere ich der schönen großen Robinie nach, die ich täglich gewissenhaft zu markieren pflegte. Sie war gewissermaßen mein Privatbaum, den ich gegen streunende Artgenossen olfaktorisch stets aufs Äußerste verteidigt habe. Aber gegen mehrere Kilogramm Explosivstoff ist leider auch ein Dackel von Stand machtlos. Nach dem dreisten Bombenanschlag musste der prächtige Baum bedauerlicherweise gefällt werden, denn er hatte bei der nächtlichen Explosion einiges abbekommen. Sein Stamm war zersplittert wie die Parteien in Italien. Wirklich jammerschade.

Fast noch schlimmer als meinen Lieblingsbaum hatte es allerdings das angrenzende Denkmal erwischt. Von Kaiser Wilhelm I., der hier noch am Vortag stolz auf seinem polierten Steinsockel gestanden hatte, war nicht mehr viel übrig geblieben. Aus der Ferne konnte ich beobachten, wie zwei Polizeitaucher gerade des Kaisers marmorbleiches Haupt aus dem Ententeich fischten. Näher herankommen durfte ich leider nicht, das verhinderten ein eilig gezogenes rot-weißes Absperrband und meine Leine aus bestem finnischen Elchleder. Dank meiner guten Nase musste ich auch gar nicht in die Nähe, denn ich konnte selbst auf die Entfernung sofort den charakteristischen Geruch von Stickstoffdünger wahrnehmen. Widerwärtiges Zeug! Mein Chefgärtner und Chauffeur Holger pflegt damit regelmäßig die Rhododendren (*Impératrice Eugénie*, eine überaus seltene Sorte) vor meiner Villa zu düngen, und dann stinkt es dort drei Tage lang.

Natürlich ist mir bewusst, dass man aus Stickstoffdünger und einigen anderen Zutaten aus dem Heimwerkerbedarf leicht eine explosive Mischung herstellen kann. Im Internet findet man eine Menge solcher teuflischen Rezepte, meist aus arabischen Quellen. Auch die Polizei schien sofort diese Spur zu verfolgen. Wie ich am nächsten Morgen beim leichten ersten Frühstück (drei rohe Wachteleier mit Lachsöl in der Schüssel) der Online-Lektüre des *Wiesbadener Kuriers* entnehmen konnte (Dackelpfoten wischen famos über das iPad, eine herrliche Erfindung), ging man von einem islamistischen Anschlag aus. Rings um den Tatort seien aufgesprühte arabische Parolen gefunden worden. Mit der Kaiser-Wilhelm-Statue habe man ganz offenbar ein deutsches Nationalsymbol treffen wollen.

Ich schüttelte den Kopf, dass die Ohren nur so flogen. Was für Unsinn! Welcher ernstzunehmende Terrorist sprengt denn mitten in der Nacht in einer Parkanlage einen Baum und eine mehr als hundert Jahre alte Statue in die Luft? Sofort nach dem Frühstück machte ich mich auf in den hinteren Teil meines parkähnlichen Gartens, wo Holger in einer kleinen Jugendstilhütte seine Arbeitsmaterialien zu lagern pflegt. Schon als ich die Tür mit einem kräftigen Pfotendruck öffnete, schlug mir der beißende Geruch entgegen. Kein Zweifel: Der Dünger war der gleiche, der auch bei dem Sprengstoffanschlag zum Einsatz gekommen war.

Ich stellte mich auf die Hinterpfoten und streckte mich, sodass ich mit den Vorderpfoten das Regalbrett erreichte und mir die Verpackung näher ansehen konnte: Pinguin-Guano extrafein vom Gartenhaus Samen-Siebert, der Dreikilosack zu 59 Euro. 59 Euro! Dass übler Geruch derartig teuer ist, kannte ich bisher nur von protzigen Aftershaves drittklassiger Zeitgenossen. Nun, Sie werden mir sicher Recht geben bei der Vermutung, dass ein arabischer Terrorist wohl eher zu einem Billigdünger aus dem Baumarkt greifen würde als zu diesem Luxusstoff. Ich musste also herausfinden, wer diese kostspielige Bodennahrung in letzter Zeit gekauft und wer sie hier zweckentfremdet hatte. Holger, mein Gärtner, schied natürlich aus, denn mein Personal ist über jeden Zweifel erhaben.

Nicht dass ich mir mit der Suche selbst die Pfoten schmutzig gemacht hätte. Nein, dazu hat man als Dackel von Stand natürlich seine Leute. Vielleicht kennen Sie ja die *Baker Street Irregulars*, jene Bande von Straßenjungen, die für Sherlock Holmes im viktorianischen London die Augen und Ohren offen hielten und ihn jederzeit mit Informationen versorgten. Nun, eine ähnliche Organisation hatte ich mir auch aufgebaut – nennen wir sie der Einfachheit halber die *Taunus*

Street Irregulars. Dazu gehört zum Beispiel Pinky, der ständig zitternde Handtaschenhund, der aber einen hervorragenden Überblick über alle Bars vom Westend bis ins Nerotal hinein hat und dessen Ohren nicht das kleinste Gerücht entgeht. Oder Freddy, der zerlumpte Straßenköter, der einem Stadtstreicher gehört und daher jedes warme Kellerloch von Walluf bis Sonnenberg kennt. Oder Bernie, der behäbige Bernhardiner, der sich sein kalorienreiches Futter als Katastrophenhund bei der Feuerwehr verdient. Sie alle versorgen mich gelegentlich mit Informationen und erhalten dafür eine nicht unbeträchtliche Kompensation aus den Tiefen meiner Speisekammer.

Auch diesmal verfehlte die Aussicht auf einige Leckerbissen ihre Wirkung nicht. Bereits zwei Tage später, als ich wiederum mit Frau von der Heide meinen Morgenspaziergang am Warmen Damm unternahm, näherte sich freudig kläffend Tara, eine durchaus ansehnliche Langhaardackeldame, für die ich eine gewisse Schwäche habe, auch wenn ihr Stammbaum nicht ganz so makellos ist wie meiner. Während wir ausgelassen im frisch gemähten Gras herumtollten, flüsterte sie mir die Neuigkeiten ins Ohr: In einer Nerotal-Villa habe sie ebenfalls den charakteristischen Guano-Geruch festgestellt. Eine sofortige Nasenprobe habe ergeben, dass die Spur von der Villa über die Taunusstraße und die Wilhelmstraße bis an den Warmen Damm reichte – zu meinem perfide gesprengten Lieblingsbaum.

Ich versprach Tara zwei Wochen lang Leckereien vom Feinsten (und freute mich insgeheim schon auf das Wiedersehen mit ihr), wollte mich aber gern selbst von der Richtigkeit der Informationen überzeugen. Dazu musste ich jedoch zunächst für einige Stunden die äußerst lästige Frau von der Heide loswerden. Zum Glück hatte ich auch dafür längst ein probates Mittel gefunden – in Form eines vorzeigbaren Dackel-

Doubles. Er hieß Wastl, und ich hatte ihn vor einiger Zeit in Bad Schwalbach bei der Begleithundeprüfung kennengelernt, wo ich ihm bei einigen Aufgaben diskret helfen konnte. Nun, Wastl pflegte schon damals einen recht freien Lebensstil (vulgo, er streunte gern allein durch die Stadt), und er hatte daher durchaus nichts dagegen einzuwenden, mich gelegentlich für einige Stunden in meinem Luxusleben zu vertreten. Zum Glück sehen wir uns beide recht ähnlich – zumindest ähnlich genug, dass selbst mein Butler James (eigentlich heißt er Johannes, aber das ist eine andere Geschichte) bisher nichts von dem temporären Rollentausch gemerkt hat. Vielleicht ist er auch einfach nur diskret.

Jedenfalls hatte ich nun ausreichend Gelegenheit, die von Tara genannte Villa im Nerotal sorgfältig in Augenschein zu nehmen. Ich legte die Strecke dorthin zu Fuß zurück, denn der champagnerfarbene Rolls schien mir für diese Gelegenheit doch ein wenig zu auffällig. Ein ganz schönes Stück Arbeit, dieser Weg, wenn man so kurze Beine hat wie ich. Ich schaffte es, mich trotz hängender Zunge unauffällig der Villa zu nähern. Ein prächtiges Haus – fast so gediegen wie mein eigenes Domizil. Ich schlüpfte durch ein Loch im Gartenzaun (so etwas gäbe es bei mir nicht) und sah mich auf dem Grundstück ein wenig um. Tatsächlich – aus der protzigen Doppelgarage schlug mir der wohlbekannte Guanogeruch entgegen. Ebenso penetrant roch der offene Jeep, der davor parkte. Ein überaus vulgäres Gefährt mit allzu breiten Reifen und einem verchromten Überrollbügel – einfach schauderhaft, sich damit auf die Straße zu wagen.

Ich schnüffelte gerade auf der hinteren Ladefläche herum, als der Besitzer des Jeeps aus der Villa kam und sich hinter das Steuer setzte. Er sah genauso aus, wie ich ihn aufgrund seines Autos eingeschätzt hatte: gegelter Seitenscheitel, teure Nerd-Brille, verächtliches Siegerlächeln. Ein ganz und gar verwöhtes, verzogenes Millionärsbürschchen in Hilfiger-Jeans und einem Van-Laack-Hemd, das für meinen Geschmack zwei Knöpfe zu weit offen stand. Lässig schwang er sich auf den Fahrersitz, ignorierte demonstrativ den Sicherheitsgurt, startete den V8-Motor und brauste mit quietschenden Breitreifen davon. Nur mühsam konnte ich mich in den Kurven auf der Ladefläche festkrallen, sonst wäre ich von einer Ecke in die andere gerutscht. Zum Glück ging unsere Fahrt nicht weit, denn schon nach wenigen Minuten parkte der Schnösel seine Karre mitten im Halteverbot vor einem imposanten Gründerzeitbau, der mich immer ein wenig an die Akropolis erinnert. Ich wusste sofort, wo wir waren: direkt vor der *Rheingau Management School*, einer der beiden elitären Wiesbadener Kaderschmieden für zukünftige Führungskräfte.

Das Gebäude kannte ich gut, denn ich war dort selbst mal Gasthörer in einem Kurs für Unternehmensbewertung gewesen. Als Milliardenerbe sollte man stets genügend Ahnung vom Geschäft haben und nicht alles seinen Treuhändern überlassen. Richie Rich – so will ich den jungen Tunichtgut in dieser Geschichte fortan nennen – lief jedenfalls festen Schrittes schnurstracks ins Atrium, wo schon eine Clique ähnlich gekleideter junger Leute auf ihn wartete und ihm anerkennend auf die Schulter klopfte. Ich hatte genug gesehen. Für mich war sofort klar, dass diese Bande verwöhnter Bengel mit einer selbst gebastelten Bombe meinen Lieblingsbaum in die Luft gejagt hatte. Doch warum? Der Grund wollte sich mir nicht recht erschließen. Nachdenklich, aber eiligen Schrittes begab ich mich nach Hause zurück, um wieder mit Wastl meinen Platz zu tauschen, wollte ich doch auf gar keinen Fall meine tägliche Massage versäumen.

Als mir James am nächsten Morgen mein iPad auf dem Silbertablett servierte, staunte ich nicht schlecht: Es hatte doch tatsächlich einen weiteren Anschlag gegeben! Wieder mitten in der Nacht – diesmal im Nerotal, gar nicht weit von Richie Richs Villa entfernt. Die Explosion hatte nicht nur einige alte Eiben gefällt, sondern auch den *Eisernen Kanzler* von seinem Sockel gefegt – das schöne bronzene Bismarck-Denkmal, in dessen Schatten ich noch im vorigen Sommer einer eleganten Beagle-Dame den Hof gemacht hatte. Wieder waren aufgesprayte Parolen in arabischer Schrift gefunden worden – und prompt war erneut die Rede von einem islamistischen Anschlag. Wieder musste ich den Kopf schütteln. Denn was ich auf den Fotos erkennen konnte, waren zwar klar erkennbare Parolen in arabischer Schrift – aber absolut ohne politischen Inhalt. Eine gesprayte Zeile lautete übersetzt *Aladins Dönerladen*, eine andere – noch dazu mit offensichtlichen Schreibfehlern – *Rauchverbot in Terminal B*.

Warum war das weder Polizei noch Journalisten aufgefallen? Voller Wehmut dachte ich an meine kurze, aber überaus reizvolle Liaison in Casablanca mit einer attraktiven Afghanenhündin, die mich in die Geheimnisse der arabischen Sprache (nebst vielen anderen schönen Dingen, von denen hier aber zu schweigen ist) eingeweiht hatte. Jedenfalls besaß ich genügend Sprachkenntnisse, um diesen Humbug sofort zu erkennen.

Es beschäftigte mich sehr. Umgehend ließ ich mich (diesmal im Rolls, denn man soll sportliche Aktivitäten keinesfalls übertreiben) zur Rheingau Management School fahren, um Richie Rich und seine Kumpane unter die Lupe zu nehmen. Sie saßen tatsächlich in der Cafeteria (hochtrabend *Rheingau Wine Bar* genannt), steckten aufgeregt die Köpfe zusammen – und waren zu meiner großen Verwunderung überaus irritiert. Ihren wirren Äußerungen konnte ich entnehmen, dass sie vom neuerlichen Anschlag genauso überrascht waren wie ich. Ja, Richie Rich schien geradezu empört, dass sich die Explosion in unmittelbarer Nähe seines eigenen Hauses ereignet hatte. Er echauffierte sich ein ums andere Mal über die perfiden Schnösel von der *Taunus Business School*.

Nun sollte ich an dieser Stelle vielleicht erwähnen, dass die Taunus Business School die zweite bedeutende Kaderschmiede hier in der Region ist – und mit der Rheingau Management School aufs Bitterste verfeindet. Nicht so sehr die Institutionen selbst, aber zumindest die Studenten dieser beiden privaten Elitehochschulen. Man belauert sich ständig wie Katz und Maus, schnappt sich gegenseitig möglichst prestigeträchtige Praktika in New York und Shanghai weg und meidet sich in den In-Bars der Taunusstraße, so gut es eben geht. Berüchtigt sind seit Jahren ihre makabren Absolventenscherze, die gern auf Kosten der jeweiligen Konkurrenz getrieben werden. Einmal hatte ein Abschlussjahrgang der Rheingau Management School der konkurrierenden Hochschule einen Abrissbagger vorbeigeschickt. Zum Glück konnte in letzter Sekunde Schlimmeres verhindert werden, jedoch waren das Pförtnerhäuschen und ein Pavillon im Garten bereits dem Erdboden gleichgemacht worden. Die Taunus Business School hatte sich im Jahr darauf mit einer nächtlichen Brunnenbohrung revanchiert, die das Hauptgebäude der Rheingau Management School über Stunden mit kochend heißem Thermalwasser flutete und für Wochen jeglichen Unterrichtsbetrieb unmöglich machte.

Ein Bombenanschlag wie in diesem Jahr passte da also ganz gut ins Bild.

Ich wollte schon den Rückzug antreten, um mich ein wenig in der Taunus Business School umzuhören (dank einer großzügigen Spende bin ich dort Ehrensenator und habe jederzeit freien Zutritt), als meine überaus feinen Ohren etwas mitbekamen, das mich zum Bleiben veranlasste. Denn Richie Rich und seine feinen Freunde planten zweifelsohne bereits ihren nächsten Anschlag. Richie prahlte gar damit, er könne mit seinem Luxusdünger »noch tausend andere Dinger in die Luft jagen«. Ich spitzte meine Ohren und erfuhr weiter, wie sie sich für den Abend vor Richie Richs Villa verabredeten.

Dass die ganze Sache am Ende noch halbwegs glimpflich ausging und kein Mensch zu Schaden kam, ist – ohne damit angeben zu wollen – nicht zuletzt mein Verdienst und das der *Taunus Street Irregulars*. Aus gut unterrichteten Kreisen der Staatskanzlei habe ich unter der Pfote erfahren, dass ich mich deshalb demnächst auf eine hohe Auszeichnung einstellen darf. Wie man mir diese allerdings ans Fell heften will, wage ich mir momentan noch nicht vorzustellen. Aber ich gerate schon wieder ins Plaudern und greife vor. Dabei will ich Ihnen doch keineswegs die Spannung nehmen.

Also: Gegen Abend (Frau von der Heide schlief zum Glück schon) ließ ich Holger den Rolls vorfahren und mich zum Kureck chauffieren. Dort stiegen, wie vorher verabredet, einige meiner *Irregulars* zu. Freddy und Bernie standen bereits treu am Bürgersteig, zusammen mit Bullterrier Beißer (eigentlich heißt er Gandhi wegen seines ausgeglichenen Wesens, aber welcher Bullterrier will schon so genannt werden?), Schäferhund Hermann (sein Herrchen tummelt sich gern in rechtsgerichteten Kreisen; zum Glück hat Hermann überhaupt keinen Sinn für Politik), Dobermann Marke (sein Name kommt nicht etwa von dem sagenhaften König, sondern einfach daher, dass er keine Hundesteuermarke trägt) und Boxer Rocky (hier erübrigt sich jeder Kommentar zum Namen). Nur Pinky ließ sich wegen eines Poetry-Slam-Abends im Tattersall entschuldigen, aber die Teilnahme eines Handtaschenhundes war in diesem Fall auch entbehrlich.

Ich hatte zugegebenermaßen ein wenig Angst um die guten hellen Lederpolster (Connolly Ivory Tan) meines Rolls, aber Holger hatte auch für diesen Fall bestens vorgesorgt und einige Picknickdecken im Fond ausgebreitet. So lagerten wir dort recht bequem und taten uns an den kleinen Snacks aus meiner Minibar (Fleischbällchen *Marrakesch* und Vollwert-Hundecracker *New York*, dazu Evian-Wasser aus der Silberschüssel) gütlich. Das war auch nötig, denn über Stunden tat sich in Richie Richs Villa nicht das Mindeste. Erst kurz vor Mitternacht wurde es plötzlich lebendig. Zwei protzige Autos – ein tiefergelegter roter Jaguar F-Type mit 19-Zoll-Walzen und ein überaus vulgärer mattolivfarbener Chrysler 300 C Kombi mit passenden schwarzen Felgen – näherten sich dem Anwesen. Der Jaguar gab kurz ein Signal mit der Lichthupe, schon öffnete sich das Tor und Richie Richs Angeber-Jeep erschien in der Auffahrt. Gemeinsam machten sich die drei Fahrzeuge auf den Weg in die Innenstadt, und wir folgten ihnen unauffällig.

Erstaunt nahm ich zur Kenntnis, dass die Fahrt in Richtung Warmer Damm ging. Wollten die jungen Schnösel dort etwa einen weiteren Baum in die Luft jagen oder etwa gar das Schiller-Denkmal am Staatstheater? Dann allerdings hielten die Autos auf der Wilhelmstraße bereits in Höhe des Hotels Nassauer Hof. Holger lenkte den Rolls geschickt an ihnen vorbei und bugsierte ihn in eine etwas weiter entfernte Parkbucht, wo wir nicht leicht zu entdecken waren, selbst jedoch aus dem Schiebedach hinaus eine erstklassige Sicht auf das weitere Geschehen hatten. Minutenlang tat sich gar nichts – ganz so, als würden Richie Rich und seine Kumpane vom Auto aus die Lage sondieren. Dann plötzlich öffnete er die Tür des Jeeps, schwang sich federnd heraus, holte mit einem Griff ein dickes Paket von der Ladefläche und näherte sich dem Bronzedenkmal von Kaiser Friedrich III., das den Platz vor dem Nassauer Hof beherrscht. Mehrere Kumpane folgten ihm geduckt im Laufschritt.

Was nun passierte, dürfte in die Kriminalgeschichte eingehen – auch wenn die Eltern der jungen Leute einen Gutteil dazu beitrugen, das anschließende Gerichtsverfahren so gut es ging aus der Öffentlichkeit herauszuhalten. Denn kaum näherten sich Richie Rich und seine Freunde dem Denkmal, kamen dort hinter einer Hecke mehrere junge Frauen und Männer zum Vorschein. Einige erkannte ich sofort – es waren angehende Absolventen der Taunus Business School. Richie Rich und seine Freunde machten ein ziemlich belämmertes Gesicht, und blitzartig wurde mir klar, was es mit den Anschlägen auf sich hatte: Sie waren nichts anderes als ein dummes, aber lebensgefährliches Spiel, ein überaus törichter Wettstreit verzogener junger Leute, die für ein paar Nächte Terroristen spielen wollten. Offenbar hatten beide Parteien vorgehabt, in dieser Nacht das Denkmal in die Luft zu jagen und sich damit endgültig einen Platz in den Annalen ihrer jeweiligen Hochschule zu sichern. Nun standen sie sich ebenso ratlos wie feindselig gegenüber.

Vermutlich hätte der Abend in einer veritablen Schlägerei rund um das Denkmal geendet – wenn nicht wir Hunde die Sache in die Pfote genommen hätten. Ehe die jungen Leute recht begriffen, wie ihnen geschah, hatten wir sie von allen Seiten umstellt und ein höchst gefährliches Gebell angestimmt. Einer der jungen Leute versuchte zu fliehen, wurde aber von Beißer sehr nachdrücklich daran gehindert. Ich nutzte den Tumult aus, um Richie Rich recht kräftig in den Allerwertesten zu beißen. Eine kleine Rache für meinen pulverisierten Lieblingsbaum am Warmen Damm musste schon sein. Unser Gebell hatte inzwischen auch den Doorman des nahen Hotels alarmiert, und bereits wenig später waren mehrere Polizeistreifen zur Stelle. Pech für Richie Rich und seinesgleichen, dass sie ihre selbst gebastelten Höllenmaschinen noch unter dem Arm trugen. Dass sie in flagranti erwischt wurden, war das Beste, was mir passieren konnte. Denn Zeugenaussagen von Dackeln sind gemeinhin nicht gerichtsfest, nicht einmal von reinrassigen.

Der Rest der Geschichte ist schnell erzählt. Die Familienanwälte der jungen Leute bekamen in den nächsten Wochen reichlich Arbeit (und vermutlich ein entsprechendes Honorar). Einige Zeit nach der Urteilsverkündung konnte ich mit Genugtuung beobachten, wie mehrere der Hobby-Attentäter mit saurer Miene rund um den Ententeich am Warmen Damm Unkraut jäteten. Nicht ohne Hintersinn hatte ihnen der Richter etliche Stunden sozialer Arbeit aufgebrummt – und zwar bei der Pflege der städtischen Anlagen. Sehr ungeschickt und unfreiwillig komisch stellte sich dabei Richie Rich an, indem er auf dem glitschigen Entenkot ausrutschte und recht malerisch im Teich landete. Ein Bild für die Götter!

Wir Hunde hatten einen Logenplatz eingenommen – denn selbstverständlich hatte ich es mir nicht nehmen lassen, die *Taunus Street Irregulars* zum Dank für ihre treuen Dienste zu einem kleinen, informellen Picknick an den Warmen Damm einzuladen. Wir lagerten also bequem auf unseren schottischen Picknickdecken, die Holger akkurat auf einer der weitläufigen Rasenflächen ausgebreitet hatte, genossen die warme Sonnenstrahlen und die diversen kalten Köstlichkeiten, die uns James in kleinen Silberschüsseln servierte. Unaufhörlich kam Nachschub aus dem Kofferraum meines Rolls, wo Holger die großen Picknickkörbe (selbstverständlich von Fortnum & Mason, da lasse ich mich nicht lumpen) fachmännisch verstaut hatte. Während Frau von der Heide einen kleinen Bummel in Richtung der Wilhelmstraßen-Boutiquen unternahm und uns somit nicht weiter stören konnte, räkelten wir uns satt und träge auf unseren Decken. Eng kuschelte sich die überaus ansehnliche Dackeldame Tara an mich, und in diesem Moment erschien mir der Warme Damm wie der schönste Ort auf Erden – selbst ohne meinen schmerzlich vermissten Lieblingsbaum. Doch jäh beendete Rocky die zauberhafte Stimmung mit einem heiseren Bellen: »Kommt, Leute, lasst uns endlich Enten jagen.«

Der Tatort

Die Grünanlage am Warmen Damm zwischen Wilhelmstraße und Paulinenstraße wurde 1850/60 von Hofgartendirektor Carl Friedrich Thelemann als Landschaftspark angelegt. In der Mitte des viereinhalb Hektar großen Geländes befindet sich ein malerischer Weiher, nicht weit davon entfernt steht das Denkmal von Kaiser Wilhelm I. Ihren Namen verdankt die – ursprünglich außerhalb der Stadt gelegene – Grünanlage einem Damm, der ein Sammelbecken für das Wasser aus den heißen Thermalquellen umgab. Es wurde bereits 1805 zugeschüttet.

Der Park ist rund um die Uhr geöffnet, der Eintritt ist frei.

Anfahrt
mit öffentlichen Verkehrsmitteln:
Direktverbindung vom Wiesbadener Hauptbahnhof zur Haltestelle Kurhaus / Theater mit den Buslinien 1, 8 und 16. Von der zentralen Bushaltestelle Dern'sches Gelände aus (zahlreiche Buslinien) ist der Warme Damm ebenfalls in wenigen Minuten bequem zu Fuß zu erreichen.

mit dem PKW:
An der Wilhelmstraße (Höhe Staatstheater) und der Paulinenstraße, zwischen denen der Warme Damm verläuft, befinden sich kostenpflichtige Parkplätze. Eine öffentliche Tiefgarage gibt es zudem unter dem Bowling Green (Anfahrt über die Wilhelmstraße). Ein öffentliches Parkhaus befindet sich neben dem Staatstheater (Zufahrt über Wilhelmstraße oder Paulinenstraße).

LEILA EMAMI

Der Krimi muss sterben

Rheingau, Eltville Garten- und Freianlagen, Kloster Eberbach

Ich, Christoph-Maria Lill und unbescholtener Bürger, sage Nein zu Krimis! Doch so weit das Auge reicht: Krimis, Krimis, Krimis!

Statt Traumschiffe auf dem Rhein und Traumhochzeiten im Kloster Eberbach überall Mord und Totschlag, verwurstet mit meiner romantisch-idyllischen Heimat.

Ich habe herausgefunden, warum wir mit Krimis zugemüllt werden: Wegen all dieser Hobbyautoren, angefangen von Lieschen Müller bis zu meinem Zahnarzt, diesem Dollbohrer. Der sollte lieber anständig Wurzeln behandeln, statt sich so einen Schmarrn auszudenken. Berühmt wird der höchstens wegen seiner Kunstfehler.

Wenn man nichts kann, wird man Krimiautor und darf ungestraft meucheln, Hälse durchschneiden, vergiften, quälen und Leute erschießen. Wenn dann irgendwelche Idioten diese Verbrechen nachahmen, muss ich anschließend die Leichen schönpfriemeln, bevor sie in den Sarg kommen.

Ich schufte hart in meinem Bestattungsinstitut und möchte deshalb ab und an Luft holen dürfen, hier an meinem Lieblingsplatz: im Park von Kloster Eberbach. Da hätte ich es gerne leichenfrei, bitte sehr! Stattdessen bekomme ich auch an diesem himmlischen Ort Krimis um die Ohren gehauen. Ich könnte das Plakat an der Wand des Dormitoriums in der Luft zerreißen. Denn damit begann der ganze Krimischwachsinn um meinen Lieblingsplatz: *Der Name der Rose!* Zur Hölle damit! Seit dieser Film vor Jahren hier gedreht wurde, wollen alle Kloster-Eberbach-Krimis schreiben. Und ständig wird dieser Schundstreifen im Kreuzgang gezeigt.

Fällt niemandem auf, welches Bild von Mönchen da in die Welt getragen wird? In dreckige Lumpen gekleidete Hampelmänner, die nur darauf gewartet haben, dass Sean Connery sie rettet. Ja, danke auch! So weit ist das Abendland also gekommen. Eine Schande ist das!

Das muss ein Ende haben! Ich sage dem Krimi den Kampf an. So wahr ich Christoph-Maria Lill bin: Der Krimi muss sterben!

Birgit Hüter ist dankbar, im Klosterladen einen Job gefunden zu haben. Immerhin gibt es hier ein paar Krimis, die sie an den Mann und an die Frau bringen kann. Sie ist nicht mehr die Jüngste und ihr Beruf als Buchhändlerin leider vom Aussterben bedroht. Ach, wenn ich doch nur genug Geld hätte, um meinen Traum von der eigenen kleinen, aber feinen Krimibuchhandlung wahr werden zu lassen, denkt sie und drapiert ihren Lieblingskrimi aus dem Rheingau vor den Weingeleegläsern.

Ich betrachte die geistigen Ausscheidungen dieser Krimiautoren, die im Klosterladen direkt zwischen, vor und neben den Bildbänden voller Orte der Stille und Kontemplation geklatscht wurden. Es ist zum Heulen. Der Krimischrott steckt sogar zwischen Koch- und Backbüchern und liegt vor den erlesenen Weinen, die an den Hängen rund um Kloster Eberbach wachsen. Der Steinberg hat es mir am meisten angetan. Er war auch der Lieblingsweinberg der Zisterziensermönche, die das Kloster einst zur Blüte führten.

Weiter hinten im Laden stehen die Regale für Essig und Marmelade.

Ich hätte es mir denken können. Selbst diese sind nicht krimifrei. Vor das Weingelee hat jemand einen Stapel des Machwerkes meines Zahnarztes ausgelegt. *Der todgeweihte Mönch von Eberbach*: Na prima! Schon der Titel verursacht Zahnfleischentzündung! Ich nehme das Buch des Kurpfuschers trotzdem in die Hand. Blättere darin herum. Jede einzelne Seite könnte ich aus dem Schinken reißen.

Birgit traut ihren Augen nicht. Ein Kunde folgt wie von Zauberhand der Krimispur, die sie im Klosterladen ausgelegt hat. Jeder Band, mit dem sie die schnöden Ladenartikeln von der Weinflasche bis hin zur Serviette geschmückt hat, wird von ihm inspiziert, manches Buch berührt oder gar aufgeschlagen. Birgits Herz hüpft. Endlich ein Mann, der ebenso scharf auf Krimis ist wie sie. Ein echter Bücherwurm. Er ist groß und kräftig, wahrscheinlich auch so um die fünfzig. Seine Kleidung – Cordhose und Hemd – ist recht bieder, aber wenigstens sauber, auch an seiner Frisur wüsste sie einiges zu optimieren. Außerdem ist er so blass, sicher nur, weil er zu viel liest. Eigentlich sollte sie ihn beraten, doch sie kann sich kaum rühren vor Verzückung.

Ich fange erst einmal klein an und werde den schönen Klosterladen von Krimis säubern. Natürlich könnte ich in einer Nacht-und-Nebel-Aktion den Dreck ausräumen, doch ich will nicht dastehen wie ein Dieb. Im Gegenteil, ich werde meine Mission ehrenhaft durchführen. Was für ein Glück, dass ich keine Familie durchfüttern muss. Jetzt wird mein Erspartes diesem guten Zweck zugutekommen. Die Kassiererin schaut mich aus großen, glänzenden Augen an, als ich ihr eröffne, dass ich alle Krimis im Laden kaufen möchte.

»Entschuldigen Sie die Frage, aber wofür brauchen Sie so viele Krimis?«, fragt sie mich, nachdem ich die horrende Rechnung bezahlt habe.

»Für die Flüchtlinge«, lüge ich spontan, obwohl ich nicht der Meinung bin, dass man diese armen Menschen noch mehr quälen sollte. Die haben schon genug durchgemacht.

Sie sieht mich fragend an. »Aber die Flüchtlinge können doch gar kein Deutsch!«

»Eben drum! Ich will, dass sie durch spannende Literatur einen Grund haben, es zu lernen!«, erkläre ich ihr mit einem gewissen Unterton. Mal schauen, wie schlau sie ist. Sie glotzt mich aus ihren hellgrauen Kulleraugen an, die hinter dicken Brillengläsern stecken. Ihr schmaler, bereits von Falten umringter Mund lächelt breit. Dämliche Ziege.

Ich trete aus dem Laden, um mein Auto zu holen, damit ich diesen Krimimüll abtransportieren kann. Sie läuft mir hinterher und ruft: »Oh, das ist eine tolle Idee! Darauf hätte ich auch selbst kommen können, denn auch ich liebe Krimis. Deshalb habe ich sie auch im ganzen Klosterladen ausgelegt. Aber meinen Sie, die paar Bücher werden reichen?«

Was für eine blöde Kuh! Die paar Bücher? Ich habe eben über tausend Euro bezahlt. Ich tue so, als hätte ich nichts gehört.

»Im Flüchtlingslager sind doch so viele Menschen! Ihre Bücher reichen nie! Soll ich welche nachbestellen?«, fragt sie und verfolgt mich weiter.

Ich schließe die Augen, atme tief ein und wieder aus. Da sehe ich sie auf dem Tisch in meinem Bestattungsinstitut vor mir liegen: reglos, stumm und blassblau, mit dicker Hornbrille. Das beruhigt meine Nerven. Ich bleibe stehen, drehe mich zu ihr um und lächle sie an. »Falls ich noch mehr Bücher benötige, melde ich mich bei Ihnen! Versprochen! Auf ein paar hundert Bücher mehr oder weniger kommt es schließlich nicht an.«

Gutes Argument, jedenfalls für sie, denn sie zieht sich zufrieden in ihren Laden zurück.

Auf dem Weg zum Auto wird mir klar, dass es doch keine so brillante Idee war, alle Krimis aufkaufen zu wollen. Sie wird gleich heute Bücher nachbestellen. Das ist ein Fass ohne Boden. Ich muss klüger vorgehen. Ich muss das Übel an der Wurzel packen.

Birgit tut, was sie noch niemals getan hat. Sie öffnet eine Flasche Sekt und stößt mit ihrem Spiegelbild an. Ihre sonst bleichen Wangen sind vom Rausch dieser Begegnung gerötet. Auf so einen Mann hat sie ihr Leben lang gewartet. Er hat Geld, er liebt Krimis und sieht nicht einmal übel aus. Aber wo, wie und mit wem lebt er? Sie leert ihr Glas in einem Zug und macht sich an die Recherche.

Ich habe die ganze Nacht kein Auge zugetan. Im Flüchtlingslager wurde meine Bücherfuhre abgelehnt. Niemand wolle seine Taschen mit Unnötigem belasten, hieß es, da man nicht wisse, wohin man weiterziehen müsse. Frechheit! Jetzt lagert dieser Schund in meinem Keller und verbreitet seinen unseligen Geist im ganzen Haus. Ich höre förmlich, wie Mörder und Opfer durch mein Heim spuken, vor allem die meines Zahnarztes.

Birgit kichert in sich hinein. Dieser Mann bringt Schwung in ihr Leben. Sie kommt sich vor wie Miss Marple, doch nicht auf der Suche nach einem Mörder, sondern nach dem Traummann. Es hat keine besondere Herausforderung bedeutet, ihn zu finden. Sie hat einfach den Namen gegoogelt, den sie auf seiner EC-Karte las. Im Rheingau gibt es nur einen Christoph-Maria Lill. Nun weiß sie, wo er wohnt, was er arbeitet und dass er allein lebt. Wenn er heute Abend auch noch zur Filmvorführung von *Der Name der Rose* ins Kloster kommt, kann sie ihre Tarot-Karten in der Schublade lassen, dann ist ganz klar, dass er der Richtige ist.

Ich finde: Das einzig Gute an dieser Veranstaltung ist, dass sie im Dunkeln stattfindet und sich alle im Kreuzgang des Klosters versammelt haben. So lungert niemand im Park herum, während ich hier ein Zeichen für die Rettung der deutschen Seele setze. Über das Krematorium kann ich privat leider nicht verfügen. Die Krimis zu Hause zu lagern, bekommt meiner Gesundheit nicht. Also werden sie gleich lichterloh brennen und zwar dramaturgisch passend, während im Film die Bibliothek des Klosters in Flammen aufgehen und Sean Connery leider überleben wird.

Birgit flucht wie ein Rohrspatz über die leere Autobatterie. Also den Nachbarn rausklingeln, ihn um Hilfe bitten, Ladekabel suchen, überbrücken, viel zu spät losfahren, dann am Kloster ewig herumkurven, um einen Parkplatz zu finden. Der liegt entsprechend weit vom Kloster entfernt. Vom Rennen brennen ihr die Füße in den neuen Pumps und Schweiß rinnt ihr den Rücken runter. Anstrengung plus Wechseljahre. Die denkbar schlechteste Kombination, um ihrem Traumprinzen zu begegnen. Sie eilt durch den alten, östlichen Torbogen des Klosters, biegt von der Straße auf den schmalen Sandweg ab, der den sanften Hügel hinunter führt, auf dem anscheinend heimische Bäume wild durcheinander wachsen dürfen. Die beleuchteten Kirchenfenster wirken von hier, jenseits des in strengen geometrischen Formen angelegten Gartens, äußerst beruhigend auf Birgit. Die Dämmerung versetzt sie wieder in romantische Stimmung. »Oh bitte, lass ihn im Publikum sitzen«, betet sie. Plötzlich bleibt sie wie angewurzelt sehen. Christoph-Maria! Er steht am Rande des Gartens vor der Orangerie: Ein kleines, schmuckes, barockes Gebäude, das Christoph-Marias Aura besonders gut steht. Was tut er da allein? Am liebsten würde sie ihn aus einem Versteck beobachten, aber wer solch ein Zeichen geschickt bekommt, muss handeln, Hitzewallungen hin oder her. So nimmt sie all ihren Mut zusammen und geht auf ihn zu.

Ich frage die neugierige Ziege vom Klosterladen, die wissen will, was ich hier treibe: »Wonach sieht es denn aus?«

»Sie stapeln die Bücher zu einem Turm«, antwortet sie. »Wieso sind die nicht bei den Flüchtlingen?«

»Was machen Sie um diese Zeit überhaupt hier?«, frage ich zurück.

»Ich will in die Filmvorführung, aber ich habe keinen Parkplatz bekommen. Verraten Sie mir, was Sie da machen?«

Im Geiste säubere ich auf meinem Bestattungstisch ihr Haar von den letzten Blutspuren und antworte: »Die Krimis wurden von den Flüchtlingen abgelehnt. Deshalb baue ich jetzt einen Turm gegen die Kulturlosigkeit mitten in diesem kultivierten Park. Ich möchte ein Zeichen meines Protestes gegen die geistige Verrohung setzen«, antworte ich. Das ist nicht einmal gelogen, nur nicht zu Ende erzählt.

»Wow!«, ist ihre leidige Antwort.

»Ja, wow! Aber dafür brauche ich Ruhe!«, sage ich sehr bestimmt.

»Sie haben Ihr Kunstwerk hoffentlich angemeldet, oder?«

»Wie meinen Sie das?«

»Sonst wird es morgen sofort abgebaut werden«, antwortet sie.

Ich verdrehe die Augen und sage: »Falls ich Ihre Hilfe benötige, melde ich mich!«

»Schon gut, ich gehe ja schon!«, sagt sie und zwinkert mir zu, als hätte ich mich eben mit ihr verabredet. Ich fasse es nicht.

Ich warte, bis die dumme Schachtel hinter der Baumreihe nahe der Klosterkasse verschwindet, und ziehe die Dose mit dem Waschbenzin aus meiner Tasche. Nun ist es auch endlich dunkel im Park.

Birgit weiß aus Frauenzeitschriften, dass man Männern ihre Eigenständigkeit lassen muss und keinesfalls klammern darf, wenn man sie erobern möchte. Deshalb hat sie seinem Wunsch, allein sein zu wollen, so freundlich wie möglich nachgegeben. Als sie aber aus ihrem Versteck im Gebüsch beobachtet, wie er die Bücher in Flammen aufgehen lässt, gerät sie in Panik. O nein, es ist ihre Schuld! Sie hat ihn mit ihrer blöden Bemerkung, dass sein Kunstwerk abgeräumt werden würde, verschreckt und dazu getrieben, sein Werk zu zerstören. Wie selten dämlich. Wie kann sie das nur wieder glattbügeln?

Ich bin nicht so naiv zu glauben, dass jetzt Schluss ist mit der Krimipest. Ich bin auch nicht so naiv zu glauben, dass die Polizei nicht spätestens morgen an meiner Tür klingeln wird, schließlich hat mich die dumme Gans gesehen und wird schnattern.

Birgit erzählt der Polizei, dass sie Herrn Christoph-Maria Lill aus dem Klosterladen kenne. Da sie aufgrund der Parkplatzsuche so spät angekommen war, konnte sie sehen, wie er in sein Auto stieg und wegfuhr. Erst danach, gibt sie zu Protokoll, sei der Bücherturm in Flammen aufgegangen.

Ich bin ein ehrlicher Mensch. Am liebsten hätte ich beim Verhör im Polizeipräsidium meine Tat zugegeben und gerufen: »Ja, ich habe die Bücher verbrannt, diese Krimis, diese Keimzellen negativer, verbrecherischer Energie!« Aber ich befürchtete, dass sie mich für verrückt erklären und wegsperren würden. Denn wer Verbrechen ausmerzen will, ist eine Bedrohung für den Arbeitsplatz eines jeden Polizisten und wird entsorgt. Das kennt man ja. Dass sie mir abgekauft haben, dass ich vor dem Brand das Klostergelände verlassen habe, sehe ich als Zeichen, mit Volldampf weiterzumachen. Wie es der Zufall will, kann ich schon in wenigen Tagen wieder tätig werden und das Übel dabei an der Wurzel packen. Ich freue mich schon auf diese unselige Krimiwanderung rund um das Kloster Eberbach.

Birgit hat mittlerweile allerlei über Christoph-Maria erfahren. Die wichtigste Information ist, dass er allein lebt. Je mehr sie darüber nachdenkt und ihre Karten befragt, desto sicherer erscheint ihr die Vorstellung, dass er aufgrund seiner eigenen kriminellen Energie die Bücher angezündet hat. Er liest nicht nur zu viele Krimis, nein, er lebt sie auch. Als Bestatter hat er außerdem direkten Kontakt zu den Toten. Mit ihm an ihrer Seite kann aus ihrer Lieblingsfiktion Realität werden. Sie fiebert der nächsten Krimiveranstaltung im Kloster Eberbach entgegen. Bei der *Krimiwanderung auf den Spuren mörderischer Mönche* wird sie ihn wiedertreffen. Dessen ist sie sich sicher – Tarot sei Dank.

Ich schaue auf meine Uhr. Die Krimiwanderer müssten gleich aufkreuzen. Natürlich achte ich darauf, nicht erwischt zu werden. Schließlich habe ich noch viel vor. Falls man mich doch entdeckt, habe ich Vorkehrungen getroffen. Ich trage meine Jägerkluft. Jeder weiß, dass ich heute in den Wäldern umherstreife. Wenn da mal ein Schuss nicht in einem Tier, sondern in einem Menschen landet, kann mir das keiner als Mord anlasten, vor allem nicht, wenn ich betrunken bin. Für meine Trunkenheit bediene ich mich eines skandinavischen Tricks. Dort ist Alkohol so teuer, dass man nur in den Genuss eines Vollrausches kommt, wenn man sich einen mit Wodka vollgesogenen Tampon rektal einführt. Dies führt innerhalb kürzester Zeit zum Delirium. Aber ich glaube kaum, dass sie mir auf die Schliche kommen werden. Die beginnende Dunkelheit wird mich schützen. Das Gewehr habe ich mir von einem Kollegen aus dem Hunsrück »geliehen«, der sich momentan auf den Bermudas verlustiert. Bei ihm zuhause sieht es derzeit aus, als wäre eingebrochen worden.

Doch da kommt die Krimi-Wandertruppe mit ihren Taschenlampen um die Ecke. Ich ziele auf die Autorin, dieser Urheberin des Übels. Sie soll mitsamt ihrem Krimi sterben.

Birgit kann seine Nähe spüren, auch wenn er sich nicht in der Wandergruppe befindet. Alles in ihr verlangt nach ihm, während die Krimiautorin Leila Emami ihre Krimikomödie in der Dunkelheit des Klosterparks vorliest. Alle haben ihre Taschenlampen ausgemacht, nur das i-Pad der Autorin leuchtet schwach und kühl. Birgit hat zum ersten Mal in ihrem Leben genug vom Lesen und Zuhören. Sie will endlich was erleben: Haut, Haar, Fleisch, Blut, Christoph-Maria. Da durchzieht ein lauter Knall, ein Schuss die Luft. Ein Schrei folgt. Birgits Hitzewallung verwandelt sich in einen Lavastrom, der ihren ganzen Körper durchdringt. Auch den Beckenboden. Oh, Christoph-Maria!

Ich hätte mir nicht träumen lassen, dass ich so einfach davonkommen würde. Nach dem Schuss lief ich einfach durch den Wald, dann durch die Weinberge und zum nächsten Ort, wo mein Wagen stand. Doch meine Freude wurde jäh zerstört, als ich am nächsten Morgen in der Zeitung las, dass im Park des Klosters nicht die Autorin ihr Leben ausgehaucht hatte, sondern ein Wanderer angeschossen worden war. Verflucht!

Birgit stülpt die Haube über den Kuchen. Auch wenn die Frauenzeitschriften raten, zunächst den Jagdinstinkt eines Mannes zu wecken und sich dann erobern zu lassen, kann sie nicht länger warten. Sie muss sich Christoph-Maria schnappen. Denn auch die Karten wissen, er ist der Schlüssel zu ihrem Glück. Dass sie seine Verbrechen erregen, ist der letzte Beweis, dass sie reif für die Realität ist und die Welt der Fiktion hinter sich lassen muss.

Ich habe mir einen neuen Plan zurechtgelegt. Ich … verdammt, wer klingelt denn jetzt an der Tür? Die Polizei schon wieder? Die soll nur kommen. Ich reiße die Tür auf und staune. Die dämliche Ziege vom Klosterladen steht da mit einem Kuchen in der Hand.

»Darf ich reinkommen!«, fragt sie nicht, sondern sagt sie und quetscht sich an mir vorbei ins Haus.

»Wie haben Sie mich gefunden? Aber …«

»Ich hatte mir schon gedacht, dass Sie schön wohnen. Wer sich so viele Bücher leisten kann, haust in keinem Container.«

Ich starre sie aus großen Augen an. Was will die?

»Trinken Sie lieber Tee oder Kaffee?«, fragt sie, als wäre sie hier zu Hause, und stellt ihren Kuchen auf den Esstisch.

»Tee!«

»Sehr schön, ich auch! Dann verstehen wir uns ja auf der ganzen Linie. Geistige Verwandte sozusagen.« Sie grinst.

Ich nicht.

»Als ich dich … darf ich du sagen?«

Ich bleibe reglos.

»Als ich dich zum ersten Mal sah, da wusste ich es. Ich habe nicht umsonst so lange auf den Richtigen gewartet.«

Mein Mund ist staubtrocken.

»Ich habe dich seit dem Abend, als du deine Krimiskulptur bautest, nicht aus den Augen gelassen. Natürlich habe ich gesehen, dass du die Bücher angezündet hast. Doch ich habe der Polizei erzählt, du seist nach Hause gefahren, bevor die Bücher brannten. Schließlich wollte ich dich nicht verlieren.«

Ihre Stimme hallt wie aus weiter Ferne zu mir herüber.

»Natürlich weiß ich auch, wer während der Krimiwanderung geschossen hat.«

»Ja, aber …«

»Wenn es dir nicht recht ist, dass ich hier bin … ich kann auch mit der Polizei bei Tee und Kuchen weiterplaudern.«

Birgit trocknet die Freudentränen. Vor einem Monat noch – hinter der Kasse des Klosterladens stehend – hätte sie nicht geglaubt, dass sie doch noch zu ihrer Traumhochzeit im Park von Kloster Eberbach kommen würde. Jetzt steht sie im weißen Kleid zwischen den Rosen vor dem historischen Abtsgartenhaus, und das Wasser im Springbrunnen plätschert fröhlich im Sonnenschein. Nur Christoph-Marias Leidenschaft muss sie noch wecken. Aber da macht sie sich keine Sorgen, schließlich ist auch er nur ein Mann und sie im Besitz der schönsten Dessous, die es im Rheingau zu kaufen gibt.

Ich bin auf dem Weg zum krimifreien Himmelreich in die Hölle gestoßen worden. Seit meiner Albtraumhochzeit im Kloster Eberbach quält mich in schwachen Stunden die Frage, ob ich nicht lieber zur Polizei gehen und mich selbst anzeigen sollte. Wäre das Gefängnis oder die Klapsmühle nicht besser als das Leben neben dieser krimigeilen Erpresserin? Sie hat mich gezwungen, mein sauer verdientes Geld für die Eröffnung einer Krimibuchhandlung auszugeben. Ich hasse sie! Doch ich gebe nicht auf, ich lasse es nicht zu, dass der Krimi mich besiegt, vorher mache ich diese Frau kalt.

Birgit schließt die Tür ihrer Krimibuchhandlung zu, um wie an jedem Freitagnachmittag Christoph-Marias Grab zu gießen. Das ist das Mindeste, was sie für ihn tun kann als reiche Witwe. Außerdem soll jeder sehen, wie sie um ihren geliebten Ehegatten trauert. Mistkerl! Seine kriminelle Energie richtete er nach der Hochzeit ausschließlich gegen sie, und eine Leiche war das Einzige, was dieser Holzklotz mit seinen zwei linken Händen bearbeiten konnte. Im Bett war er der größte Versager. Schade um die schönen Dessous. Leider, leider fiel er bei dem Versuch, ein Wildschwein zu schießen, vom Hochsitz und brach sich dabei vor ihren Augen das Genick. Wie entsetzlich!

In Zukunft wird sie aufpassen müssen, dass sie nicht selbst beginnt, an dieses Ende zu glauben. Denn die Wahrheit hebt sie sich für den Krimibestseller auf, den sie zu schreiben gedenkt, sobald Gras über die Sache gewachsen ist.

Deshalb öffnet sie sich jeden Abend eine Flasche Riesling Steinberger Lage und erinnert sich daran, wie es wirklich gewesen ist. Christoph-Maria hat sie mit dem Versprechen, ihr einen grandiosen Blick auf Kloster Eberbach zu zeigen, auf einen Hochsitz gelockt, der direkt am Klosterrundweg liegt. Doch sie hat ihn durchschaut und ihn vorher mit einem kräftigen Tritt in den Hintern in die Tiefe katapultiert. Was für ein Ende!

»Es lebe der Krimi!«, ruft sie allabendlich und prostet ihrem Spiegelbild zu.

Der Tatort

Der Park von Kloster Eberbach im Rheingau steht den Besuchern täglich offen. Er erstreckt sich zwischen den Klostermauern und den ehemaligen Klostergebäuden. Außen um die Klostermauer herum führt der seit 2015 eingerichtete Klosterrundweg. Wer das Innere der Klostergebäude besichtigen möchte, muss Eintritt zahlen.

Besichtigungszeiten: April bis Oktober täglich 10 bis 18 Uhr, November bis März täglich 11 bis 17 Uhr. Besucherservice Kloster Eberbach: Telefon 06723 9178-115. Weitere Details unter www.kloster-eberbach.de

Das Kloster ist heute im Besitz der Stiftung Kloster Eberbach. Die Gebäude und das Gelände werden als Veranstaltungsstätten, Hotel, Restaurant und Weingut benutzt.

Anfahrt

mit öffentlichen Verkehrsmitteln:

Vom Bahnhof Eltville am Rhein verkehrt stündlich die Buslinie 172 zur Haltestelle Kloster Eberbach (Barockpforte).

mit dem PKW:

Von Wiesbaden: A 66 Richtung Rüdesheim. Die A 66 wird ab Walluf als Bundesstraße B 42 (vierspurig) weitergeführt. Der B 42 folgen und ab Ausfahrt Kiedrich auf die Ausschilderung Kloster Eberbach achten. Den braunen Kulturhinweisschildern mit weißer Aufschrift Kloster Eberbach durch Kiedrich folgen. Auf der Landesstraße L 3320 in Richtung Hattenheim weiterfahren. Das Klostergelände befindet sich im Kisselbachtal rechts der Landesstraße (scharfe Linkskurve).

Parkplätze sind vorhanden, jedoch bei Großveranstaltungen wie dem Rheingau Musikfestival überfüllt.

Ute Schusterreiter

Die zweite Chance

Rheingau, Eltville, Rosengarten

Es war ein leicht bitterer Geschmack, der ihn weckte, ein Geschmack, als ränne ihm flüssiges Metall den Gaumen hinunter. Der junge Mann wollte schlucken, aber seine Zunge lag wie trockenes Leder zwischen den Zahnreihen. Irgendetwas stimmte nicht mit ihm, er fand sich auf dem Boden liegend. Es war kalt und an seinem Rücken spürte er kleine Steinchen, die sich durch den Druck seines Gewichtes in seine Haut gegraben hatten.

Er wollte sich aus dieser unbehaglichen Lage befreien, traute sich aber nicht, die Augen zu öffnen. War es ein Schutzreflex, war es Angst? Der Mann lauschte, hörte das nervöse Plätschern kleiner Wellen und das sanfte Rauschen von Blättern. Er witterte Feuchtigkeit, die aus warmer Erde in kalte Luft stieg. Er atmete den schweren Duft von Rosen, den quarzigen Staub eines Kiesweges und den modrigen Dunst alter Gemäuer. Er roch Verwesung. Er fühlte die Nacht wie einen Alb auf seiner Brust sitzen und vor allem spürte er eins – dass er beobachtet wurde. Sein Puls schoss nach oben und er bemühte sich, den Atem flach zu halten. Instinktiv stellte er sich tot, schloss die Lippen, wollte leise durch die Nase atmen und merkte erst jetzt, dass ihn das schmerzte. Sein ganzes Gesicht war geschwollen und verklebt.

Blut, dachte der Mann, der metallene Geschmack in meinem Mund ist Blut. War er überfallen worden? Er wartete noch ein paar Atemzüge und überlegte, ob er es wagen könne, die Augen einen Spalt zu öffnen. Nur ganz kurz, dachte er und wollte sich gut zureden, aber ihm fiel nicht ein, wie er hieß. Alarmiert riss der Gedächtnislose die Augen auf. Direkt vor seinem Gesicht lag ein Vogelkadaver. Übelkeit legte sich auf seinen Magen. Um ihn herum leuchtete es blau-violett und vor sich nahm er eine hohe Mauer wahr, die sich langsam auf ihn zu bewegte und dann wieder zurückzog, sich wieder ausdehnte und erneut zusammenzog. Wie das Heben und Senken eines überdimensionalen Brustkorbs. Langsam rappelte der benommene Mann sich auf, stolperte über weitere tote Vögel. Im lila Licht des Mondes glaubte er, blutverschmiertes Gefieder zu erkennen. Sie lagen überall: auf dem Boden, zwischen den Rosenstöcken und im Gras.

Er übergab sich heftig und weil auch der Boden schwankte, suchte er Halt an der Mauer, die sich als unerwartet stabil herausstellte. Er schaute nach oben. Über ihm befand sich der Wehrgang einer Burg mit Holzgeländer und Schießscharten. Er besah sich die toten Vögel näher. Waren sie erschossen worden? Vorsichtig näherte er sich einem der toten Tiere, das neben ihm in einer Kletterrose hing. Es sah merkwürdig aus, wie eine Attrappe. Er tippte mit dem Zeigefinger vorsichtig an den Flügel.

»Unecht«, murmelte er und sah sich verstört um. Er befand sich in einem Rosengarten, der im Graben einer Burg angelegt war, und überall schimmerte helles Gefieder toter Möwen im Mondlicht. Hin und wieder sah er violette Lichtblitze. Fantasierte er?

Behutsam setzte er einen Fuß vor den anderen und schaute sich nach allen Seiten um. Hinter ihm führte ein niedriger Torbogen zu einem Fluss, dessen gewaltige Strömung er durch die Dunkelheit erahnte. »Der Rhein«, flüsterte er und wunderte sich, dass er den Namen des Flusses kannte, aber seinen eigenen nicht. »Der Rhein«, wiederholte der Gedächtnislose, als könnte ihm der Strom seine Erinnerung zurückschwemmen. Er horchte dem Glucksen der Wellen nach, die sich an der Uferbefestigung brachen und in einem gurgelnden Sog zwischen den Steinen verschwanden. Seinen Namen brachten sie ihm nicht. Aber ein frischer Wind wehte vom Wasser her und klärte seine betäubten Sinne für eine weitere Erkenntnis: Dies war der Rosengarten der Burg Eltville.

Er fasste sich an die blutverkrustete Nase und überlegte, ob sich der Angreifer jenseits des Tores versteckt haben könnte. Mit der Angst im Nacken zog er sich in den dunklen Teil des Parks zurück. Da der Kies knirschte, versuchte er, um Geräuschlosigkeit bemüht, auf den schmalen Steinen der Beetbefestigungen zu balancieren. Weil der Boden immer noch schwankte, gelang ihm das nur mit Mühe. Wieder betrachtete er die toten Tiere.

»Die sind echt und unecht«, flüsterte es aus der Dunkelheit. Erschrocken sah er sich um, erblickte zunächst niemanden, dann aber einen Zwerg direkt vor sich auf einem Rosenblatt. »Was?«

Der Zwerg saß mit übereinandergeschlagenen Beinen da und wippte lässig mit dem Fuß. Eine Halluzination, so viel war sicher. Das erklärte auch die violetten Lichter, die wie Heiligenscheine über den Blüten schwebten und den Garten in ein überirdisches Licht tauchten. Waren die Vögel auch nur Trugbilder? »Ja, aber schau doch mal genau hin«, rief der Zwerg.

Der Verwirrte kam der Aufforderung nach. »Es sind tatsächlich Attrappen«, rief er überrascht und griff sich zwei der Tiere. Eines aber ließ er angewidert wieder fallen. »Es sind Attrappen toter Vögel, aber hier und da liegt auch der Kadaver einer echten Möwe.«

»Na siehst du«, sagte der Zwerg, »jetzt kommst du der Sache schon näher.«

Aber er kam der Sache nicht näher. Warum war er mit Sinnestäuschungen in einem Park aufgewacht, in dem eine Mischung aus toten Möwen und Vogelattrappen herumhing? Er ging zu der Stelle zurück, an der er gelegen hatte, und beugte sich über einen der echten Kadaver. Vielleicht fand er an diesem Tier einen Hinweis, der ihm Aufschluss geben könnte. Der Gestank von Fäulnis und Zersetzung brachte ihn fast erneut zum Erbrechen. Hastig riss er eine Lavendelblüte ab und presste sie sich unter die Nase, mit der anderen Hand untersuchte er den Vogel. Der betörende Duft half, den Aasgeruch auszublenden, nur der Zwerg war nicht abzuschütteln. Mit verschränkten Armen sah er der Untersuchung zu.

»Und?«

»Er muss schon eine ganze Weile tot sein. Sein Genick ist gebrochen.« Nun konnte auch der Lavendel den Brechreiz nicht länger unterdrücken. Unter einem plötzlichen Schüttelfrost brach der Rest seines Mageninhaltes aus ihm heraus; gleichzeitig verschwand der Zwerg und nach und nach auch das violette Licht. Erschöpft ließ er sich auf den Boden sinken und kroch einige Meter vom Erbrochenen fort. Dabei fand er eine Ledertasche. Es war eine schlichte Umhängetasche mit großer Klappe. Er spürte keinen Bezug zu diesem Stück. Öko war nicht sein Stil, so viel wusste er, immerhin. Eine neue Erkenntnis, die ihn veranlasste, an sich hinabzusehen, noch bevor er die Tasche öffnete. Was er sah, erstaunte ihn. Eine weite Leinenhose, ein grobmaschiger Pullover, der wie selbstgestrickt wirkte, und am Handgelenk ein geflochtenes Lederarmband. »Nein«, entfuhr es ihm, lauter als gewollt, und flüsternd sagte er zu sich selbst: »Das bin ich nicht, so etwas würde ich nie anziehen.« Hastig untersuchte er den Tascheninhalt, aber es war nicht viel, was er da im spärlichen Mondschein sah. Ein Notizblock, ein Stift, ein Päckchen Taschentücher und eine Geldbörse ohne Papiere, aber dick gefüllt mit Geldscheinen. Er zählte die Scheine und kam auf gut zweitausend Euro. Es überkam ihn der Drang, diesen Ort so schnell wie möglich zu verlassen. Er schlich vorbei an Lavendelbüschen, Rosenstöcken und Formschnitt-Bäumen, die die hohen Mauern am Rande des Burggrabens säumten. Er folgte dem Weg entlang des ausgetrockneten Wasserlaufs, aber er führte zu keinem Ausgang, sondern zu einer weiteren hohen Mauer. Im Hochschauen erblickte er eine Brücke, welche die Burg mit dem Städtchen verband. Von hier unten war sie bestenfalls von Freikletterprofis zu erreichen. Er machte kehrt, lauschte auf verdächtige Geräusche, aber hörte nichts als die Stimmen der Nacht: raschelndes Efeu, säuselnden Wind und den Schlag einer Turmuhr. Vier Uhr früh.

Als er auf seinem Erkundungsgang erneut den vorderen Teil der Anlage erreichte, entdeckte er eine Treppe, die nach oben führte. Entschlossen schulterte er die Ledertasche, schlich zwischen Mauer und Rabatten Richtung Stiege und dann nach oben bis in den Wehrgang der Burg. Er wagte einen Blick durch die Schießscharten und sah in der Ferne die Lichter eines Frachtschiffs, das den Rhein hinabglitt. Menschen sah er nicht. Im Schutze des schmalen Gangs schlich er weiter Richtung Burg. Der weiße Wohnturm reckte sich dem Nachthimmel entgegen. Er betrat den Hof und prüfte, sich einmal um die eigene Achse drehend, ob er allein war. Die vielen Fenster des Turms und der Nebengebäude erschienen ihm wie Glasaugen, die ihn anstarrten. Ein Geräusch vom Burgeingang her ließ ihn herumfahren, aber zu seiner Erleichterung war es nur das Flattern eines Werbebanners, das sich im Wind blähte.

Windräder im Rheingau? las er in großen Lettern. Darunter die Daten einer Tagung, die offenbar in der Burg stattfand. Er starrte auf den Schriftzug. In seinen Kopf drängten die Bilder eines Saals mit Ahnenporträts, Bühne, Mikrofon und eingedeckten Tischreihen. Er war schon einmal hier gewesen, wusste er plötzlich. Er sah sich an einem Tisch sitzen, vor sich eine Flasche Mineralwasser und eine Schale mit Bonbons in buntem Glitzerpapier. Aber so sehr er sich anstrengte, mehr wollte ihm nicht einfallen. Er rieb sich den Hinterkopf und ertastete eine große Beule. Erst jetzt schmerzte sie ihn. Wahrscheinlich ließ das, was ihn violette Lichter hatte sehen und die Bekanntschaft mit einem Zwerg hatte machen lassen, immer mehr nach. Aber er fühlte sich noch flau und steuerte die Bank unter einer großen Platane an. Ihm fiel das Notizheft ein, das sich in der Tasche befand. Er holte es hervor und blätterte darin.

Eine männliche Handschrift hatte eine Eltviller Adresse und ein paar Eckdaten notiert: *Elmar Schnabel, 38, Kandidat der Umweltpartei, Gnadenhof für Tiere. Keine Treibhausgase, keine Reststoffe, keine Gefahr für Mensch und Umwelt.*

Sein Instinkt sagte ihm, dass das seine Handschrift war. Aber war das auch sein Name? Elmar? Er sagte es laut: »Elmar.« Nein, Elmar fühlte sich fremd an, genau wie Schnabel. Mit Schnabel assoziierte er sofort die Vögel, die im Rosengarten hingen.

Sein Blick fiel wieder auf das Banner. »Windenergie«, flüsterte er, »eine Tagung über Windenergie und das Notizheft eines Ökos.«

Er zupfte an seinem Pulli und sah dabei erneut das Bild vom Tagungsraum, in dem er in einem feinen Anzug saß. Es passte und passte doch wieder nicht. Einem Impuls folgend, kramte er nach dem Stift. Dabei bemerkte er eine kleine Seitentasche mit Reißverschluss, die er vorher übersehen hatte. Ein einzelner Schlüssel mit Messinganhänger kam zum Vorschein. Vielleicht ein Hotelschlüssel, doch er fand keinen Namen und keine Zimmernummer. Möglicherweise war es der Schlüssel für eine Privatunterkunft. Er steckte ihn zurück in das Fach und nahm den Stift. Dann schrieb er *Elmar* in das Heft und verglich das Schriftbild mit den Notizen. Es gab keinen Zweifel, es war seine Handschrift.

War er Elmar oder hatte er sich über Elmar Notizen gemacht? War die Adresse der Wegweiser zu jenem Elmar? Er entschied, der Sache nachzugehen. Entschlossen erhob er sich von der Bank, ein wenig zu schnell. Ihm wurde schwarz vor Augen, aber er fing sich wieder. Die Turmuhr schlug ein Viertel. Langsamer als gewollt verließ er den Burghof und steuerte über die Grabenbrücke auf das Städtchen zu. Jeder seiner Schritte fühlte sich in seinem schmerzenden Kopf wie ein Hammerschlag an, und ihm kam der Verdacht, dass irgendein Rauschmittel, das in seinem Blut gekreist hatte, langsam seine Wirkung verlor.

Ob es eine gute Idee war, diesen Elmar mitten in der Nacht zu suchen? Er könnte ebenso gut in ein Hotel gehen, Geld genug hatte er ja bei sich. Überhaupt wäre es viel vernünftiger, in ein Krankenhaus zu fahren oder zur Polizei. Er überlegte. Tief in sich spürte er ein schlechtes Gewissen. Vielleicht war er der Täter und Elmar das Opfer? Woher kam das viele Geld? Er entschied, dass es vielleicht besser war, nicht zur Polizei zu gehen.

Sein Blick fiel auf eine Informationstafel mit Übersichtsplan. Ohne lange suchen zu müssen, fand er die notierte Straße. Sie lag nicht weit vom Rosengarten entfernt. Er zögerte, aber der Drang herauszufinden, wer er war, zwang ihn weiter.

Die Route führte ihn vorbei an Fachwerkhäusern, die im gelben Schein historisierter Straßenlaternen lagen. Rosenstöcke und Efeu rankten an den Fassaden. Auch an Elmars Haus. Es war schmal und ein wenig schief. Schwarze Balken mit tiefen Furchen durchzogen eine weiß gekalkte Fassade. Die Fensterläden waren geschlossen. Die Straßenbeleuchtung warf ihr warmes Licht auf eine rot getünchte Tür. Es gab kein Namensschild, nur eine Klingel, einen schwarzen Knopf in einer halbrunden Messingvertiefung. Er kannte diese Art Schelle. Sie konnte einem bei feuchter Witterung einen Stromschlag versetzen. War er schon einmal hier gewesen? Sollte er mitten in der Nacht klingeln? Er trat einen Schritt zurück und suchte nach Hinweisen, die ihm etwas über den Bewohner verrieten. Im Blumenkasten im Parterre blühten rote Geranien und am Briefkasten entdeckte er einen Aufkleber gegen Atomkraft. Dann fiel ihm der Schlüssel ein, den er im Reißverschlussfach entdeckt hatte. Er zog ihn hervor und wog ihn eine Weile nachdenklich in der Hand. Angespannt probierte er den Schlüssel, aber stieß daneben. Kein Wunder. Er schwankte noch immer leicht, außerdem hämmerte sein Schädel. Kratzend rutschte der Schlüsselbart ab. Beim zweiten Versuch traf er, doch der Schlüssel ging nur schwer ins Schloss. Er drehte und – nichts geschah. Es war ganz sicher nicht der Schlüssel zu diesem Schloss. Trotzdem öffnete sich die Tür. Langsam und lautlos. Jemand musste gehört haben, dass er sich an der Tür zu schaffen machte. Er war so erschrocken über das Erscheinen des Mannes im Türrahmen, dass er, ohne zu überlegen, sein Anliegen heraus stotterte. »Sind Sie Elmar Schnabel?«

Der Mann sah ihn verwundert an, verneinte aber nicht.

»Ich weiß, es ist mitten in der Nacht, aber mir ist etwas zugestoßen, im Rosengarten. Sie müssen mir helfen!«

Wieder gab es keine Antwort, aber der Mann trat aus dem Hauseingang hervor und schaute kurz die Straße hinauf und hinunter. Er schien Anfang fünfzig und hatte langes graues Haar, das er im Nacken zusammengebunden trug. Ohne ein Wort zu sagen, zog er seinen nächtlichen Besucher ins Haus.

»Du kommst wieder hierher?«

»Wir kennen uns also?«

»Du willst mich wohl für dumm verkaufen, Mann! Willst es nochmal versuchen, ja?« Mit der einen Hand schloss er die Tür zur Straße, mit der anderen knipste er das Licht an. Dann stieß er seinem Gegenüber unsanft den Finger gegen die Brust. »Gedächtnisverlust ist jetzt die Masche, soso.«

»Ich erinnere mich an nichts«, beteuerte der Verwirrte, »aber ich habe Sie schon einmal gesehen, da bin ich mir sicher.« Wäre ich nur nie hergekommen, dachte er. Mit einem Blick auf die verschlossene Haustür fragt er kleinlaut »Sie sind doch Elmar Schnabel?«

Der Mann wurde zornig. »Ich heiße Michael«, er betonte die Silben überdeutlich, »Michael Krämer! Deine Masche ist gut, aber damit kommst du nicht durch.«

Womit würde er nicht durchkommen? Er fühlte sich entmutigt. Der Mann war also nicht Elmar. Nervös zupfte er an seinem Strickpulli. Sein Blick wanderte hastig durch die schmale Diele in den angrenzenden Raum. Ein Küchensofa aus Omas Zeiten stand vor einem Kachelofen mit daran anschließendem Herd. Über einem modernen Esstisch baumelten die Zierpendel einer Lampe aus kobaltblauem Glas.

»Setz dich«, sagte Krämer weder freundlich noch bestimmend und deutete auf das Sofa.

Zögernd kam er der Aufforderung nach. Das Sofa war gefedert und entsprechend bequem. Auf dem Tisch stand ein leerer Teller. Von dem habe ich gegessen, schoss es ihm durch den Kopf. Irritiert blickte er zu Krämer. »Bin ich Elmar?«

Krämer wandte sich ab. Er griff in den Korb mit Altpapier und fingerte nach einer Papprolle. In stoischer Ruhe öffnete er die Klappe des Herds und entzündete ein Feuer. »Es gibt keinen Elmar Schnabel.«

»Keinen Elmar?« Mit wachsender Beklemmung sah er Krämer dabei zu, wie er einen Suppentopf auf den Herd zog. »Wer bin ich denn dann?«

Krämer nahm ein Schneidebrett, griff nach einem Bund Kräuter und setzte sich mit an den Tisch. Betont gleichmütig begann er, die Blätter zu hacken. Dabei sah er sein Gegenüber herausfordernd an. Als keine Reaktion erfolgte, hielt er inne. »Du erinnerst dich also an nichts, Herr Ingenieur?«

»Ingenieur?« Er klopfte sich mit den Knöcheln seiner geballten Faust an den Kopf. In seine Nase stieg der Duft der Suppe, die langsam warm wurde. »Ich musste essen, wurde zum Essen gezwungen«, entsann er sich und schaute besorgt zum Herd hinüber, »hat mich die Suppe in diesen seltsamen Zustand versetzt?«

»Nein«, sagte Krämer und ging zu einem Wandregal voller beschrifteter Blechbüchsen. Aus einer holte er eine Hand voll getrocknete Pilze. »Die hier waren's.« Er legte die Pilze beiseite, dann ging er zum Herd und warf die Kräuter in die Suppe. »Davon solltest du essen, um die Welt wieder klar zu sehen.« Krämer füllte einen Teller voll Suppe und stellte ihn auf den Tisch. »Hier, Stefan, mit guten Kräutern, selbst geerntet, gesund und wohlschmeckend.«

Stefan riss den Kopf hoch. Die Nennung seines Namens war wie der Schuss einer Leuchtpistole. Sofort fiel ihm sein Zuname ein. »Ich bin Stefan Bauer.« Doch woher wusste Krämer das? Argwöhnisch betrachtete er die dampfende Suppe. Es roch verführerisch und sein Magen könnte eine Gemüsebrühe gut vertragen. Zögernd sah er nach dem Löffel.

Krämer lächelte auffordernd, während er sich ebenfalls einen Teller füllte und auf den Tisch stellte. »Lass es dir schmecken, während ich dir auf die Sprünge helfe.«

»Du weißt, was geschehen ist?« Beruhigt, dass Krämer auch von der Suppe nahm, aß er. »Wer bist du und was haben wir miteinander zu tun?«

Krämer blies in seine Suppe. »Heiß«, bemerkte er und biss erst einmal in ein Stück Brot. Kauend erzählte er: »Ich bin Umweltaktivist und du hast mich kontaktiert, wolltest ein Treffen, gestern Abend, ganz dringend. Du kamst hier an, hast mir was von deinem Gnadenhof für Tiere erzählt und von deinem grünen Daumen.«

Stefan begriff nicht. »Du redest von Elmar, der Tierfreund und Naturliebhaber ist doch Elmar.«

»Ganz recht, so hast du dich mir vorgestellt. Elmar Schnabel. Sehr raffiniert. Der Name sollte in mir wohl unterbewusst Sympathie auslösen«, Krämer machte ein verächtliches Gesicht, »Schnabel! Dass ich nicht lache. Hättest dich gleich Vogel nennen können!«

Stefan spürte wieder das schlechte Gewissen, das ihn davon abgehalten hatte, zur Polizei zu gehen. Richtig, dachte er, genau das hatte ich vor, ich wollte mich Vogel nennen, aber das war dann doch zu albern. Er schaute an sich hinab und die Erinnerung kam in Bruchstücken zurück. Ich habe mich als Öko verkleidet. Es ging um die toten Vögel oder besser um die Attrappen dieses Umweltaktivisten. Krämer war Vogelschützer und bekannt für seine reißerischen Aktionen gegen Windräder. Diese Aktion galt es unbedingt zu verhindern. Stefan schluckte. »Die toten Vögel im Rosengarten, das warst du! Du hast mich niedergeschlagen und mit Pilzen vergiftet!«

Krämer verschränkte die Arme. »Na, na. Vergiften wolltest du *mich*! Nachdem dein Gefasel nicht gefruchtet hat, dass der Wind sich selbst erneuere und kein Abfall entstehe, hast du die Scheine gezückt.«

Stefan griff in die Tasche und fühlte nach dem dick gefüllten Portemonnaie. Ach so, dämmerte es ihm, ich sollte Krämer bestechen, seine Aktion zu unterlassen. Tote Vögel am Rande einer Tagung über Windenergie, das käme nicht gut an. Verlegen löffelte er seine Suppe, war aber nicht ohne Stolz auf seine Idee, sich für seine Mission als Öko verkleidet zu haben. Doch dann erinnerte er sich der Szene und wurde wütend. »Ich wollte ein wenig Überzeugungsarbeit leisten, wer redet von vergiften? Du hast mich niedergeschlagen. Eine reingehauen hast du mir und mich fast umgebracht. Alles, damit ich deine Aktion nicht verhindere.«

Krämer warf mit einem Stück Brot nach Stefan. »Du bist wohl immer noch nicht ganz bei Verstand.« Langsam und mit geballten Fäusten erhob er sich von seinem Platz. »Freundlich war ich zu dir, hab dir deinen miesen Bestechungsversuch nicht krumm genommen, weiß schließlich, dass Unwissenheit das größte Übel ist. Ich wollte dir nur meine Position erläutern. Zum Abendbrot habe ich dich eingeladen, Suppe wollten wir gemeinsam kochen, um unser Gespräch entspannt zu gestalten. Und was machst du?«

Stefan zuckte zusammen. »Ich weiß nicht …«

»Hundspetersilie!«

Stefan schaute ihn verständnislos an.

»Hundspetersilie!« rief Krämer nochmal, diesmal so laut, dass die Lampengläser vibrierten. Stefan duckte sich und verfolgte Krämers Redeschwall mit immer größerem Unbehagen. »Ich habe dich gebeten, in den Garten zu gehen und glatte Petersilie zu pflücken.« Krämer deutete zur Verandatür, die in seinen Gemüsegarten führte. Stefan sah hinaus. Es dämmerte bereits. Vogelgezwitscher drang in die Küche. Er erinnerte sich, in den Garten gegangen zu sein, hatte vor Augen, wie er das Kräuterbeet nach der gewünschten Suppenwürze absuchte. Er konnte als *Elmar mit dem grünen Daumen* schlecht fragen, was glatte Petersilie war. Als er ein Kraut entdeckte, das glatte Petersilie sein konnte, erntete er reichlich davon. »War es keine Petersilie?« fragte er kleinlaut.

Krämer schlug sich mit der flachen Hand vor die Stirn. »Du dämlicher Anzugträger! Du hast wohl wirklich keine Ahnung?« Hämisch grinsend deutete er auf den leeren Suppenteller vor Stefan. »Hat sie dir geschmeckt? Die Suppe?«

Stefan fand, dass sie etwas bitter gewesen war, aber das hatte er dem metallischen Geschmack in seinem Mund zugeschrieben. Er schielte nach Krämers Teller und erstarrte. Der Inhalt war unberührt geblieben. Plötzlich lief es ihm heiß und kalt den Rücken hinunter. Hatte Krämer denn nicht die ganze Zeit gegessen? Ja, hatte er, aber nur das Brot, nicht die Suppe. Ein Trick. Das Gespräch hatte Stefan zusätzlich abgelenkt.

»Du hast mich also doch vergiftet!«

»Jetzt schon«, sagte Krämer gelassen und füllte Stefans letzte Erinnerungslücken. »Gestern Abend dachte ich, du hättest mit Absicht giftige Kräuter gepflückt, nachdem ich das Geld abgelehnt hatte. Es sah ganz danach aus, als wolltest du mich mit der Hundspetersilie davon abhalten, meine Aktion zu starten. Deshalb habe ich das Zeug heimlich zur Seite gelegt und dafür dir ein paar psilocybinhaltige Pilze untergejubelt.«

Stefan griff sich an die Kehle. Mit weiten Augen starrte er Krämer an.

»Na, na«, beschwichtigte der, »das waren doch nur Magic Mushrooms. Bunte Lichter und Zwerge, erinnerst du dich nicht?«

Stefan nickte. »Aber das Zeug jetzt, das ist tödlich?«

Krämer setzte sich betont lässig auf die Tischkante und beugte sich vertraulich nahe zu Stefan. »Ja. Aber sieh mal, was für ein netter Kerl ich bin«, sagte er. »Obwohl ich dachte, du willst mich vergiften, habe ich dich gestern lediglich berauscht. Ich wollte in Ruhe die Vogelattrappen und echten Kadaver verteilen können, die mir Vogelschützer von der Nordsee geschickt haben. Dort kommen nämlich Hunderte Vögel durch die von dir befürworteten Windräder ums Leben!«

»Verstehe«, sagte Stefan hastig und griff sich wieder an die Kehle, »aber ...«

»Aber«, unterbrach Krämer ihn, »du musstest mir ja unbedingt folgen, hast mir – berauscht wie du warst – die Vögel wieder von den Rosenstöcken gerissen, von Lichtern und Zwergen gefaselt und laut gegen meine *blutigen Aktionen* gewettert. Als du handgreiflich wurdest, musste ich dich aufhalten. War vielleicht etwas zu fest, tut mir leid, aber ich bin bei dir geblieben, bis ich sicher war, dass du dich wieder berappelst.«

Stefan stand der Schweiß auf der Stirn. »Aber die Hundspetersilie ...«

»Dagegen gibt es was, wenn«, Krämer kam noch näher und flüsterte dicht an Stefans Ohr, »du dich gleich auf der Tagung gegen Windräder im Rheingau aussprichst und das Vogelsterben thematisierst. Du bist schließlich *die* Instanz, die befragt wird, ob Windräder für eine Region sinnvoll sind oder nicht.«

Stefan richtete sich auf. »Du hast ein Gegengift? Wenn du ein Mensch bist, dann rette mich!«

»Glaubst du, nur du hast das Recht auf Leben?«, herrschte Krämer Stefan an, »aber die Vögel dürfen sich das Genick an den Windrädern brechen? Wenn *du* ein Mensch bist, dann rette die Vögel!«

Stefan stöhnte und vergrub den Kopf in den Händen. Ging es Krämer also um den Wert des Lebens eines jeden Wesens?

Schön und gut, aber hatte er das Recht, auf diese Weise die Achtung vor den Vögeln zu fordern? Doch was brachte ihm jetzt das Urteilen? Er wollte leben. War er doch selbst nur an dem Honorar interessiert, das ihm die Windradfirma für die einseitige Betonung des Nutzens von Windenergie zahlte. »Also gut, ich mache alles, was du sagst, aber gib mir das Gegenmittel!«

Krämer schüttelte den Kopf. »Nicht so schnell, mein Freund. Hundspetersilie wirkt langsam. Erst deine Rede, dann das Gegengift!«

Stefan sah auf die Küchenuhr. »Wenn es denn sein muss! Ich bin als Erster dran, gleich um acht Uhr.«

Krämer nickte zufrieden. »Manchmal muss man eben zu drastischen Mitteln greifen, um Menschen den Wert des Lebens vor Augen zu führen. Wenn du deine Sache gut machst, bekommst du eine zweite Chance!«

Der Tatort

Der Rosengarten im Eltviller Burggraben wurde 1979 angelegt. Im gesamten Stadtgebiet blühen im Sommer Tausende von Rosen in über 300 Sorten mit so klangvollen Namen wie Hildegard von Bingen, La France, Johannes Gutenberg u. v. m. Seit 1988 ist Eltville Rosenstadt und schließt damit an eine Tradition an, die dem Ort schon Ende des 19. Jahrhunderts diese Bezeichnung eingebracht hatte. Die damals im Stadtgebiet von Eltville gezüchteten Rosen waren gefragt bis an den russischen Hof. Viele der alten Sorten sind noch heute im Rosengarten zu bewundern.

Der Rosengarten ist ganzjährig geöffnet. Informationen u. a. zur Rosenblüte findet man unter www.eltville.de.

Anfahrt

mit öffentlichen Verkehrsmitteln:

Mit dem Zug fährt man bis zum Bahnhof Eltville. Von dort sind es circa fünf Minuten Fußweg. Man folgt der Beschilderung zur kurfürstlichen Burg.

mit dem PKW:

Eltville erreicht man von Wiesbaden kommend über die B 42. Man nimmt die Ausfahrt Eltville Zentrum und fährt links immer auf der Rheingauer Staße der Beschilderung folgend Richtung Burg. Am besten parkt man auf dem öffentlichen Parkplatz P2 Weinhohle.

Claudia Schmid

Geschüttelt – aber nicht gerührt

Rheinhessen, Worms-Herrnsheim, Schlosspark

Danke für das Buch! Lese es demnächst. Gruß Lara

Gisbert von Kümmerfels überprüft zum wiederholten Mal den Sitz seiner Krawatte. Ein leichter Anflug von Nervosität überfällt ihn. Was, wenn ihm die Dame nicht zusagt? Doch seine Bedenken sind innerhalb des ersten Augenblicks verflogen, als er die Tür öffnet. Susann gefällt ihm ganz außerordentlich, und ihr Lächeln ist zauberhaft. Sie hat Drive, wie seine Enkelin es ausdrücken würde. Gleich als sie leichten Schrittes sein Appartement betritt und ihm die Wange zum Kuss darbietet, funkt es bei Gisbert. Er hat viel geleistet in seinem Leben. Aus dem kleinen Unternehmen seiner Mutter war ein weltumspannender Konzern geworden. Zumindest nach der einhelligen Meinung der Familie. Na ja, immerhin ein mittelständischer Betrieb mit Filialen auch außerhalb von Worms. Nun genießt er den Herbst seines Lebens nach der Übergabe seiner florierenden Geschäfte an den Sohn. Das zumindest war der Plan gewesen. Aber in einem wenngleich exklusiven Seniorendomizil zu logieren, erweist sich als himmelschreiend langweilig. Bridge und Mau-Mau kann er wenig abgewinnen, nachdem er sein Leben lang ein Entscheider gewesen ist. Vor den beiden verwöhnten älteren Damen aus der oberen Etage, die ihn ständig belagern, ist er beinahe schon auf der Flucht. Auch wenn der Aufschlag ihrer kurzsichtigen Augen noch immer kokett gelingt.

Wenigstens befindet sich seine neue Wohnung in der Nähe des Schlossparks Herrnsheim, sodass er dort jederzeit seine Verfolgerinnen los ist und auf den Spuren seiner Erinnerungen wandeln kann. Vor einem der Rosensträucher hatte ihm seine Frau einst eröffnet, dass sie Eltern würden, und im Park war es auch gewesen, wo er zuvor um ihre Hand angehalten hatte. Er verweilt noch immer gerne dort und hängt dann jenen wundervollen Momenten nach.

Wie sich doch sein Leben seit damals verändert hat! Sein Sohn Ludwig bezieht ihn in keine seiner unternehmerischen Überlegungen mit ein. Überhaupt krempelt er den Laden völlig um und macht alles anders als sein alter Herr. Einmischungen beendet er mit dem Ausruf: »Nun lehn dich doch mal entspannt zurück. Du hast Feierabend! Ich bin jetzt der Chef.«

Dementsprechend ist das Klima zwischen den beiden abgekühlt. Aber Enkeltochter Lara besucht ihn, wenn sie aus England anreist, wo sie ein Studium in Psychologie absolviert. Gisbert wählt mit Freude Bücher für sie aus und sendet sie ihr. So bleiben sie immer in Kontakt.

Nun also Susann. Kennengelernt haben sie sich über eine Kontaktanzeige, deren Inhalt Gisbert sofort gefiel. Denn es ist Zeit für etwas Neues, das spürt er. Er wird seinem Sohn zeigen, dass er nicht zum alten Eisen gehört. Das hat noch lange Zeit.

»Haben Sie gut hergefunden?«

Sie lacht. Darüber, dass sie eine halbe Stunde zu spät kommt, verliert sie kein Wort. Mit flüchtigem Blick mustert sie das Interieur des großzügigen Appartements. Während ihr Blick noch über die Gemälde an der Wand schweift und sie insgeheim deren Wert taxiert, setzt sie sich auf einen der Stühle, den Gisbert ihr zurechtschiebt. »Um es sofort klarzustellen. Ich suche eine Begleitung, wenn ich zu den Festspielen gehe. Und ich zahle immer selbst.« Sie zeigt ein Lächeln. »Diese jungen Kerle, die wollen immer nur in Clubs und so was.« Letzteres erläutert sie nicht genauer.

Gisberts Fantasie gestattet ihm eine Vorstellung davon, was sie meint. Grässlich, diese jungen Kerle, haben überhaupt keinen Stil.

»Mir geht es um Kultur. Ich will mit einem gewissen Niveau ausgehen. Aber wer geht schon gerne allein zu kulturellen Veranstaltungen?« Sie streicht ihr brünettes schulterlanges Haar zurück.

»Lieben Sie Wagner, Frau Terwaag?«

»Sagen Sie bitte Susann.«

»Susann, ich war so lange nicht mehr allein mit einer Dame. Meine Frau ...« Die Erinnerung überwältigt ihn. Brigitte ist kurz vor dem Umzug hierher verstorben.

»Sch, sch, Gisbert, Sie brauchen etwas Ablenkung. Gehen wir an den Rhein?«

Susann versteht es in den folgenden Wochen zauberhaft, Abwechslung in Gisberts Leben zu bringen. Da Gisbert abends von einer leichten Müdigkeit befallen wird, besuchen sie an Wochenenden die Nachmittagsvorstellungen des Theaters. Die beinahe dreißig Jahre Altersunterschied scheinen Susann überhaupt nicht zu stören. Gisbert genießt die bewundernden Blicke seiner Umgebung, wenn er mit ihr am Arm sein Domizil verlässt. Dass sie nicht seine Tochter ist, kann man bereits nach kurzer Zeit an den Blicken zwischen den beiden ablesen und an der Art, wie sie sich berühren. Die Wirkung dieser Bekanntschaft ist effektiver als eine Kur mit hochdosierten Vitaminen. Gisbert fühlt seine alte Spannkraft zurückkehren.

Als er sie an einem Nachmittag in ihrer kleinen Wohnung abholt, steht ihr Laptop auf dem Tisch. Gisbert kann noch eben »wiki...« erhaschen, da klappt Susann ihn auch schon zu und greift nach ihrer Handtasche. Amir, der Taxifahrer, der Gisbert zu seinen Ausflügen fährt, hat den Motor laufen lassen.

Gisbert bittet ihn, sie nach Herrnsheim zurückzufahren – aber nicht in sein Seniorenheim, sondern direkt zum Schlosspark. Er will Susann endlich den Ort zeigen, wo schon einmal eine wichtige Entscheidung für sein Leben fiel. Womöglich ist es an der Zeit, sich erneut zu binden?

»Im Schloss Herrnsheim wurde Heribert von Dalberg geboren! Er war Intendant des Nationaltheaters in Mannheim und führte Schillers Räuber auf.« Susann schnurrt mit sanfter Stimme ihre außerordentliche Bildung herunter. Der Taxifahrer mustert sie über den Rückspiegel, was Gisbert mit Stolz bemerkt. »Er hatte Iffland engagiert. Nach ihm ist der Ring benannt, den der jeweils bedeutendste Theaterschauspieler auf Lebenszeit bekommt.«

Gisbert ist gerührt, denn es ist wirklich ungewöhnlich, dass jemand in Susanns Alter derart viel weiß.

Amir lässt sie am Eingang zum Schlosspark aussteigen.

»In zwei Stunden holst du uns wieder ab.« Mit diesen Worten ist Amir vorerst entlassen.

Gisbert lässt Susann galant den Vortritt durch das offene Tor. Sie schreiten längs der Gartenseite des Schlosses im Empire-Stil, vorbei an der großzügigen Freitreppe hin zu dem kleinen hölzernen Pavillon. Seine ursprüngliche Version, von der die jetzige eine Replik ist, diente seinerzeit den Schlossbewohnern als Kaffeehäuschen. Kinder rennen lachend um den steinernen Tisch im Inneren. Leicht versetzt hinter dem Pavillon befindet sich eine steinerne Siegfried-Statue, direkt neben einem chinesischen Götterbaum. Wenige Schritte geht es eine kleine Anhöhe hinunter, die sie zu der malerischen Teichanlage führen. Die Bäume des zauberhaften englischen Landschaftsparks tragen üppiges Grün, auf den Wiesen blühen Blumen. Auf einer der mit weißen schmiedeeisernen Geländern verzierten, anmutig gebogenen Brücken hat Gisbert damals seiner ersten Frau den Heiratsantrag gemacht. Er weiß noch genau die Stelle. Er findet sogar den Baum mit dem verwachsenen Herzen, das er damals heimlich in den Stamm schnitt. Susann ist bei dem Anblick des Liebeszeichens sichtlich gerührt, als er ihr die damit verbundene Geschichte erzählt. Er spürt tief in sich die Gewissheit der Richtigkeit, jetzt mit seiner neuen Gefährtin hier zu sein. Genau in diesem Park, der in seinem Leben eine wichtige Rolle spielte.

Gisbert legt den Arm um Susanns Taille und genießt den Augenblick. Eine Mutter füttert mit ihrem Kleinen die Enten, die schnatternd aus dem Wasser gekommen sind. Was ist er doch für ein Glückspilz, dass er gleich zwei Mal im Leben eine solche Liebe finden durfte! Er hebt einen kleinen Mistelzweig auf, der ins Gras gefallen ist, und steckt ihn Susann ins Haar. Er fühlt sich derart verjüngt, dass er es am liebsten der bronzenen Figur auf der Mittelinsel gleichmachen würde, die ihre bloßen Füße ins Wasser hält.

»Gehen wir hoch zur Orangerie?« Susann hält seine Hand und führt ihn längs des lavendelgesäumten Weges.

Grandpa, geht es dir gut? Lass von dir hören! Lara

Er hört zwar den Brummton seines Telefons, verspürt jetzt aber wenig Lust, auf die SMS zu antworten. Der Moment ist zu schön, den will er nicht zerstören. Seit bald drei Monaten kennt er Susann nun schon, und jeder einzelne Augenblick mit ihr ist ihm immer noch überaus kostbar.

Gisbert hört das Wasser rauschen.

Susann kommt mit geröteten Augen aus dem Bad.

»Du hast geweint, Liebes?«

»Ich muss dir etwas sagen, Gisbert. Glaube mir, es fällt mir äußerst schwer.«

Er blickt sie fragend an.

Susann senkt ihren Blick. »Ich hatte vor vier Jahren Brustkrebs. Damals wurde ich sofort operiert.« Nun blickt sie ihn an. »Als ich vor einigen Wochen Rückenschmerzen bekam, suchte ich meinen damaligen Arzt erneut auf. Ich dachte, ich hätte zu schwer gehoben.«

»Rückenschmerzen! Das kann man doch heilen!«

»Nein, Gisbert. Meine Wirbelsäule ist von Metastasen befallen.«

»Aber warum hast du nichts gesagt?«

»Ich habe hin und her überlegt. Ich wusste einfach nicht, wie ich es dir sagen soll.« Dicke Tränen laufen über ihre Wangen.

Sie legt ihre Hand auf seine. »Es tut mir so leid, Gisbert."

»Es tut dir leid?« Seine Rührung ist unendlich. Sacht nimmt er sie in den Arm.

Sie streichelt ihn zärtlich. »Wir haben noch ungefähr drei Wochen. Ich werde Morphium bekommen und keine Schmerzen haben.«

Gisbert schluckt die aufsteigenden Tränen weg. »Kann man denn gar nichts tun? Eine neue Therapie?«

Susann senkt ihren Blick. »Nein, es gibt keine Heilung.«

Gisberts Herz füllt sich mit Traurigkeit. Bald wird er an ihrem Grab stehen. Er wird die zweite große Liebe seines Lebens beerdigen. Welch ein Hohn des Schicksals, bei ihrem Altersunterschied! Doch was ist schon Gerechtigkeit?

Da kommt ihm ein Gedanke. Was wäre ein größeres Zeichen seiner Liebe als eine Heirat? Auf ihrem Grabstein würde dann sein Name stehen. Er braucht sich keine Gedanken zu machen über Ehevertrag und irgendwelche Klauseln. Denn er weiß ja, dass er bald schon erneut Witwer sein und dann wieder alles ihm allein gehören wird. Er hält immer noch Anteile an der Firma, die er dem Sohn überschrieben hat. Soll er Ludwig zur Hochzeit einladen? Besser nicht. Der würde nur versuchen, ihm das auszureden. Am besten weiß der gar nichts davon.

»Gisbert, ich habe nur noch diese wenigen Tage. Die verbringen wir zusammen. Eine geschenkte Zeit.«

»Susann, Liebes ...« Gisbert ringt um die richtigen Worte. Mein Gott, wie tapfer diese Frau ist! Dabei ist sie noch so jung. Sein neu gefundenes Glück macht sich daran, zwischen seinen Fingern zu zerrinnen. Flüchtig wie ein zu kurzer Sommer. »Was ist mit mir? Ich bleibe dann allein zurück ...« Er setzt sich.

»Es tut mir so leid. Aber es gibt keine Heilung. Aussichtslos.«

Seinen Heiratsantrag nimmt sie unter Tränen an.

Gisbert liest ihr in den folgenden Tagen jeglichen Wunsch von den Augen ab. Susann verändert sich nicht, sie hat keine Gewichtsverluste und auch sonst sieht sie aus wie immer. Das ist das besonders Heimtückische ihrer Erkrankung, sich nicht zu zeigen und doch immer präsent zu sein. In regelmäßigen Abständen klagt Susann über Schmerzen, die ihr immer unerträglicher werden. Es quält Gisbert unsäglich, zum zweiten Mal zu erleben, wie ein geliebter Mensch verschwindet.

Alles in Ordnung bei dir, Grandpa? Melde dich! Gruß Lara

Gisbert hat jetzt wirklich keine Zeit übrig für irgendwelche Erklärungen gegenüber seiner Enkeltochter, denn er kümmert sich ausschließlich um Susann. Immer nachmittags lässt er sich in ihre kleine Wohnung fahren, denn an den Vormittagen ist der Arzt bei ihr, wie sie ihm berichtet. Auf seinen dringenden Wunsch hin heiraten die beiden. Nur der Standesbeamte, der auf Gisberts Drängen den raschen Termin ermöglichte, und das glückliche Paar sind anwesend. Gisbert verzichtet auf Schnickschnack wie Gütertrennung oder gar einen Ehevertrag, als er gemeinsam mit seiner Angetrauten die Urkunde unterzeichnet. Susann trägt ein buntes Kostüm. Sie will Freude ausstrahlen. Sie erzählt Gisbert unter Tränen, sie habe immer von einer Hochzeit in Weiß geträumt. Aber nun möchte sie eine heitere Braut sein, denn sie wünscht sich, er möge sie so in Erinnerung behalten. In dem bunten Blumenkostüm, das er eigens für sie aus Paris kommen ließ. Gisbert spart an nichts. Den elfenhaften Hals seiner jungen Frau schmückt ein Diamantencollier. Nach ihrem viel zu frühen Tod wird er den Schmuck an Lara weitergeben. Die muss ja nicht wissen, dass er bereits getragen wurde. Die Nächte verbringt Gisbert weiterhin in seinem Seniorendomizil. Seine abendlichen Spaziergänge durch den Schlosspark bewältigt er allein, Susann fühlt sich zu schwach, um ihn zu begleiten.

»Glaub mir, ich habe hier alles.« Susann zeigt ihm ihr Mobiltelefon und zerstreut seine Bedenken. »Schau, ich muss nur diese Kurzwahltaste hier drücken, dann ist mein Arzt innerhalb weniger Minuten bei mir. Ich liege nachts lange wach und habe dabei aus Langeweile den Fernseher laufen, das würde dich in deiner Nachtruhe stören.«

»Aber sobald sich dein Zustand verschlechtert, gehst du in eine Privatklinik. Ich bestehe darauf. Ich will das Beste für dich.«

Schon am Tag nach der Trauung wird Susann zunehmend matter. Sie steht kaum mehr auf. Eine geballte Ladung an Medikamenten füllt ihren Nachttisch.

Gisbert ist mit Sorge angefüllt. »Dein Arzt muss kommen! Der muss was tun!«

»Was soll er denn machen? Es ist doch alles sinnlos. Und ich kann nicht mehr. Meine Schmerzen werden immer unerträglicher. Ich habe aber keine Lust mehr, ständig höher werdende Dosen Schmerzmittel zu nehmen und meine letzte Zeit im Delirium zu verbringen. Es ist mir bewusst, dass ich dir damit großes Leid zufüge, mein Liebster. Aber es geht nicht mehr. Ich werde es beenden.« Sie zeigt auf eine der zahlreichen Medikamentenschachteln. »Das werde ich auflösen und trinken. Ich habe es besorgt, als ich diese Diagnose bekam. Ich will nicht unter Höllenqualen elendig eingehen.«

Gisbert will nicht nochmals der Überlebende sein. Ohne Susann wieder an den quälend langweiligen Gemeinschaftsrunden im Seniorendomizil teilnehmen? Eine wenig verlockende Option. Im Schlosspark nunmehr an zwei verlorene Lieben erinnert werden und dort wieder allein herumspazieren? Es sticht spitz in der Brust, wenn er an seine Enkelin Lara denkt. Aber sie ist jung, hat ihren Freundeskreis. Bald wird sie ihr Studium abschließen und in ihren Beruf einsteigen. Ein schlechtes Gewissen beschleicht ihn, weil er sich in letzter Zeit nicht bei ihr gemeldet hat. Nicht einmal ihre Textnachrichten hat er beantwortet. Aber er ist sich sicher, sie wird es verwinden. Überhaupt! Er ist schließlich nicht mehr der Jüngste, da muss sie ohnehin mit seinem Ableben rechnen. »Wir gehen gemeinsam, Susann. Dann kann uns nichts mehr trennen.«

Schon am nächsten Tag, nachdem beide ihre Abschiedsbriefe verfasst haben, mixt Susann in ihrer Küche die Cocktails. Sie stellt ein blaues Glas vor Gisbert, für sich hat sie ein rotes gewählt.

Gisbert ist ganz ruhig. Er hat Pralinen auf den Tisch gelegt. Als es klingelt, schrickt er hoch. »Erwartest du jemanden?«

»Um Gottes Willen, nein!«

Es klingelt erneut, dies Mal lässt jemand den Finger ziemlich lange darauf. Susann erhebt sich mühevoll und öffnet die Tür.

»Lara! Was machst du denn hier?« Zu Gisberts Entsetzen tritt seine Enkeltochter ein, die er sicher in London wähnt.

Mit raschem Blick erfasst Lara die Szenerie, eilt zu dem Tisch und leert das für Susann gedachte rote Glas in einem Zug.

Gisbert, der sein Glas bereits mit der Hand umschließt, ist unfähig, sich zu bewegen. »Lara, das war ...«

»Gift?« Seine Enkeltochter lacht. »Gift ist nur in deinem Cocktail, Großpapa. In ihrem befand sich ein wenig Alkohol auf Eis.«

Gisbert starrt sie verblüfft an.

»Deine Susann hatte ganz bestimmt nicht vor zu sterben. Ganz im Gegenteil, da ihr keinen Ehevertrag geschlossen habt, wäre sie deine Alleinerbin. Auf so ein Leben verzichtet man nicht, vor allem, wenn man kerngesund ist. Du bist übrigens nicht ihr erstes Opfer. Ich habe mir erlaubt, ein wenig Recherche zu betreiben.« Sie nickt Susann zu. »Sie ist schon eine Weile als Heiratsschwindlerin unterwegs und hat lediglich Freigang, deshalb wollte sie nachts angeblich allein sein.« Lara entnimmt ihrer Handtasche ein Fläschchen, in das sie den ihrem Großvater zugedachten Drink einfüllt.

»Tja, ich fürchte, Sie müssen Ihre Lebensplanung neu überdenken.« Lara fasst Gisbert am Arm. »Komm, Großpapa. Hier gibt es nichts mehr zu reden. Ich habe mir erlaubt, für dich einen Termin bei deinem Anwalt zu machen. Ich denke, du solltest diese Ehe annullieren lassen.«

»Woher weißt du das alles?«

»Da du dich überhaupt nicht mehr bei mir gemeldet hast, habe ich mir Sorgen gemacht. Ich bat meine Freundin, die sich mit so etwas auskennt, sich in dein Smartphone einzuhacken, das ich dir zu Weihnachten geschenkt hatte.« Mit einem Blick zu Susann fährt sie fort: »Ihnen einen Trojaner auf Ihren PC zu senden, war auch nicht weiter schwierig für meine Freundin. Immerhin hat sie Informatik studiert. Den Anhang der Mail über einen Lottogewinn mussten Sie bei Ihrer Veranlagung zwangsläufig öffnen. Ihre in China bestellten Arzneien wollten Sie nicht wirklich schlucken, nicht wahr? Die E-Mails an Ihre Schwester, die die Wohnung hier angemietet hat, waren jedenfalls sehr aufschlussreich. Ihre gestrige Korrespondenz hat mich allerdings veranlasst, sofort einen Flug zu nehmen.« Sie nimmt Gisberts Abschiedsbrief an sich. »Beweismittel! Sie verstehen. Sollten Sie meinem Großvater nochmals nahe kommen oder sich gegen die Aufhebung der Ehe wehren, mache ich von dem Gutachten sowie von Ihren Bestelllisten Gebrauch. Sie wollen bestimmt nicht auf die Vorzüge des Freigangs verzichten und Ihre Haftstrafe verlängern. Ich nehme an, Sie haben wenig Lust auf einen medizinischen Check?«

Susann starrt Lara voll Groll an. Das Küken hat sie mit illegalen Computermethoden hereingelegt.

Der Schock, den Gisbert empfand, als seine Enkeltochter den vermeintlichen Todesdrink leerte, kehrt sich nun um in Wut gegen Susann.

»Moment, Lara, ich habe noch etwas vergessen.«

Mit wundem Blick verfolgt Susann das Einpacken des Brillantcolliers. Vom Wert desselben hätte sie gut und gerne mit ihrer Schwester ein paar Jahre unbeschwert leben können. Pah, raffgierige Verwandtschaft! Der Teufel soll die allesamt holen. Beim nächsten Mal wird sie das soziale Umfeld ihres Zielobjektes genauer ausloten. Dass der alte Herr sie beim Hinausgehen mit keinem Blick würdigt, kränkt sie ungemein.

Voller Wut stopft sie die teuren Pralinen, die Gisbert in seinem Zorn vermeintlich vergessen hat, in ihren Mund. Doch kaum hat sie die ersten verschlungen, wird ihr übel. Noch bevor sie das Badezimmer erreicht, schlägt sie hart auf dem Boden auf, verliert das Bewusstsein. Das Letzte, was sie sieht, ist ihr Abschiedsbrief, der unter den Tisch gefallen ist.

Gisbert, schon immer von einer gewissen Gründlichkeit durchdrungen, hat der Wirkung von Susanns Drink nicht völlig getraut, zur Vorsorge ein hochwirksames Schlafmittel aufgelöst und vorsichtig in die Pralinés injiziert. In dieser Konzentration ist der Wirkstoff unbedingt tödlich. Nach dem Trinken des Giftes hat er sich noch die präparierten Häppchen zu Gemüte führen wollen, denn doppelt hält besser. Es war ihm ein Leichtes, die Schwester im Seniorendomizil abzulenken.

Nun, während er mit seiner Enkelin im Taxi sitzt, hofft er, die Nacht wird nicht zu unruhig werden, wenn der Schlaf der alten Damen aufgrund der Placebos ausbleibt, die er im Tausch im Schwesternzimmer hinterlassen hat. Andererseits wäre es auch nicht schlimm. Denn er wird Lara gleich anbieten, sie heute groß auszuführen. Das hat sie sich wirklich verdient. Er drückt dankbar ihre Hand.

Der Tatort

Der Schlosspark in Worms-Herrnsheim schließt sich an das gleichnamige Schloss an. Der Park ist über mehrere Eingänge jederzeit frei zugänglich und kostet keinen Eintritt.

Der zauberhafte Park wurde gegen Ende des 18. Jahrhunderts vom Gartenarchitekten Friedrich Ludwig Skell im Stil eines englischen Gartens angelegt. Auftraggeber war Wolfgang Heribert von Dalberg, der in Worms-Herrnsheim geboren wurde und später Intendant des Nationaltheaters in Mannheim war.

Anfahrt

mit öffentlichen Verkehrsmitteln:

Der Rheinpfalzbus 434 startet vor dem Hauptbahnhof Worms in Richtung Westhofen. In Herrnsheim sind von der Haltestelle Höhenstraße aus wenige Gehminuten bis zum Schlosspark Herrnsheim zurückzulegen.

mit dem PKW:

Auf der A 61 am Kreuz Worms / Mörstadt abbiegen und Richtung Worms-Herrnsheim fahren. Wer es gemütlicher mag, folgt der B 47 nach Worms und folgt dort ab dem Hauptbahnhof der von-Steuben-Straße. Einige wenige Parkplätze sind seitlich des Schlosses an der Emmrich-Josephs-Straße vorhanden, der eigentliche zum Schloss gehörige Parkplatz ist ausgeschildert und befindet sich wenige Gehminuten entfernt am Ortsrand von Herrnsheim.

Jürgen Heimbach

In der reinen Sphäre treu gehegten Garten- und Familienglücks

Rheinhessen, Mainz, Volkspark, Rosengarten

Mit säuselndem Motor passierte der in zwei Brauntönen lackierte Horch die Kreuzung. Jungs in Lederhosen reckten ihre Köpfe und sahen dem in der Spätnachmittagssonne glänzenden Wagen sehnsüchtig nach. Herrmann-Karl Bender beachtete sie nicht, er hielt Ausschau nach seiner Verabredung, die er nur wenig später am Straßenrand entdeckte. Er ließ den Wagen neben dem Mann in der Uniform eines SA-Sturmführers ausrollen. Dessen Blick glitt über den imposanten Wagen, bevor er die Tür öffnete.

»Steig schon ein, Werner!«, forderte Bender ihn ungeduldig auf.

»Warum so nervös, Herrmann?« Werner Zell verzog seinen Mund zu einem ironischen Lächeln, kam der Aufforderung aber gleich nach. Die Schaftmütze legte er auf seinem Schoß ab.

Bender drückte aufs Gaspedal. Sein mächtiger Bauch berührte trotz der Größe des Fahrzeugs fast das Lenkrad. Mit dem sonoren Klang des Achtzylinders setzte sich der schwere Wagen in Bewegung.

»Nervös?«, stieß Bender hervor. Er klang ungehalten. »Mich macht der Hans nervös, weil der noch immer rumläuft.« Bender blickte vorwurfsvoll zu seinem Nebenmann hinüber. »Du hast gesagt, dass du dich um ihn kümmerst!«

Werner Zell kurbelte das Fenster hinunter. Ein Luftzug wirbelte seine Haare durcheinander. »Ging nicht.« Er klang gleichgültig, was Bender ärgerte.

»Wie? Ging nicht? Es muss gehen. Der Kerl ist unberechenbar.«

Zell nickte stumm.

»Der baut nur Mist«, erregte sich Bender weiter, »und jedes Mal muss ich ihn raushauen. Was der mich schon gekostet hat. Du musst endlich was tun, Werner!« Er wischte sich mit einem Taschentuch den Schweiß von der Stirn.

»Warum gibst du ihm auch immer nach?«, fragte Werner.

Bender bremste den schweren Wagen an der nächsten Kreuzung ab. In zwei Reihen marschierte ein Trupp Jungvolk über die Straße. »Heil Hitler!«, rief einer der Pimpfe herüber.

»Warum wohl nicht?«, blaffte Bender. »Weil er zu viel weiß. Habe ich dir doch schon alles gesagt. Sommer 30, die Befreiungsfeier. In der Nacht haben wir den Kleinknecht kaltgemacht. Hans weiß, dass ich dabei war.«

Zell nickte. »Kleinknecht, der Separatist«, er spuckte das Wort regelrecht aus, »verdient hatte es das Schwein. Das war doch eine vaterländische Aktion, dafür wird dir doch keiner ... Soll der Hans das doch überall rumerzählen.«

Bender unterbrach ihn mit einer rüden Armbewegung, rieb sich mit einer Hand kurz den Nacken.

Zell sah zu ihm herüber. »Da gibt es noch mehr, was der weiß?«

Bender nickte. »Einiges.«

»Das wird denen in der Partei nicht gefallen, vermute ich.«

»So ist es!«, bestätigte Bender zerknirscht. »Ich dachte, du hättest das längst erledigt. Gestern steht Hans vor mir, nicht mehr kleinlaut wie früher. Richtig gedroht hat der, er würde sonst ...«

»Hm.« Der SA-Mann starrte durch die Frontscheibe auf die Straße. An einer großen Wand war ein Plakat angebracht. *10. Deutsche Rosenschau 1935. Im Rosengarten Mainz.* Zells Blick verharrte mit zufriedenem Ausdruck einen Augenblick darauf.

»Alles zu seiner Zeit!«, sagte er schließlich.

»Zeit habe ich keine!« Bender konnte seine Nervosität nur schwer verbergen. Der Schweiß rann ihm in Strömen von der Stirn. Er kurbelte ebenfalls die Seitenscheibe hinunter.

»Beruhige dich, Herrmann!«

»Ich will mich nicht ...«

»Fahr zum Rosengarten!«, forderte Zell ihn kühl auf.

Bender zuckte kurz zusammen, nickte und gab Gas. »Was willst du denn da?«, fragte er.

»Mach schon!«, erwiderte Zell ungerührt. „Ich soll dir doch helfen.«

»Hast du einen Plan?«

Zell antwortete nicht. Schweigend fuhren sie eine Weile, bis rechts und links der Straße großzügig gebaute Villen auftauchten. Hohe Hecken verhinderten den Blick in die Vorgärten. In einigen war die Hakenkreuzfahne gehisst.

»Da hinten rechts«, wies Zell den Fahrer an. »Da kannst du halten!«

Bender brachte das Auto am Straßenrand zum Stehen. »Und jetzt? Was sollen wir hier?«

»Ganz ruhig, Herrmann«, beschwichtigte ihn der Mann auf dem Beifahrersitz. Er streckte seine Hand aus, zeigte auf den Eingang des Rosengartens auf der anderen Seite.

»Hans arbeitet hier. Eine Art Wächter. Damit niemand die Rosen klaut oder kaputtmacht, was weiß ich.« Zell grinste. »Oder wegen der Liebespaare, die nachts hier ihre Schäferstündchen ... Heute Nacht hat er Dienst.«

»Und hier willst du ihn ...?«

Zell nickte. »So einer wie Hans ist der Polizei und der Partei vollkommen egal. Der ist in ihren Augen bloß ein Asozialer. Die würden sein Ableben nicht an die große Glocke hängen. Dies hier ist ein guter Ort.« Er klang vergnügt.

Bender wollte zu einer Erwiderung ansetzen, doch ein lautes Lachen ließ ihn innehalten. Er sah in den Rückspiegel und erkannte eine Gruppe junger Leute, die sich dem Wagen näherten.

»Schicke Karre«, stellte der Größte aus der Gruppe mit spöttischem Unterton fest, als sie an dem Horch vorbeigingen. Er trug eine Schiebermütze lässig auf dem Kopf und eine Sonnenbrille verdeckte seine Augen.

»Wenn du groß bist, Heinrich, kriegst du auch so einen Wagen«, der andere etwa siebzehnjährige junge Mann klopfte dem Großen auf die Schulter, »wenn dein Papi in der Partei weiter so Karriere macht ...«

Die gleichaltrige junge Frau, deren lange blonde Haare weit über das rotgeblümte Kleid fielen, zischte die beiden an. »Müsst ihr immer so reden?! Da fallen wir doch gleich auf.« Sie warf einen unruhigen Blick auf den vornehmen Wagen. Die drei schwiegen, bis sie außer Hörweite waren und in den Eingang zur Rosenschau abbogen. Dort blieb die junge Frau stehen und bewegte ihren rechten Fuß mehrmals hin und her, um einen Stein in ihrem offenen Schuh loszuwerden.

»Ihr nehmt das nicht ernst, oder? Für euch ist das nur ein Spaß«, warf sie den beiden vor, die ebenfalls stehen geblieben waren und ihr belustigt bei ihren Bemühungen zusahen. »Ich dachte, wenigstens auf dich, Clemens, könnte ich mich verlassen.« Sie blickte den jungen Mann im Sommeranzug an.

»Doch, doch, Ina«, entgegnete der mit ernstem Gesicht. »Aber je unauffälliger wir uns verhalten, desto besser.«

Ein älteres Ehepaar flanierte an ihnen vorbei, die Frau sah kurz zu den dreien hinüber, der Mann strich mit dem Daumen über das Parteiabzeichen auf seinem Revers.

»Heilt Hitler!«, grüßte sie der Große und tippte mit dem Zeigefinger an seine Mütze. Das Paar reagierte nicht.

»Was soll das, Heinrich!?«, fauchte ihn Ina an. »Willst du uns in Schutzhaft bringen?« Sie bewegte ihren Fuß noch einmal hin und her, strich sich ihr Kleid glatt und ging an den beiden vorbei durch den Eingang. Der Weg führte abwärts. An der ersten Gabelung bog sie nach links ab.

»Wir müssen nach rechts!«, raunte Clemens von hinten. Zwei Kinder rannten schreiend an ihnen vorbei.

»Ich weiß«, erwiderte Ina, „aber lasst uns doch wie normale Besucher erst einmal durch die Rosenschau spazieren.« Ohne auf ihre beiden Begleiter zu achten, ging sie weiter, bis der Weg einen anderen kreuzte. Sie blieb vor dem Rosenparterre *Goldenes Mainz* zwischen anderen Besuchern stehen. Goldgelb blühende Beetrosen waren in vier Randbeeten um ein Viereck gepflanzt, welches das Stadtwappen von Mainz darstellte.

Clemens und Heinrich drängten sich neben sie, taten interessiert, bevor sie sich in den Strom der zwischen den Beeten schlendernden Rosenbewunderer einreihten.

»Lasst uns endlich zu dem Platz gehen«, forderte Clemens ungeduldig.

Ina bedachte ihn mit einem abschätzigen Blick und wechselte über einen breiten, asphaltierten Weg in den Bereich der Polyantharosen, durchquerte den Schmuckhof mit dem alten Wasserbecken, an den sich der Ausgang in den Volkspark anschloss. Als kein anderer Parkbesucher in ihrer unmittelbaren Nähe war, lüftete Heinrich kurz seine Schiebermütze. »Das ist doch völliger Blödsinn, was wir da vorhaben!«

»Warum soll das auf einmal Blödsinn sein? Bis eben gerade hast du unser Vorhaben doch auch nicht für Blödsinn gehalten«, erwiderte Clemens, ohne ihn anzuschauen, während Ina sich kurz zu ihm wandte.

»Weil es ein Zeichen ist! Damit die Leute merken, dass die …«, sie deutete mit einer Bewegung ihres Kopfes auf zwei uniformierte SA-Leute, die zwanzig oder dreißig Meter vor ihnen gingen, »dass die nicht alles machen können.«

»Was die außerdem«, sprang ihr Clemens bei, »am meisten ärgern wird, ist, dass sie das Gedicht gar nicht verstehen.«

»Falsch verstehen«, korrigierte ihn Ina. »Die lesen nur den erschlagenen Juden und die deutsche Weise.«

Heinrich ließ sie nicht aussprechen. »Aber das ist es ja! Niemand wird eure Spitzfindigkeiten überhaupt bemerken.

Die werden sich ärgern, dass jemand eine deutsche Eiche mit Zetteln besudelt, aber mehr …«.

»Pscht!«, mahnte ihn das Mädchen, leise zu sein, und die beiden Jungs gehorchten.

Der Weg stieg leicht an, bis sie einen sandigen Platz erreichten, etwa zwanzig Meter im Durchmesser und ringförmig von einigen großen Eichen umgeben. Am linken Rand stand ein Verkaufspavillon, vor dem in einer Reihe mehrere Menschen geduldig warteten. Sie setzten sich auf die hölzerne Bank, Ina zwischen die beiden Jungs.

»Hier soll der Schinderhannes geköpft worden sein?«, fragte Heinrich. Der Zweifel in seiner Stimme war unüberhörbar.

»Ja, so habe ich es gelesen«, bestätigte Clemens. »Weil innerhalb der Stadtmauern zu wenig Platz war. Es sollen damals 30.000 Leute gekommen sein. Zur Erinnerung an die Hinrichtung wurden diese Eichen hier gepflanzt.«

Heinrich blickte die beiden anderen spöttisch an. »Ob zu unserer Hinrichtung auch so viele kommen?«

»Hast du jetzt doch Schiss?« Clemens sah ihn über Ina hinweg mit erregtem Blick an. »Wir müssen ein Zeichen setzen. Ein Gedicht von Apollinaire, einem Franzosen italienisch-polnischer Abstammung, der den deutschen Schinderhannes besingt, der die Franzosen bekämpft hat, aber genauso Geschäfte mit ihnen gemacht und sich ihnen vor Gericht feige angedient hat. Das versteht nicht jeder, aber wer will, kann es verstehen. Und wir können immer sagen, dass es uns um den Franzosenfeind geht, wenn man uns …« Clemens war beim Sprechen immer erregter geworden.

»Leise!«, zischte Ina.

»Uns hinrichtet?!« Heinrich missachtete ihre Ermahnung. »Das ist doch alles intellektuelles Gequirle.«

Erst die Stimmen anderer Parkbesucher, die sich von zwei Seiten dem Rund näherten, ließen alle drei verstummen.

Ina nahm aus ihrer Handtasche den Ausstellungskatalog. Die Schwarzweiß-Abbildung einer Rose sowie der Titel

Deutsche Jubiläums-Rosenschau Mainz 1935, 6. Juli bis 30. September zierten den Umschlag. Schnell blätterte sie eine Seite auf und las laut vor. »Gartenkultur ist heute Volksgut, ja eine der Grundlagen deutscher Volkskultur geworden«, sie sah abwechselnd nach rechts und links wie eine Lehrerin, die sich vergewissern will, dass die Schüler ihr auch aufmerksam zuhören, »weil der deutsche Garten der kostbarste Schatz unserer Heimat ist, weil deutsches Gartenleben, arteigen und innerlich verbunden mit edler Heimkultur, der Gesundbrunnen unserer Zeit geworden ist, weil die Gartenkultur unserer Tage das Bindeglied aller unserer Volksgenossen ist, die sich zurücktasten und -sehnen aus der Unkultur ungesunden Asphaltes in die reine Sphäre treu gehegten Garten- und Familienglücks.«

Sie klappte das Heft zu und musste ein Lachen unterdrücken. Zwei ältere Frauen, die vorbeikamen, sahen kurz zu den dreien hinüber und grüßten mit einem wohlwollenden Nicken.

»Es wäre zu komisch, wenn es nicht so ernst wäre«, flüsterte sie.

»Hast du das Gedicht denn abgetippt?«, fragte Clemens.

»Natürlich«, erwiderte Ina leicht entrüstet, »auf der Schreibmaschine, die verstaubt auf dem Speicher der Schule steht. Findet keiner.«

»Wie schlau«, spöttelte Heinrich wieder.

»Du musst ja nicht mitmachen, wenn dir das zu blöd oder zu kindisch ist«, blaffte Ina ihn an, »aber ich will nicht den Heldentod sterben und …«

Zwei Männer in Arbeitsanzügen näherten sich ihnen mit schnellen Schritten und unterhielten sich laut.

»Hans, du musst heute Nacht besonders aufpassen. Gestern Nacht haben sich wieder irgendwelche Leute in der Rosenschau rumgeschlichen. Augen auf, und wenn nötig, eins über die Rübe!«

Der Angesprochene lachte gequält.

Ina, Clemens und Heinrich sahen den beiden Männern nach, bis sie bei den ersten Rosenbeeten stoppten und sich zu einer Pflanze hinabbeugten, um sie besser begutachten zu können.

»Riech mal!«, sagte Braun, der Ältere, und bog die Rosenblüte ein wenig zu Hans hinüber, der seine Nase vorstreckte und die Luft tief einsog.

»Hm«, ließ Hans undeutlich verlauten und erhob sich wieder.

»Komm mit!«, befahl Braun, dem Hans' Desinteresse offensichtlich missfiel. »Hier kannst du viel lernen.«

Die nächste Stunde bis zur Schließung der Rosenschau führte der ältere Mann Hans zu verschiedenen Beeten, und es schien ihm Freude zu bereiten, den Untergebenen mit seinem Wissen zu malträtieren. Hans ließ alles geduldig über sich ergehen, bis Braun Punkt sechs Uhr den Park verließ. Nun hatte Hans seine Ruhe, würde seine Runden drehen, sein Zigarettchen qualmen und später vom Selbstgebrannten trinken. Es war eine angenehme Arbeit, nicht gut bezahlt, aber dafür hatte er ja Bender, der ihn bisher großzügig unterstützt hatte, wenn auch in letzter Zeit widerwillig. Er würde ihm klarmachen müssen, dass alles seinen Preis hatte, auch sein Schweigen.

Zufrieden mit sich begann Hans seinen ersten Kontrollgang, bei dem er einen älteren Herrn wecken musste, der auf einer Bank eingeschlafen war. Er begleitete ihn zum Ausgang, dann zog er sich zurück für die erste Zigarette. Alle Stunde machte er einen weiteren Rundgang und zu seiner Zufriedenheit blieb alles ruhig. Der Selbstgebrannte ließ ihn sich wohlig fühlen, doch eine Viertelstunde vor Mitternacht meinte er von einer Stelle südlich des Eingangs, wo der Verkaufspavillon stand, Geräusche zu hören, unachtsame Schritte auf dem losen Untergrund. Er lauschte einige Sekunden und wollte das Ganze schon für Einbildung halten, als er auch ein Klopfen vernahm. Er dimmte seine Leuchte so weit herunter, bis kaum etwas zu erkennen war, dann machte er sich auf den Weg. Mit jedem Schritt wurde das Klopfen deutlicher. Nun trug der Wind auch leise Stimmen zu ihm herüber. Hans zog seinen Schlagstock aus dem Futteral und schritt langsam weiter, bis er im fahlen Licht des Mondes die Umrisse mehrerer Personen erkannte. Während er überlegte, wie er ihrer habhaft werden konnte, ohne sich selbst in Gefahr zu bringen, trat er gegen eine freiliegende Wurzel, stolperte, kiekste kurz auf, kämpfte gegen den Verlust seines Gleichgewichtes, und als er sich endlich gefangen hatte, hörte er in einem Atemzug die Ausrufe »Achtung!« und »weg hier!« und sich schnell entfernende Schritte, die bald in dem weiten Gelände des Parks verhallten.

Vorsichtig machte sich Hans auf den Weg zu den Bäumen, drehte seine Lampe wieder auf, inspizierte den Pavillon, stellte sich in das Rund und leuchtete umher. Das einzige, das ihm schließlich auffiel, war ein Blatt Papier, das an einem der Bäume hing. Er ging näher heran und erkannte, dass es mit einem Nagel an dem Stamm befestigt war. Das Klopfen, erinnerte er sich. Neugierig begann er zu lesen. »*Guillaume Apollinaire*«, entzifferte er die großen Buchstaben, darunter ein Name, den er kannte, »*Schinderhannes*«, dann in kleinerer Schrift, trotz der Leuchte schwer zu lesen, »*Im Wald macht sich mit seiner Bande / Schinderhannes von Waffen frei / Es wiehert liebestoll der Räuber / Bei seiner Räuberbraut im Mai*«. Hans schüttelte den Kopf, überflog die Verse bis zu den letzten Zeilen: »*Heut Abend muß ich noch erschlagen / Den reichen Juden dort am Rhein / Wenn die geharzten Fackeln brennen / Maiblume soll der Gulden sein // Nun wird geschmaust die ganze Bande / Beim Essen furzt sie laut und lacht / Wird dann gerührt nach deutscher Weise / Eh sie sich brav ans Morden macht.*«

Hans versuchte Sinn in die vielen Worte zu bringen, als von einem entfernten Ort im Park kurz Lichter aufflammten und lautes Geschrei anhob. Er ging in Richtung des Lärms, der aber gleich wieder erstarb. Obwohl er sich intensiv umschaute, konnte er nichts erkennen. Die Lust auf den Selbstgebrannten ließ ihn Zettel und Lärm schnell vergessen und er trottete zurück zur Rosenschau.

Kaum war er auf der Höhe des Beetes mit dem Stadtwappen, hörte er gedämpfte Stimmen. Verärgert, weil der Selbstgebrannte warten musste, wollte er sich umwenden, um nach dem Rechten zu sehen. Doch in der Bewegung wurde er von hinten gepackt, und eine Hand legte sich entschlossen auf seinen Mund. Unfähig, einen Schrei auszustoßen, wand er sich, versuchte sich zu befreien, während die Stimmen näherkamen, wurde weiter von dem Weg weggezerrt, spürte das kühle Metall einer Klinge an seinem Hals.

»Los, los, Beeilung! Eben konntet ihr doch auch rennen wie die Hasen«, sagte einer von den Männern, die die drei jungen Leute gestellt hatten, und gab Heinrich zur Bekräftigung einen heftigen Stoß in den Rücken, der ihn vorwärtstaumeln ließ.

»He«, beschwerte der sich, was sogleich einen weiteren Stoß zur Folge hatte.

»Wir wollten nur im Park spazieren. Es ist so eine laue Nacht«, begann Ina, wurde aber von einem herrischen »Schnauze halten!« aus dem Mund eines anderen Mannes abgewürgt. »Spazieren gehen! Mit Hammer und Nägeln, ja?«

Sie passierten die Rosenbeete jetzt auf Höhe des kunstvoll arrangierten Stadtwappens.

»Haben wir gefunden und wollten sie morgen abgeben.«

»So, so«, lachte ein dritter Mann gehässig, als sie die Jugendlichen durch den Ausgang des Rosengartens zur Straße führten, wo man schon deutlich die schnell herannahenden Fahrzeuge hören konnte. »Stehen bleiben und nicht rühren!«, befahl eine Stimme.

»Warum hast du den Hammer und die Nägel nicht weggeschmissen, Idiot!«, zischte Clemens Heinrich zu, als der neben ihm stand.

»Ruhe!«, blaffte sie einer der Männer an. Im Schein der Straßenlaterne konnten sie nun erkennen, dass die vier Männer, die sie überwältigt und hierher gebracht hatten, zivil trugen, dunkle Anzügen und leichte Übermäntel. Nur wenig später erschienen eine Limousine und ein Kleintransporter, auf dessen Ladefläche die drei gedrängt wurden. Clemens erhielt, als er kurz zögerte, einen Schlag mit der Faust auf den Hinterkopf.

Dumpf und schweigend hockten sie auf den Holzbänken der Ladefläche und wagten nicht, einander in die Augen zu schauen. Zwei der vier Männer saßen bei ihnen. Nach kurzer Fahrt erreichten sie die Polizeidirektion im Dalberger Hof, wo die Wagen hielten und einer der Männer sogleich vom Lastwagen heruntersprang. Der andere gab Ina, Clemens und Heinrich mit einem stummen Zeichen zu verstehen, ihm zu folgen. Sie wurden in den Keller des Gebäudes geführt und in drei Zellen gesperrt.

Verwirrt und verängstigt, müde und zermürbt von den Geräuschen in der Nacht wurden sie früh am nächsten Morgen zum Volkspark gefahren, in dem bis auf zwei Hilfspolizisten am Eingang noch kein Mensch zu sehen war. Der Platz mit den Eichen und dem Pavillon war mit einem Band abgesperrt. Zwei Männer erwarteten sie dort. Ina, Clemens und Heinrich sahen sich nervös um. An den Bäumen hingen noch die Zettel, die sie in der Nacht befestigt hatten.

»Könnt ihr mir erklären, wie diese Pamphlete hierhergekommen sind?«, fragte einer der beiden, großgewachsen und mit spitzem Gesicht und runder Brille, durch die er die Ankömmlinge eindringlich musterte.

Clemens schwieg, Heinrich sah vor sich hin, nur Ina wagte zu antworten. »Ich habe keine Ahnung, wie die dahin gekommen sind.« Sie klang matt.

Regungslos betrachtete sie der Mann, bis er seinem Kollegen ein Zeichen gab und der aus einer Kiste neben ihm auf dem Boden einen Hammer und mehrere Nägel nahm und den jungen Leuten entgegenstreckte.

»Komisch, nicht wahr, dass wir einen Hammer bei euch gefunden haben wie auch Nägel, die, oh seltsamer Zufall, die gleichen sind, mit denen diese Zettel«, er deutete mit dem Hammer auf einen von ihnen, »an den Bäumen befestigt wurden.« Er sprach ruhig und gewährte jedem einen langen Blick, bevor er fortfuhr. »Die Zettel sind eine Lappalie, eine Beschmutzung von Volkseigentum. Warum ihr den Schinderhannes … egal! Ein paar Stunden im Arbeitsdienst, und die Sache wäre erledigt, aber dass ihr …«, er gab ihnen ein Zeichen, ihm zu einem Busch hinter den Eichen zu folgen.

Verständnislos blickten die drei sich an und ihr Ausdruck wechselte zu Entsetzen, als sie die Leiche erblickten, die nur oberflächlich von einigen dünnen Ästen verdeckt wurde. Sie waren so erschrocken, dass sie den Ausruf von dort, wo sie gerade noch gestanden hatten, kaum verstanden.

»Gehen Sie bitte außen herum, Herr Sturmführer. Polizeiliche Ermittlungen, mehr kann ich Ihnen im Moment nicht dazu sagen.«

Werner Zell nickte, sah kurz zu Bender neben ihm, dem schon der Spaziergang den Schweiß auf die Stirn getrieben hatte. Sie machten kehrt und liefen in einem weiten Bogen zum Ausgang, bis Bender es nicht mehr aushielt. »Klär mich endlich auf, Werner!«, forderte er. Zell blickte den keuchenden Mann neben ihm stolz und zufrieden an.

»Gelegenheiten muss man nutzen. Ich habe in der Nähe der Bäume, da wo dein toter Hans …«

»Das ist nicht *mein* Hans«, widersprach Bender.

»Schon gut, schon gut«, lenkte Zell jovial ein. »Die jungen Leute, die wir eben sahen, haben heute Nacht irgendwelche Zettel an die Bäume gehängt.«

Bender blickte ihn fragend an, Zell zuckte mit den Schultern. »Dann habe ich den toten Hans da abgelegt. Wer weiß, was sich daraus ergibt, dachte ich, aber dass es so gut läuft …« Er schmunzelte. »So ist sie eben, die Vorsehung.«

Bender blickte ihn bewundernd und erschrocken zugleich an. »Vor dir muss man ja richtig Angst haben, Werner.«

»Nur die Feinde der deutschen Sache, Herrmann, aber zu denen zählst du ja nicht als einer der Kämpfer der ersten Stunde. Und jetzt, würde ich sagen, leisten wir uns eine deftige Brotzeit. Übrigens, dein Geschäft, ich würde da gerne einsteigen«, sagte er mit einem maliziösen Lächeln.

»Mein Vater ...«, hörten sie hinter sich und drehten sich um.

Die drei jungen Leute wurden an ihnen vorbeigeführt. Bender meinte sie schon einmal gesehen zu haben.

»Mein Vater ist in der Partei ein hohes Tier«, rief der Größte von ihnen hilfesuchend.

Der Tatort

Der Rosengarten ist ein Teil des Mainzer Volksparks, der Anfang des 19. Jahrhunderts von dem in Versailles ausgebildeten Mainzer Landschaftsarchitekten Peter Wolf im Stile eines englischen Landschaftsparks entworfen und zwischen 1820 und 1825 gegenüber der Mainmündung gebaut worden war. Der Rosengarten wurde 1923 anlässlich der Jahrtausendfeier der Rheinlande nach Plänen des Niersteiner Gartenarchitekten August Waltenberg angelegt. Für die Rosenschau 1935 wurde der Rosengarten erheblich erweitert und modernisiert. Die Gestaltung übernahm der Gartenarchitekt M. Mappes, der zeitbezogen mit Runenelementen arbeitete. Auf der Ausstellung wurden über 16.500 Rosen in rund 400 verschiedenen Sorten präsentiert. 1962 wurde der Rosengarten nach einer weiteren Umgestaltung unter Denkmalschutz gestellt.

Der Volkspark ist jederzeit frei zugänglich – über die Verbindungsbrücke zwischen Volks- und Stadtpark (westlicher Ausgang Volkspark) sowie über die Karl-Weiser-Straße (Osteingänge Stadtpark), über die Straßen An der Favorite, Am Rosengarten und Auf dem Albansberg (Osteingänge Stadtpark), über die Salvatorstraße, die Weisenauer Straße sowie über die Eisenbahnbrücke (Nordeingänge Stadtpark).

Anfahrt
mit öffentlichen Verkehrsmitteln:
Zu erreichen ist der Volkspark vom Hauptbahnhof mit den Buslinien 62, 63 und 92, Ausstieg Haltestelle Volkspark.

mit dem PKW:
Der Volkspark bzw. der Rosengarten im Mainzer Grüngürtel zwischen Alt- und Oberstadt liegt in fußläufiger Entfernung zur Mainzer Innenstadt. Parkmöglichkeiten in der Göttelmannstraße

Dominick Mondorff

Zweimal dieselbe Zeugin

Hanau, Kurpark Wilhelmsbad

Immer noch sitze ich auf der Parkbank, die Tasche mit dem Tablet-PC an meinen linken Oberschenkel gelehnt, die Zeugin Rose Träffers rechts neben mir. Wir schweigen. Ich denke über ihre Aussage nach.

Jeder Mordfall ist anders, unterscheidet sich, beinhaltet Ungewöhnliches. Dieser Fall aber ragt heraus nach so vielen Berufsjahren. Dieser Täter, diese Zeugin.

Wir sitzen gegenüber der kleinen Burg mitten im historischen Landschaftspark Wilhelmsbad. Zwischen uns und der Burg verläuft der Braubach. Er ist zugleich der Burggraben. Linker Hand die kleine Brücke, über die man rechts zur Burg und nach links zu dem nicht sehr hohen, teilweise verfallenen Rundturm gelangen kann, dem Rest der ehemaligen Burgküche. Er ist auf einen niedrigen Hügel gebaut. Oben befindet sich ein offener Zugang zu einem kleinen, runden Raum. Unten führt ein Weg vorbei, von dem aus man ebenerdig zu einer Tür und einer davor gelegenen kleinen Nische gelangt.

Den ganzen Tag über hatten meine Leute im gesamten Park zu tun. Ich habe sie nach Hause geschickt, sitze hier noch allein mit Frau Träffers, dieser besonderen Zeugin. Unsere Vernehmung ist seit einiger Zeit abgeglitten, weg vom Dienstlichen. Es ist privater und persönlicher, als es sein darf zwischen dem Ermittler und der wahrscheinlich wichtigsten Zeugin.

Ich habe ihr von meinen in den letzten Jahren nachlassenden sportlichen Aktivitäten berichtet. Sie hat voller Stolz hervorgehoben: »Ich war eine leistungsstarke Schwimmerin, richtig gut durchtrainiert.«

Wir haben ein ganz lockeres Gespräch geführt, das nun eine düstere Wende erfahren hat. Gerade hat sie mir von ihrem Motorradunfall erzählt. Sie waren zu zweit im Taunus unterwegs, ihr Freund mit seinem Motorrad hinter ihr. Schnittig hat sie sich in die Kurve gelegt, ist korrekt auf dem rechten Fahrstreifen geblieben. Doch die Sicht war plötzlich gestört von einem entgegenkommenden Motorrad mit weit aufgeblendeten Scheinwerfern. »Ist weiter gefahren. Unfallflucht«, sagt sie. »Der Unfall hatte schlimme Folgen. Bis heute.« Sie deutet auf ihr linkes Bein. »Wer genau hinschaut, merkt, dass ich leicht hinke. Damals Knochenbrüche, Halskrause, Wochen in der Klinik.« Sie macht eine Pause, fährt fort: »Dennoch, bei mir ging das glimpflich ab. Nie verwunden habe ich den Tod meines Freundes. Er musste meiner schlingernden Maschine ausweichen und prallte dabei mit ungebremster Geschwindigkeit gegen einen Baum. Er war sofort tot. «

»Es gab keine Chance, den Unfallverursacher zu finden?«, frage ich voller Mitleid.

»Nein«, antwortet sie. »Ihre Polizeikollegen sahen das als aussichtslos an. Die Lokalpresse hat den Hergang kurz geschildert, nach Zeugen gefragt, niemand hat sich gemeldet. Einer der Beamten war so einfühlend zu bemerken, wegen einer möglicherweise fahrlässigen Tötung könne er doch keine Großfahndung auslösen! Wochen nach meiner Entlassung aus dem Krankenhaus habe ich auf eigene Faust recherchiert. Der Mitarbeiter einer Tankstelle hatte – wahrscheinlich kurz vor meinem Unfall- eine Motorradfahrerin bedient. Kein guter Typ.«

»Kein guter Typ?«, will ich wissen.

Träffers erinnert sich: »Der Mann hat getönt: Stehe normalerweise auf Blondinen. Aber bei der hätte ich umsatteln können. Alles in schwarz, einschließlich der Haare, selbst die Augen funkelten dunkel – ein Teufelsweib. Aber er erinnerte sich an kein Kennzeichen, nicht einmal an die Marke des Motorrads.«

Ihre jüngere Schwester ist vor dem tödlichen Ereignis ebenfalls bei einem Motorradunfall ums Leben gekommen. Dieser doppelte Schicksalsschlag klingt beklemmend. Danach war sie lange Zeit nur noch mit ihrem neuen Freund unterwegs. »Es war eine herrliche Zeit. Bis zu unserem Unfall.«

»Sie hatten nach dem tödlichen Unfall Ihres Freundes keine Hilfe?«

»Hilfe von wem denn?«, erwidert sie fast ein wenig empört. »Ich müsse darüber hinwegkommen, legten mir Wohlmeinende nahe. Sollte mich nicht scheuen vor professioneller Hilfe! Hätte wahrscheinlich eigene Schuldgefühle und gleichzeitig zu viel Selbstmitleid. Aber einem Seelenklempner unterwerfe ich mich nicht.«

»Aber richtig wütend waren Sie nicht auf die Person, die den Tod Ihres Freundes verursacht hat?«, frage ich. »Es gibt Leute, die würden Unfallverursacher am liebsten umbringen, weil die ihnen so viel Leid zugefügt haben!«

Sie schaut mich an, nachdenklich, schweigt einige Zeit, nickt: »Sie meinen, ich hätte mich sonst an der Frau gerächt?« Ich antworte nichts, auch sie schweigt wieder. »Ehrlich gesagt: Lange Zeit durchzuckte es mich, wenn ich eine Frau mit dunklen Haaren in Motorradkluft gesehen habe. Da habe ich schon so etwas gespürt wie«, sie zögert eine Weile, »wie Hass.«

»Stellvertretend sozusagen?«

»Stellvertretend sozusagen«, bestätigt sie. Doch dann beeilt sie sich nachzuschieben: »Aber eine Unschuldige, die kann man doch nicht hassen dafür, nur weil sie ähnlich aussieht.«

Ihre Augen werden feucht. Unser Gespräch macht sie offenkundig traurig. Eine schlimme Geschichte, denke ich mir. Eigentlich tut es ihr wohl gut, dass sie all ihr Leid bei mir nach außen kehren kann.

Deshalb sage ich: »Frau Träffers, es ist ein so trauriges Leben, das Sie schildern. Und doch höre ich Ihnen gerne zu.

Aber jetzt müssen wir langsam wieder dienstlich werden. Zeugin und Ermittler, die sollten …«

»Ich verstehe schon«, sagt sie und kommt zum Thema zurück. »Die Geschichte von vor fünfzehn Jahren, die kennen Sie doch sicher Punkt für Punkt aus den Akten.«

Bevor ich herkam, habe ich mich natürlich über die Ereignisse von damals aus den Akten informiert. Routine. Konrad Songradi saß mit seiner Lebensgefährtin auf der Bank im Hanauer Kurpark Wilhelmsbad. Auf der Bank, auf der ich jetzt neben der Zeugin Platz genommen habe. Sie stritten sich heftig. Konrad Songradis junge Freundin war ihm auf die Schliche gekommen. Das Haus, in dem beide wohnten, gehörte ihm gar nicht. Aber genau das hatte er immer behauptet. Das Haus stand im Eigentum seiner Großmutter. Er rechnete als Omas Liebling allerdings damit, dass sie ihm das Haus schenkte oder wenigstens eines Tages vererbte. Das war aber alles andere als sicher.

»Von dem Inhalt des Gesprächs der beiden damals habe ich nur wenig mitbekommen«, betont Rose Träffers.

»Die beiden haben sich zwar laut unterhalten, sehr laut sogar«, zeige ich meine Aktenkenntnis und fahre fort, »aber Sie waren so weit von der Parkbank entfernt, dass Sie nur einzelne Wörter verstehen konnten.«

»Ja. Außerdem wollte ich gar nichts hören. Immer nur Unglück und Streit. Mein Freund war noch nicht lange tot.«

»Wir wissen ja, wie das Gespräch verlaufen ist«, antworte ich. »Er hat ja alles selbst vor Gericht dargestellt. Sie ist weggelaufen. Über die kleine Brücke da links.« Ich deute mit der Hand auf die Brücke über dem Burggraben. »Hysterisch zeternd, wie er selbst eingeräumt hat.«

Träffers bestätigt: »Ja. Es war spät. Fast dunkel und kalt. Und keine Leute mehr unterwegs. Ich habe mich noch einmal umgedreht, als ich mich von der Parkbank etwa fünfzig Meter entfernt hatte.« Sie deutet auf den Weg, der hinter uns von der Bank wegführt, Richtung Puppenmuseum, auf die andere Seite des Parks. »Da stand Songradis Freundin gerade auf und lief davon. Von meinem damaligen Standpunkt aus in die mir entgegengesetzte Richtung auf die Burg zu.«

»Und er blieb auf der Parkbank sitzen?«

»Ja, sie rannte weg, laut schimpfend. Er gestikulierte zwar wild, blieb aber auf der Bank sitzen.«

»Er hat behauptet, weggegangen zu sein, als er sie nicht mehr sehen konnte. Links am Graben entlang sei er gelaufen, also nicht über die Brücke, sondern daran vorbei Richtung Comoedienhaus, dem Tourneetheater.«

»Das kann gut sein«, stimmt Träffers zu und bestätigt einmal mehr den Akteninhalt. »Ich habe ihn nicht länger beobachtet. So spannend war die Szenerie auch wieder nicht.«

»Sie waren im Zeugenstand skeptisch, was seine Schilderung betraf«, wende ich ein. »Sie waren sich nicht sicher, ob er seiner Freundin nicht doch über die Brücke gefolgt ist.«

»Skeptisch ist das falsche Wort. Ich habe damals nur darauf hingewiesen, dass er nicht sehr lange in Richtung Comoedienhaus unterwegs gewesen sein konnte. Denn bald schon ertönte dieser markerschütternde Schrei. Ich lief sofort zurück, habe ihn aber auf dem Weg zum Comoedienhaus schon nicht mehr gesehen. Er muss also die Brücke überquert haben und hinter dem Turm verschwunden sein. Also kann er, als seine Freundin in Todesangst schrie, nicht weit von ihr entfernt gewesen sein.«

»Auch er hat geschildert, dass er erst wenige Schritte an der Brücke vorbeigelaufen sei, als er jenseits des Burggrabens den Schrei seiner Freundin gehört habe«, zitiere ich seine Aussage. »Für einen Moment sei er schockiert gewesen, dann umgekehrt, über die Brücke gelaufen und habe seine Freundin erstochen am Boden hinter dem Turm gefunden. Und Sie, Frau Träffers, überquerten kurze Zeit später die Brücke?«

Sie bestätigt: »Ich eilte über die Brücke. Nach kurzem Suchen habe ich die beiden gefunden. Sie lag am Boden. Erstochen. In der kleinen Nische vor der Tür am Fuß des Turms. Er stand neben ihr. Hatte Handschuhe an. Stand fassungslos da und stammelte, er sei es nicht gewesen.«

Träffers ist von der Erinnerung offensichtlich betroffen. »Er war so außer sich, so verstört. Erst als ich mich neben ihn stellte und fragte, ob sie tot sei, ging er auf die Knie, zog seinen rechten Handschuh aus, nahm ihre Hand. Kein Puls, murmelte er leise und geistesabwesend, kein Puls.«

Songradi hatte zu Protokoll gegeben, dass er Träffers Kommen nicht registriert habe. Irgendwann, er wisse nicht wann, habe sie neben ihm gestanden.

Aus der Urteilsbegründung folgt, dass das Gericht damals ganz wesentlich darauf abgestellt hat, dass der Braubach Burg und Turm komplett umschließt. Der Tatort liegt somit auf einer ausschließlich über die Brücke zugänglichen Insel. Die Urteilsbegründung folgerte: Falls man Songradi als Täter ausschließen wolle, so müsste der wahre Täter schon länger auf der Insel auf sein Opfer gewartet haben. Denn vor dem Streit habe niemand die Brücke überquert. Doch warum sollte ein Täter dort auf ein Opfer lauern? Woher hätte er wissen sollen, dass die Frau die Insel betreten würde? Zudem: Wie hätte der Täter wieder unerkannt die Insel verlassen können?

»Er war ja eigentlich sehr offen vor Gericht«, finde ich. »Er hat zugegeben, dass nicht nur seine Freundin wütend auf ihn war, sondern er auch auf sie. Sie hat ihn immer getrieben: das Auto nicht groß genug, das Geschenk nicht teuer genug, die Karriere nicht erfolgreich genug. Er habe sie geliebt, unglaublich geliebt. Er habe gefürchtet, sie verlasse ihn, wenn er nicht einmal eine Wohnung habe, die ihm gehört.«

»Ja. Ich dachte damals auch, dass er sehr offen ist. Eine Taktik seines Verteidigers vielleicht, um glaubwürdiger zu erscheinen«, vermutet Träffers.

»Haben Sie mit ihm über die Geschichte gesprochen, gestern Abend?«, frage ich sie.

»Natürlich! Über nichts anderes. Deswegen wollte er mich doch hier im Park treffen.«

»Wissen Sie, dass das sehr, sehr ungewöhnlich ist«, sage ich. »Ein Mann wird verurteilt, verbringt fünfzehn Jahre hinter Gittern, wird entlassen und sucht schon am Tag darauf den Kontakt zu der Zeugin, die ihn mit ihrer Aussage entscheidend belastet hat.«

»Er rief mich an. Ich trage bis heute den Namen, den er vom Prozess her kannte. Man findet meine Telefonnummer leicht im Internet.«

»Sie haben sich sofort an seinen Namen erinnert?«

»Eine Überraschungssekunde, dann hat's geklickt und mir entfuhr: Songradi, der … Ich machte eine Pause, in die hinein er sagte: Songradi, der Mörder. Der angebliche Mörder. Ich bin unschuldig. Ich habe sie nicht umgebracht.«

»War es Ihnen unangenehm, sich mit einem Täter, der bis heute leugnet, zu treffen?«

»Wissen Sie, wenn Sie Zeugin sind und beschuldigen jemanden, der dann Jahre später anruft und weiterhin behauptet, er war's nicht, dann läuft es Ihnen womöglich kalt über den Rücken.«

»Womöglich? Also Ihnen nicht?«, will ich wissen.

»Wieso fragen Sie? Sie kennen doch die Akten. Ich habe ihn gar nicht beschuldigt. Was ich erzählt habe, hat er ja selbst bestätigt.«

»Sogar den Schrei«, stimme ich ihr zu. Wieder berufe ich mich auf das, was ich aus den Akten weiß: »Der Täter hat die Frau gepackt und erstochen. Und dabei Handschuhe getragen.«

»Ja«, antwortet sie. »Er hat nichts abgestritten. Nicht, dass er neben ihrer Leiche stand, nicht, dass er Handschuhe trug, nicht den Schrei, nicht, dass ich dazu kam.«

Das Tatmesser fand man unter der Leiche versteckt. Ein gängiges, aber uraltes Fabrikat. Songradi kannte das Messer nicht, so seine Behauptung. Bis zum Ende des Prozesses gegen ihn war keine Zuordnung zu einem Vorbesitzer möglich. Noch in der Urteilsbegründung mussten die Richter offen lassen, wer das Messer vor der Tat besessen hatte.

Dann fahre ich fort: »Eine unglaubliche Geschichte. Nichts von dem, was Sie ausgesagt haben, hat er anders dargestellt. Alles unstreitig zwischen ihm und Ihnen. Nur seine Freundin erstochen zu haben, das hat er bestritten.«

»Aber ich habe auch nie behauptet, dass er sie getötet hat. Ich habe ihm das gestern noch einmal vermittelt. Der Staatsanwalt hatte mich vor Gericht gefragt: Denken Sie auch, er war der Mörder? Ich habe ihm geantwortet, nur zu wissen, was ich gesehen habe. Dass er sie umgebracht hat, habe ich ja nicht gesehen. Ich weiß nicht, ob er der Mörder ist.«

»So steht es in den Akten. Das Gericht war aber überzeugt davon, dass er der Mörder war. Was genau haben Sie eigentlich hier gestern Abend mit ihm besprochen?«

»Ich hatte den Eindruck, dass es ihm hilft, über alles zu reden. Warum auch nicht? Ich habe ja nichts gegen ihn. Er hat mir nichts Böses getan.«

»Er wollte nur jemanden zum Zuhören? Sonst nichts?«, frage ich.

»Ja. Er hat noch einmal betont, dass er mich während des Streits mit seiner Freundin nicht bemerkt hatte.«

Auch diese Einlassung Songradis findet sich in den Akten. Ich fahre fort: »Das Gericht hat ihn gefragt, ob er mitbekommen hätte, dass Sie seinen Streit beobachtet haben.«

Sie hält einen Moment inne und sagt dann: »Er hat mich nicht bemerkt. Logisch. Beide saßen mit dem Rücken zu mir. Sie hätten nur Notiz von mir nehmen können, wenn sie sich umgedreht hätten. Sie waren aber so mit sich beschäftigt, sie konnten mich gar nicht registrieren.«

»Gestern Abend, als Sie sich hier trafen, saßen Sie neben ihm auf derselben Parkbank. Warm angezogen, Handschuhe, Mütze, Schal, denn es war schon kalt. Nach Ihrem Gespräch stand er auf und bedankte sich für Ihre Bereitschaft zu kommen. Sehr höflich, machte eine kleine Verbeugung. Dann ging er dorthin, wo er seine Freundin ermordet hatte, und brachte wieder eine Frau um«, rekapituliere ich, was Frau Träffers bei der Vernehmung durch meine Kollegen ausgesagt hatte.

»Sie vermischen etwas.« Sie errötet leicht. »Den letzten Halbsatz haben Sie hinzugefügt. Ob er der Mörder ist, weiß ich genauso wenig wie beim ersten Mal.«

»Alles wiederholt sich«, stelle ich fest. »Und doch nicht. Diesmal haben Sie ihn beobachtet, als er über die Brücke Richtung Burg ging, bevor das Opfer schrie. Das aber bestreitet er. Er sagt, er habe den Burggraben nicht überquert, sondern sei wie damals links am Graben entlang Richtung Comoedienhaus gelaufen.«

»Das ist schlecht möglich. Nachdem wir uns verabschiedet hatten, ging er über die kleine Brücke Richtung Burg. Und ich wendete mich – wie damals – auf den Weg Richtung Puppenmuseum von der Burg weg.«

»Er bestreitet energisch, den Graben über die Brücke gequert zu haben.«

Träffers wirkt nun ungeduldig: »Er muss ja über die Brücke gegangen sein. Einen anderen Weg zu dem Turm gibt es doch nicht. Er stand neben dem Opfer, als ich dort ankam.«

»Er sei zurückgekehrt, nachdem er den Schrei gehört habe, behauptet er.«

»Ja«, sagt sie nur.

»Wieder ein Schrei«, stelle ich fest. »Und dann wieder eine erstochene Frau, wieder ein Messer ohne Fingerabdrücke. Derselbe Mörder wie vor fünfzehn Jahren.«

»Ich wusste damals nicht, wer der Mörder war. Diesmal weiß ich es wieder nicht.«

»Es spricht doch nach Ihrer Aussage alles dafür, dass Songradi es war«, argumentiere ich. »Sie haben doch sonst keine Menschenseele gesehen, niemanden bemerkt. Das haben Sie gestern zu Protokoll gegeben.«

»Ja. Aber ich habe den Mord nicht beobachtet«, besteht sie auf ihrer Position. »Ich bin zuerst von der Parkbank aus in die entgegengesetzte Richtung gelaufen. Wie damals auch. Dann kam der Schrei. Ich musste wieder zurück, dann über die kleine Brücke zur Nische am Fuß des Turmes. Da stand er dann neben der Leiche. Aber ob er's war? Das herauszufinden, ist doch die Profession von Kriminalern und Staatsanwälten. Das ist doch Ihr Fach.«

»Wollen wir uns den Tatort anschauen?«, frage ich. Sie nickt. Ich nehme meinen Tablet-PC in die Hand, wir stehen auf, überqueren die Brücke, um auf die Burginsel zu gelangen, und wenden uns nach links zum Fuß des Turmes.

»Hier haben beide Opfer gelegen. Beide in dieser Nische, auf diesem kleinen Platz vor der Tür, beide auf dem Bauch, den Kopf nahe, aber nicht unmittelbar an der Tür«, beschreibt sie sehr genau die Lage beider Toten, die ich von den Fotos aus den Akten kenne.

So merkwürdig die Begleitumstände dieses Falles sind, so klar scheint mir die Sachlage: zweimal derselbe Mörder. Dennoch komme ich auf den ersten Fall zurück: »Sie wurden auch damals gefragt, ob Sie das Opfer gekannt haben.«

Ihre Antwort erfolgt unwirsch: »Sie war Songradis Freundin, nicht meine. Woher sollte ich sie kennen?«

»Sie waren eine leistungsstarke Schwimmerin. Das haben Sie mir vorhin erzählt. Das findet man nirgendwo in den Akten. Aber man findet dort, dass das erste Opfer in vielen Wettkämpfen für einen hiesigen Verein geschwommen ist. So viele Schwimmclubs gibt's doch hier in der Stadt nicht.«

»Ich kenne sie nicht«, insistiert sie. »Mit dem Leistungsschwimmen habe ich Anfang zwanzig aufgehört. Ich war nicht hier Vereinsmitglied, sondern in Aschaffenburg.« Sie hält inne, scheint sich an ihre jungen Jahre zu erinnern.

Weiter frage ich: »Und die Tote von gestern? Kannten Sie die?«

Jetzt wird sie offensichtlich ein wenig ungehalten: »Hätte ich die toten Frauen gekannt, hätte ich das der Polizei doch gesagt. Vor fünfzehn Jahren schon und gestern doch auch. Und heute Ihnen!«

Ich möchte ihr gerne glauben, dennoch gibt es für mich ein paar Fragen: »Die Tote von gestern ist hier in Hanau aufgewachsen. Sie heißt Heide Brinkhhardt, ganz merkwürdig geschrieben mit einem doppelten h in der Mitte. Sie ist bis auf wenige Tage so alt, wie Sie es sind. Trotzdem kennen Sie sie nicht?«

Jetzt ist sie plötzlich ganz ruhig und antwortet: »Ich kenne sie nicht.«

»Sie war mit ihrem Motorrad hier. Das haben die Kollegen heute Vormittag ermittelt«, fahre ich fort und zeige mit dem Finger an der Burg vorbei in Richtung Parkeingang. »Es war dort abgestellt, auf dem großen Parkplatz vor dem Wilhelmsbader Bahnhof.«

Sie blickt mir in die Augen. Herausfordernd. Und fragt dann: »Suchen Sie noch weitere Verdächtige? Ich habe doch alles gesagt.«

Nach unserem langen, teils sehr persönlichen Gespräch machen meine Nachfragen mir selbst ein schlechtes Gewissen. Diese Frau hat viel durchgemacht. Sie hat den Verdacht von Songradi sogar abgelenkt. Warum sollte sie Songradi entlasten, wenn sie selbst etwas mit einem der Morde zu tun gehabt hätte? Andererseits: Songradi hatte beim ersten Mal ein Motiv, kannte sein Opfer. Und diesmal? Offensichtlich hat er gestern eine wildfremde Frau umgebracht. Oder hatte er eine Bekannte auf die Burginsel eingeladen? Um an demselben Ort zweimal zu morden?

Jetzt ermuntere ich Träffers: »Lassen Sie uns doch ein Stück nach oben gehen.« Ich möchte Abstand vom unmittelbaren Ort beider Taten. Wenige Meter vom Tatort entfernt führt ein Weg von außen zum Obergeschoss des Turmes. »Von dort haben wir einen besseren Überblick auf das gesamte Parkgelände.«

Oben angekommen, zeige ich auf den Zugang zu dem kleinen runden Raum. »Kommen Sie, stellen wir uns hier unter«, fordere ich sie auf, weil leichter Regen einsetzt. Beide betreten wir das zugige, nicht gerade anheimelnde, aber immerhin trockene Innere.

Nach dem kurzen Weg hinauf auf den Turm muss ich noch einmal nachhaken: »Ich will Ihnen gerne glauben, dass Sie beide Opfer nicht gekannt haben. Deshalb lassen Sie mich dazu nur ein paar kleine Notizen machen.«

Mitten in dem kreisrunden Raum stehend schalte ich meinen Tablet-PC an, um noch einmal einen Blick auf die Fotos der beiden Opfer zu werfen.

»Sie haben die beiden Toten sicher gut im Gedächtnis?«, frage ich.

»Wie könnte ich sie vergessen?« Sie antwortet mir, während sie hinter mir steht und über meine rechte Schulter hinweg auf den Bildschirm meines Tablets lugt.

Die Bilddateien finde ich schnell. »Da sind die Fotos beider Mordopfer.« Ich ordne sie so an, dass sie nebeneinander zu sehen sind.

Rose Träffers blickt gemeinsam mit mir auf den Bildschirm. Die toten Frauen liegen auf dem Bauch in der Nische vor dem Turm. Beide haben sie Jeans an. Die eine trägt eine blaue Jacke; das Mordopfer von gestern schwarze Motorradkluft. Deutlich bei beiden Opfern: deren pechschwarzes Haar.

Jetzt spüre ich den Atem von Rose Träffers in meinem Nacken. Mit ruhiger, leiser, fast flüsternder Stimme haucht sie von hinten in mein rechtes Ohr: »Wissen Sie, wie gut man sich hier oben verstecken kann? Wie sicher man ist vor Entdeckung?«

Einen Moment benötige ich, doch dann fährt mir der Schrecken der Erkenntnis durch die Glieder. Nicht zweimal dieselbe Zeugin, zweimal dieselbe Mörderin! Ich drehe mich blitzschnell um und schaue ihr in die Augen: »Sie waren das! Sie sind beide Male hinter Songradis Rücken über die Brücke gelaufen, als der Richtung Comoedienhaus unterwegs war. Beide Male haben Sie die Frauen erstochen. Sie haben hier oben im Turm gewartet, dass er nach dem Schrei der Frauen zurückkommt, sind dann wieder hinunter gelaufen und haben sich wie eine unbeteiligte Zeugin neben den vorgeblichen Mörder gestellt!«

Rose Träffers beißt mit den Zähnen auf ihre Unterlippe, ihre Augen funkeln hasserfüllt. »Mein Leben ist schon lange zerstört.«

»Sie kannten also doch die beiden Frauen! «, rufe ich aus.

Die vorgebliche Zeugin antwortet mit sehr, sehr ruhiger Stimme: »Songradis Freundin kannte ich nicht, woher auch.«

Jetzt verliere ich die Beherrschung, statt ganz kühl zu reagieren: »Aber warum bringen Sie die arme Frau um? Aus lauter Rachsucht gegenüber jeder Frau mit schwarzen Haaren? Mörderin aus zufälliger Begegnung!«

Träffers ist es, die kühl bleibt: »Wie Sie genau wissen, aus den Akten«, während sie das sagt, grinst sie boshaft, »sah das Gericht das anders. Aber Heide Brinkhhardt, die Tote von gestern, die kannte ich von früher. Irgendwann hat sie in ihrer Clique von dem Unfall mit den beiden Motorradfahrern erzählt. Jahre später. Das hat sich dann herumgesprochen. Sie dachte wohl, ihr könne nach so langer Zeit nichts mehr passieren. Als ich davon erfahren habe, stellte ich sie zur Rede.«

Ich stehe unter Schock, frage aber noch: »Aber umbringen, wie konnten Sie die Frau nur so viele Jahre nach dem Unfall umbringen?«

»Sie hat nichts bereut. Im Gegenteil. Meinte sie doch, dumm, dass ihr das passiert sei, das Licht nicht abzublenden vor der Kurve. Aber ehrlich, das könne doch jedem einmal passieren. Sie hat tatsächlich *ehrlich* gesagt.« Voller Abscheu wiederholt Träffers: »Ehrlich!«

Sie macht eine kleine Pause. Dann fährt sie – immer noch die Ruhe selbst – fort: »Nachdem ich mich mit Songradi verabredet hatte, bestand plötzlich eine Gelegenheit, mit der ich nicht gerechnet hatte. Ich habe sie zu einem Versöhnungsgespräch im Wilhelmsbader Bahnhofsrestaurant eingeladen, vorher Treffen an der Burg.«

»Und sie kam sogar mit dem Motorrad«, sage ich ernüchtert.

Träffers antwortet nicht mehr. In ihrer Hand schwingt ein Messer.

Der Tatort

Eingebettet in eine weitläufige Wald- und Wiesenlandschaft, lädt der Kurpark Wilhelmsbad zu Spaziergängen ein. Er bietet klassische touristische und kulturelle Ziele: das Hessische Puppenmuseum, das Comoedienhaus mit zahlreichen Vorstellungen von Tourneetheatern und das noch aus dem 18. Jahrhundert stammende Karussell.

Einen besonderen Blickfang bietet die kleine, von dem schmalen Grabensystem des Braubachs umgebene Burganlage, die den Schauplatz für die Kurzgeschichte bildet. In der sogenannten Burgruine findet sich ein kleines Schloss mit einem historischen Kuppelsaal. Neben der Burgruine steht ein Gebäude, das einem verfallenen Turm ähnelt: die ehemalige Burgküche, Fundort der beiden Leichen. Zum Ensemble der Burg zählt eine Pyramide, die – durch den Braubach von der Burgküche getrennt – ebenfalls Ende des 18. Jahrhunderts Landgraf Wilhelm IX. zum Gedenken an seinen zwölfjährig verstorbenen Sohn errichten ließ.

Anfahrt
mit öffentlichen Verkehrsmitteln:
Die Regionalbahn Frankfurt Süd - Aschaffenburg nehmen, mit der man aus beiden Richtungen den Bahnhof Hanau-Wilhelmsbad erreicht. Dort die Straße überqueren und zu Fuß zur Burgruine (rund 200 Meter) gehen.

Aus Hanau Innenstadt (Freiheitsplatz) erreicht man Wilhelmsbad am besten mit Bus 1 oder Bus 9. Der Bus hält vor dem Bahnhof. Dort die Straße überqueren und zu Fuß zur Burgruine (rund 200 Meter) gehen.

mit dem PKW:
Man erreicht Wilhelmsbad aus Westen kommend über die A 66, Ausfahrt Hanau West, dann weiter über die L 3209 und die Burgallee, aus Süden kommend über die B 45 bis Frank-

furter Landstraße in Hanau, danach Gustav-Hoch-Straße und Hochstädter Landstraße bis zur Burgallee, aus Norden oder Osten kommend über die A 66, Ausfahrt Hanau-Nord, weiter über die Maintaler Straße bis zur Burgallee.

Parkmöglichkeiten befinden sich gegenüber dem Bahnhof Wilhelmsbad.

Anina Stecay

Dornröschens Schlaf

Hanau, Schlosspark Philippsruhe

»Warum hat Dornröschen denn jetzt dunkle Haare?« Lisa, die fünfjährige Enkelin von Janko Fuhrmann, saß neben ihm in der vierten Reihe des Amphitheaters und runzelte die Stirn.

Sie hatte recht. Dornröschens Haare hatten nach dem Aufwachen aus dem hundertjährigen Schlaf einen satten dunkelblonden Ton, während sie vor der Pause noch hellblond gewesen waren. Was Lisas Kinderaugen nicht bemerkt hatten, war, dass einfach eine ganz andere Schauspielerin im zweiten Teil die Rolle übernommen hatte. Nanu, warum tauschte man denn mitten im Stück die Hauptdarstellerin aus? Janko schob die Gedanken beiseite. Er war heute privat hier. Eines der wenigen freien Wochenenden, die er mit seiner Familie verbringen konnte. Lisa und ihr Bruder liebten die Vorstellungen der Brüder-Grimm-Festspiele, die jährlich im Park von Schloss Philippsruhe in Hanau stattfanden, und er wollte die Aufführung mit ihnen genießen, statt immer an die Arbeit zu denken.

Auf der Bühne lagen sich Dornröschen und der Prinz jetzt in den Armen. Lisa hatte Freudentränen in den Augen. Janko schaute über die wuscheligen Köpfe seiner Enkel zu seiner Frau hinüber und lächelte ihr zu.

Bei seinem Versuch, auf dem Rückweg von den Toiletten die Menschenmassen zu vermeiden, die nach dem Ende des Theaterstückes alles blockierten, verirrte sich Janko zwischen den Containern. Plötzlich fand er sich in dem Bereich wieder, der für das Ensemble vorbehalten war. Vor einem Container, der als Damengarderobe diente, standen mehrere Leute mit teils genervten, teils grimmigen Gesichtern. Ein älterer

Mann mit Vollbart, der kein Kostüm trug, schlug mit der flachen Hand an die Tür. »Verdammt, Esa, jetzt reicht es. Mach endlich die Tür auf!« Er rüttelte an der Klinke, versuchte – wohl nicht das erste Mal – die Tür aufzuschließen, aber sein Schlüssel ließ sich nicht ins Schloss schieben.

»So ein Mist!« Die Frau, die in der zweiten Hälfte das Dornröschen gespielt hatte, stemmte die Hände in die Seiten. »Da sind mein Handy und mein Portemonnaie drin. Die lasse ich auf keinen Fall hier.«

»Kann ich helfen?«, fragte Janko und gab sich als Polizist zu erkennen. Er erfuhr, dass es nach dem ersten Akt einen Streit gegeben hatte.

»Esa hat uns Mobbing vorgeworfen«, erklärte Stefan Ries, der Mann von der Requisite. »Angeblich soll jemand ihr Bett nass gemacht haben. Also musste sie sich für ihren hundertjährigen Schlaf vor aller Augen auf das nasse Bett legen, natürlich ohne eine Miene zu verziehen.« Er zuckte mit den Achseln.

Nach diesem Vorfall war Esa Fierling davongestürmt und hatte sich in der Garderobe eingeschlossen. Das Problem begann, als sie zum Beginn des zweiten Teils nicht wieder auftauchte.

»Björn und ich haben versucht, sie aus ihrer Schmollecke hervorzulocken«, sagte Isabel Vollhardt, die Schauspielerin des neuen Dornröschens. »Aber sie wollte nicht reden, hat nur gesagt, ihr wäre übel und wir sollen sie in Ruhe lassen. Wir haben schließlich umdisponiert. Was hätten wir machen sollen?«

Janko erinnerte sich an die Verzögerung, mit der der zweite Teil begonnen hatte.

Der Bärtige, offenbar der Regisseur, verzog das Gesicht und fügte hinzu: »Zum Glück war Isabel einigermaßen in die Rolle eingearbeitet. Aber Esa kann sich nicht ewig einschließen. Wenn es Probleme gibt, müssen wir die in Ruhe besprechen; das hier ist einfach Kinderkram!«

Mit dem Einverständnis des Regisseurs brach Janko die Tür auf.

Die junge Frau lag auf dem Boden, als ob sie bei dem Versuch, zur Tür zu gelangen, gestürzt wäre. Neben ihr auf dem Fußboden eine Pfütze Erbrochenes von gallegrüner Farbe. Ihre Augen standen offen, sie regte sich nicht, ihre Lippen waren bläulich verfärbt, im Mundwinkel stand Schaum.

Jankos Wiederbelebungsversuche blieben erfolglos. Der hinzugerufene Notarzt brach die Reanimation eine halbe Stunde später endgültig ab. Er äußerte zögernd etwas von akutem Herzversagen, stellte den Leichenschauschein aber auf *unklare Todesursache* aus.

»Ich habe immer gedacht, ihre Herzkrankheit war vorgeschoben.« Björn Wehnke, der Darsteller des prinzlichen Dieners, klang unbehaglich.

»Sie war herzkrank?«, erkundigte sich Janko.

Die anderen sahen sich an. »Na ja«, sagte der Regisseur. »Sie hat davon geredet. Hauptsächlich hat sie ihre Herzkrankheit ins Spiel gebracht, wenn sie in einer etwas brenzligen oder unangenehmen Situation war. Mitleidheischend, wenn Sie verstehen. Damit man sie in Ruhe ließ. Ich glaube, wir haben das deshalb alle nicht so ernst genommen.«

»Live fast, die young«, sagte Isabel, die Ersatzschauspielerin des Dornröschens trocken.

»Also bitte!« Der Regisseur sah sie tadelnd an.

Der Prinz, der mit bürgerlichem Namen Lukas Steterhof hieß, schluchzte auf, schlug die Hände vors Gesicht und eilte davon; der Regisseur folgte ihm.

»Er war mit ihr befreundet«, sagte Stefan Ries, der Requisiteur, erklärend und wandte sich an Isabel. »Kein Grund, jetzt taktlos zu werden.«

»Was willst du? Ich sage nur, was wahr ist. Sie hat sich von allem mehr genommen, als ihr zustand.«

»Isabel!« Björn Wehnke, der dunkelhaarige Schauspieler, schüttelte den Kopf. Sie hob herausfordernd das Kinn, worauf ein fast schuldbewusster Ausdruck auf sein Gesicht trat. Beide schwiegen.

Janko betrachtete die Umstehenden, von denen die meisten zwar durch den Vorfall geschockt, aber nur wenige traurig wirkten. Die Tote schien nicht allzu viele Freunde gehabt zu haben. Ihre Auffindesituation war suspekt. Warum sollte eine so junge Frau plötzlich sterben? War sie vielleicht nach diesem Streit so verzweifelt gewesen, dass sie sich etwas angetan hatte? Oder war sie tatsächlich krank gewesen? Die Tote wies jedenfalls keinerlei Anzeichen einer äußeren Verletzung auf. Sein Instinkt sagte Janko, dass hinter dieser Sache mehr steckte. Er betrachtete die Tote, die natürlich im Rahmen der Reanimation hin- und herbewegt worden war. Ihr langes purpurfarbenes Kleid war am Rock mit kleinen Röschen besetzt. Es hatte seiner Enkelin leuchtende Augen verschafft, denn sie war noch in dem Alter, in dem viele Mädchen davon träumten, Prinzessin zu werden. An den Rändern des weit ausgeschnittenen Rückenteils fielen Janko leichte Verfärbungen auf – als wäre die Farbe dort teilweise ausgewaschen worden. Also hatte sich Esa doch nicht nur in den Vordergrund spielen wollen, und ihre Beschwerde wegen des nassen Bettes hatte gestimmt.

Janko inspizierte den Container von innen: zwei Fenster, die sich lediglich kippen, aber nicht vollständig öffnen ließen. Sie waren mit Folie verblendet, um Neugierigen den Blick ins Innere zu verwehren. Dazu als einziger Eingang die Tür, zu der alle Schauspieler Schlüssel besaßen. Da es von außen nur einen Knauf gab, hatte man sie nicht öffnen können, solange innen der Schlüssel von Esa Fierling steckte. Der Tisch, auf dem verschiedene Schminkutensilien herumstanden, und die Garderobe, an der die Alltagskleider der Schauspielerinnen hingen, boten nichts Auffälliges. Die Flasche Mineralwasser dort auf dem Bord würde man natürlich auf Gift untersuchen müssen, genauso wie die Lippenstifte und Cremes. Besonders aufmerksam suchte Janko nach Medikamenten. Aber bis auf ein harmloses Kopfschmerzmittel in der Handtasche, die Isabel Vollhardt gehörte und von dem nur fünf Tabletten fehlten, war nichts zu finden. Jetzt spürte Janko Fuhrmann das altbekannte Prickeln, das Jagdfieber, das immer auftrat, wenn er einem Rätsel gegenüberstand.

Janko bat seine Frau, mit den Enkeln schon mal nach Hause zu fahren. Er dagegen wartete, bis die Kollegen vom Kriminaldauerdienst eingetroffen waren und er sie von allem in Kenntnis setzen konnte. Sie kümmerten sich um den Fundort. Er machte sich daran, mit den Mitgliedern des Ensembles zu reden, vor allem gespannt, was Isabel Vollhardt zu sagen hatte, die der Toten ja offenbar wenig Zuneigung entgegenbrachte. Aber auch mit dem Freund der Toten musste er sprechen.

Stefan Ries stand an einem der Nachbarcontainer und rauchte. Janko blickte auf die Namensliste in seiner Hand. »Sie sind für die Requisite zuständig, richtig?«

»Stimmt.« Er war Mitte dreißig, hatte ein kantiges Gesicht und raspelkurze blonde Haare.

»Das heißt, das nasse Bett, über das sich Frau Fierling beschwert hat, fällt in Ihre Verantwortung?«

Er stieß verächtlich den Rauch aus der Nase. »Nein. Das Bett ist ja keine Requisite.«

Offenbar hatte sich Jankos Verwirrung deutlich auf seinem Gesicht abgezeichnet, denn er lächelte plötzlich. »Alles, was zur festen Dekoration gehört, ist Sache der Bühnenbildner, während ich mich sozusagen um die losen Teile kümmere, die die Schauspieler in der Aufführung verwenden – Schwerter, Laternen, Stöcke …« Er blickte auf seine Hände, denen man ansah, dass er handwerklich arbeitete. »Alle Teile auf der Bühne, die aus Stoff gefertigt sind wie Gardinen, Polster und so weiter, unterstehen dem Dekorateur. Aber auf einer kleinen Bühne helfen wir einander natürlich auch mal aus.«

»Was halten Sie denn von der Beschwerde wegen Mobbings? Hat Frau Fierling tatsächlich Feinde gehabt, die ihr gerne eins auswischen wollten?«

»Die sie vielleicht auch töten würden?«

»Ich versuche nur, mir ein Bild zu machen.«

»Nemo enim potest personam diu ferre.«

Janko blinzelte verständnislos.

Stefan Ries lachte. »*Niemand kann auf Dauer eine Maske tragen.* Seneca. Entschuldigung. Die Reste meiner humanistischen Bildung.« Sein Tonfall war plötzlich bitter. »Esa war puppenhübsch, und sie hatte so eine Art, andere glauben zu lassen, sie seien wichtig. Tatsächlich war das nur eine Masche. Esas Welt drehte sich nur um sie selbst.« Er schwieg kurz. »Für Esa waren andere Menschen austauschbar. Statisten in ihrem persönlichen Theaterstück. Sie hat ihre Anziehungskraft benutzt, um an die Dinge zu kommen, die sie haben wollte. Partner, Geld, Rollen. Eigentlich sollte Isabel dieses Jahr die Hauptrolle kriegen, aber dann hat Esa den Regisseur so umgarnt, dass er ihr die Rolle gegeben hat.«

»Ah, ich verstehe; deshalb konnte Frau Vollhardt auch jetzt so ohne weiteres einspringen, als Frau Fierling ausfiel.«

»Isabel hat die Rolle verdient. Sie ist viel besser. Das sagen alle. Aber das war Teil von Esas Masche. Den einen gegen den anderen auszuspielen, um sich hinterher das beste Stück zu schnappen.«

»Sie mochten sie also nicht sonderlich«, stellte Janko fest.

»Ich habe sie einfach durchschaut.«

Janko betrachtete die schmalen Gänge zwischen den Containern. Alles lag hier dicht beieinander. Man konnte sich schlecht aus dem Weg gehen. »An wem hat Frau Fierling ihre Reize denn noch so versucht?«

Stefan Ries zuckte gleichmütig die Schultern. »Im Moment war sie mit Lukas Steterhof zusammen.«

»Und eigentlich?«

»Björn Wehnke. Sie konnte es ja nie bei einem belassen. Björn ist mit Isabel verlobt.« Stefan sah Janko an, während er seine Zigarette wegschnickte und die Glut mit dem Absatz zertrat. »Das hat Esa nicht daran gehindert, mit ihm zu flirten. Lukas konnte da nur zuschauen. Genau wie Isabel. Viele im Ensemble haben sich gewünscht, dass Esa geht. Aber keiner hätte sie umgebracht.«

»Aber sie zu mobben, kommt wohl in Frage?«

Erneutes Schulterzucken.

»Vielleicht ist ja auch ein böser Streich schiefgelaufen?« Oder jemand hatte doch zum äußersten Mittel gegriffen. Isabel, die endlich die Hauptrolle spielen wollte? »Ich würde dieses Bett gerne mal sehen.«

Stefan Ries stieß sich von der Wand ab. »Kommen Sie mit, ich zeige es Ihnen.«

Er führte Janko zur Bühne, wo das Bett innerhalb des nun heruntergelassenen Vorhangs aus Rosen stand, bedeckt mit weißen Laken voller Rüschen und Spitzen. Ein echtes Prinzessinnen-Bett. Seiner Enkelin würde das gefallen. Janko befühlte den Stoff, konnte aber keine Feuchtigkeit entdecken, weder auf dem Laken noch auf dem Kissen. Das Leinen war glatt und ein wenig steif.

»Wo wird denn das Bett aufbewahrt, wenn es hier nicht gebraucht wird?«

Stefan Ries zeigte ihm einen größeren Raum hinter der Bühne, der wie eine Mischung aus Waffenkammer und einem normalen Familiendachboden wirkte, nur, dass er wesentlich aufgeräumter war. Kissen, Vorhänge, Lampen, Geschirr, Schwerter und Hellebarden waren auf sorgfältig durchnummerierten Regalbrettern gelagert. »Das ist unsere Requisitenkammer. Wobei wir hier auch Teile der Bühnendekoration aufbewahren. Alles, was nicht ständig gebraucht wird. Also auch das Bett.« Er zeigte auf eine Wand, an der sich ein Tisch und mehrere Stühle stapelten. Dort war eine Lücke von etwa zwei Metern, in die das Bett hineinpassen konnte.

»Wer hat Zugang zu diesen Sachen? Wer transportiert sie von hier auf die Bühne, wer richtet dort alles her?«

»Sie meinen, wer Gelegenheit gehabt hätte, vor der Vorstellung unauffällig Wasser auf das Bett zu gießen?« Stefan Ries verzog das Gesicht. »Alle, die mit Bühnenbau, Umbau und Requisite zu tun haben. Das sind mindestens zehn Leute.«

Janko machte sich ein Kreuz bei den entsprechenden Namen auf seiner Liste. Sah er in einer Mücke einen Elefanten? Vielleicht hatte diese Sache mit dem Tod von Dornröschen gar nichts zu tun. Aber er musste dem nachgehen.

Einige der Schauspieler standen noch in der Gruppe zusammen und diskutierten den Vorfall, unter ihnen Isabel Vollhardt. »Ich würde gerne mit Ihnen reden«, sagte Janko zu ihr. »Haben Sie was dagegen, wenn wir ein bisschen durch den Park gehen?«

Die Brüder-Grimm-Festspiele fanden in dem etwas tiefer gelegenen Bereich des Schlossparks Philippsruhe statt, der zu Zeiten der Landgrafen einmal als Baum- und Gemüsegarten gedient hatte. Janko schlug jetzt den Weg Richtung Main ein, wo sie entgegen der Strömung Richtung Schloss spazierten.

»Sie haben vorhin gesagt, dass Esa *sich von allem mehr genommen hat, als ihr zustand*. Was haben Sie damit gemeint? Dass sie Ihnen die Dornröschen-Rolle weggeschnappt hat?«

Isabel schürzte die Lippen. »Glauben Sie wirklich, ich würde eine Kollegin aus Ehrgeiz umbringen?«

Janko hob unverbindlich die Schultern.

»Sie sind ja verrückt. Es gibt wirklich wichtigere Dinge im Leben. Außerdem ist die Rolle der bösen Fee gar nicht so schlecht. Wer die Bösen spielt, kann oft mehr Charakter in die Rolle legen. Ist Ihnen das noch nicht aufgefallen?«

»Beim Film gehen die Oscars aber oft an die Guten«, sagte Janko. »Wenn Sie *das* nicht gemeint haben, was wollten Sie dann andeuten? Frau Fierlings Flirts mit Ihrem Verlobten?«

Isabel Vollhardt antwortete nicht gleich, sondern zog das Tempo ein bisschen an, als sie die langgezogene Rampe hinaufliefen, die vom Uferweg in den eigentlichen Park führte. Janko folgte ihr und wischte sich verstohlen mit der Hand den Schweiß von der Stirn. Oben bot sich ein herrlicher Blick auf die barocke Fassade des Schlosses, weiß mit einem imposanten Vorbau aus rotem Sandstein. Aus einem künstlichen See schoss eine Wasserfontäne in die Luft. Selbst den Enten war es heute zu warm, sie paddelten träge im Schatten herum.

»Lukas ist ein sympathischer, gutaussehender Mann«, sagte Isabel so heftig, dass sich ein Speicheltröpfchen von ihrem Mund löste. »Mit ihm war Esa seit etwa einem Dreivierteljahr zusammen. Aber das war ihr nicht genug. Und so hat sie sich an Björn rangemacht.« Sie nagte an ihrer Oberlippe. »Ich habe die Anzeichen gleich bemerkt. Es war ja auch nicht das erste Mal, dass so etwas lief. Esa war egal, wenn sie damit die Welt der anderen zerstörte. Letztes Jahr hat sie Florian sitzen lassen, um sich Lukas zuzuwenden. Dabei hat Florian sie wirklich geliebt. Er hat die Trennung nicht verkraftet. Sie hat ihn auf dem Gewissen.«

»Er hat sich das Leben genommen?«, fragte Janko.

Isabel nickte.

Also eine echte Rose, dachte er. Schön, solange man ihr nicht zu nahe kam. Konkurrenz für die Frauen, Gefahr für die Männer. Ausreichend Grund für einen Mord.

»Neulich nach der Probe habe ich sie angeschrien, dass sie Björn in Ruhe lassen soll. Stefan hat mir hinterher gesagt, dass das nur Wasser auf Esas Mühle wäre. Und dass ich Björn eher vergraule, wenn ich Eifersucht zeige«, sagte Isabel und setzte dann hinzu: »Er muss es ja wissen.«

»Was heißt das?«

»Stefan war der erste hier, an den Esa sich rangemacht hat. Er hat sich für sie sogar scheiden lassen. Seine Ex hat daraufhin die Truppe verlassen.«

Interessant, dachte Janko. »Und dann?«

»Drei Monate nach der Scheidung hat Esa Stefan für Florian wieder verlassen.« Sie schüttelte den Kopf. »Wenn Sie hinter die Kulissen schauen, wird niemand Esa eine Träne nachweinen. Außer vielleicht Lukas. Der hat noch nicht so ganz begriffen, dass er auch schon auf dem Weg ins Abseits war.«

»Die Sache mit den Herzproblemen gehörte zu Frau Fierlings Masche?«

Auf Isabels Gesicht erschien ein widerwilliges Lächeln. »Die waren echt. Vielleicht das Einzige an ihr, was wirklich gestimmt hat. Zumindest hatte Esa in ihrer Kindheit ein Problem; ich glaube, sie war mit einem Klappenfehler auf die Welt gekommen. Sie musste mit fünf Jahren am Herzen operiert werden. Das hat sie mir mal erzählt. Aber inzwischen war das wohl ausgestanden. Jedenfalls musste sie deshalb keine Medikamente mehr nehmen.«

Janko nickte. Sie umrundeten den Teich, gelangten wieder auf einen der Kieswege und kehrten dem Schloss den Rücken zu. Hier im Schatten der großen Bäume war es angenehm.

»Waren Sie heute vor oder während der Vorführung im Requisitenraum?«, fragte er.

»Ich? Wozu denn?« Die Verwunderung klang ehrlich. »Wobei, wo Sie es sagen …« Sie machte ein nachdenkliches Gesicht. »Ich war zu Beginn der Aufführung ziemlich spät dran. Als ich die Bühne erreichte, kam Lukas gerade aus dem Requisitenraum; es sah aus, als hätte er Streit mit Stefan gehabt. Aber ich konnte mich nicht darum kümmern, weil ich, wie gesagt, schon spät dran war.«

Janko entdeckte Lukas Steterhof auf einer der Sitzbänke am Rand des Kiesweges. Der Prinz hatte sich inzwischen abgeschminkt und normale Kleider angezogen. Seinem Gesicht sah man immer noch an, dass er geweint hatte.

»Worum ging es in Ihrem Streit mit Stefan Ries vorhin?«, erkundigte sich Janko und ließ sich neben ihm auf die Bank fallen. Die Stimmung hier oben war friedlich. Auf der zentralen Wiese des Parks spielten Kinder trotz der Hitze Fußball.

Lukas schüttelte den Kopf. »Ach das. Stefan meint, alles besser zu wissen. Wollte mich warnen.« Er lachte bitter auf.

»Wovor genau?«

»Esa war nicht so, wie die anderen behaupten«, sagte Lukas und malte mit der Schuhspitze Zeichen in den Kies vor der Bank. »Also, ich meine, sie war nicht ... – Okay, Esa hat sich damals mit Stefan eingeengt gefühlt. Er wollte ihr alles vorschreiben, jede mögliche Minute in Zweisamkeit verbringen. Das war nichts für sie. Haben Sie sich noch nie bei einer Beziehung getäuscht?«

Janko antwortete darauf nicht. Sein Privatleben stand hier nicht zur Debatte.

»Aber Stefan schließt von sich auf andere. Er hat damals viel aufgegeben, als er sich in seine Frau verliebte, hat sein Pharmaziestudium hingeschmissen und eine Ausbildung zum Raumausstatter gemacht, während sein Vater, ein angesehener Apotheker, natürlich Zeter und Mordio schrie: Theater, brotlose Kunst, hysterische Leute, eine Ehe unter dem Stand. Sie wissen schon, die ganzen bürgerlichen Vorurteile. Wenn es nach ihm gegangen wäre, hätte Stefan die Apotheke übernommen.«

»Das war sicherlich schwierig für Stefan Ries«, stimmte Janko vorsichtig zu.

»Aber kein Grund, sich jetzt in meine Beziehung zu mischen«, sagte Lukas Steterhof kopfschüttelnd.

»Das heißt, Sie glauben nicht, dass seine Vorwürfe richtig waren und Esa Isabels Verlobtem schöne Augen gemacht hat?«

»Unsinn, sie hatte einfach eine charmante Art«, sagte Lukas, als müsste er sich selbst davon überzeugen. »Sie hat mich so geliebt wie ich sie.«

Für Janko passten diese Informationen wie Puzzleteile ineinander. Er überließ den trauernden Prinzen sich selbst und zog sich an einen ruhigen Ort zurück, um mit dem Apotheker Ries, mit der Rechtsmedizin und der Toxikologie zu telefonieren.

Janko nickte seinen beiden Kollegen zu, die vor der Tür zur Requisitenkammer Aufstellung nahmen, und ging hinein. Drinnen war Stefan Ries dabei, einem Porzellanteller eine abgebrochene Ecke anzukleben. Isabel Vollhardt und ihr Verlobter Björn Wehnke saßen auf einem altmodischen Sofa, das an der Wand stand. Die drei unterbrachen ihr Gespräch, als Janko in den Raum trat.

»Was machen Sie denn noch hier?«, fragte Stefan Ries.

»Ich möchte die letzten losen Fäden verknüpfen«, sagte Janko ruhig, »um das Trauerspiel zu Ende zu bringen.«

»Heißt das, Sie haben den Fall gelöst?«, fragte Isabel mit großen Augen.

»Ich muss zugeben, am meisten beschäftigte mich das Wie«, sagte Janko nachdenklich. »Ich meine, dass Esa Fierling bedenkenlos das Leben anderer zerstörte, um zu bekommen, wonach ihr der Sinn stand, wurde ja schnell klar und bietet Motive genug. Aber wie konnte man ihr das Gift verabreichen, wenn sie sich doch in der Garderobe eingeschlossen hatte? Es musste etwas mit dem nassen Bett zu tun haben, das Frau Fierling als Mobbing interpretiert hat. Angenommen, der Mörder hat das Bett vor der Aufführung unbemerkt mit einem Gift präpariert; dann musste Frau Fierling am Ende des ersten Teils darin etwa zehn Minuten liegen, bis zur Pause geläutet wurde. Was wurde also verwendet? Ein Wirkstoff, der über die Haut aufgenommen wird? Ihr Kleid war rückenfrei. Nach den Wiederbelebungsversuchen war der Stoff an den Rändern leicht entfärbt, wie ausgewaschen. Also musste das Gift einer Lösung beimischt gewesen sein, das die Stofffarbe angriff. Alkohol vielleicht. Auf dem Laken des Bettes, das ich mit Herrn Ries zusammen inspiziert habe, waren allerdings keinerlei Farbspuren zu sehen.«

»Dann war es vielleicht doch einfach nur Wasser?«, sagte Isabel.

»Ich fürchte, nein«, sagte Janko. »Aber der Mörder hat die vergifteten Laken entfernt, während die anderen in der Pause waren. Er konnte ja nicht riskieren, dass *Sie* sich während des zweiten Teils ebenfalls hineinlegten.«

Im Raum war es still.

»Die Toxikologie konnte Aconitin im Blut der Toten nachweisen«, sagte Janko. »Das Gift des Blauen Eisenhuts. Es greift die Nerven an, verursacht ein Kribbeln der Arme und Beine. Ich habe selbst ein wenig davon gemerkt, nachdem der Notarzt eintraf und ich mit der Mund-zu-Mund-Beatmung aufhören konnte. Ich schob das Kribbeln auf die Anstrengung.« Er runzelte die Stirn. »Aconitin führt zu Herzversagen und zur Wasserlunge. Und Frau Fierling hatte da, wie Sie ja sehr wohl wussten, Frau Vollhardt, einen wunden Punkt.«

»Aber Sie glauben doch nicht, dass ich ...?«

»Für eine Weile habe ich das gedacht, doch«, sagte Janko kühl. »Grund genug hätten Sie gehabt, wo die Frau gerade dabei war, Ihnen den Mann auszuspannen.« Er sah zu Björn Wehnke hinüber, der blass in seinem Sessel zusammengesunken war. »Aber dann hatten Sie ein Alibi – Sie kamen spät zur Vorstellung und waren während dieser nie in der Nähe des Bettes. In der Pause waren Sie mit Herrn Wehnke zusammen und haben versucht, Frau Fierling aus der Garderobe herauszulocken.«

Er blickte Stefan Ries an. »Sie haben vorhin Seneca zitiert, und erwähnten, dass Sie auf ein humanistisches Gymnasium gegangen sind. Also konnte ich annehmen, dass Sie mit der römischen Geschichte recht gut vertraut sind. In der Antike war Aconitin ein ausgesprochen beliebtes Mordmittel. Das wussten Sie, nicht wahr?«

Stefan atmete hörbar aus. »Ist Allgemeinbildung jetzt ein Verbrechen? Catarina de Medici hat ihren Sohn mit Arsen vergiftet – das wissen viele Leute, aber sie machen es ihr deshalb nicht nach.«

»Das stimmt«, sagte Janko sanft. »Aber Sie mussten zusehen, wie Frau Fierling eine Beziehung nach der anderen kaputt machte. Sie versuchten, Lukas Steterhof zu warnen, aber er hörte nicht auf Sie. Stattdessen kam es zum Streit.« Er beobachtete Stefan Ries, wartete auf eine Reaktion.

Dieser stieß Luft aus der Nase. »Ich war wütend, weil Lukas aus dem, was bisher vorgefallen war, einfach nichts lernen wollte. Na und?«

»Genau. Sie hatten einen Zorn. Nicht nur einen Zorn auf Lukas, sondern auch auf sich. Und auf Esa. Darauf, dass Esa mit derselben Masche immer wieder durchkam, oder? Gerade weil Sie befürchteten, dass jetzt Ihr Freund Wehnke die gleiche Dummheit begehen würde wie Sie damals. Dass er Isabel verlassen würde, weil er glaubte, in Frau Fierling seine Liebe gefunden zu haben, und damit sein Glück ruinierte. Also haben Sie zu einem Mittel in der Not gegriffen.«

Stefan Ries schwieg.

»Als Apothekersohn hatten Sie keine Schwierigkeiten, sich genug von der Pflanzenwurzel zu besorgen, denn sie wird auch heute noch in einigen homöopathischen Medikamenten verwendet. Ich habe mit Ihrem Vater telefoniert. Er bestätigte, dass Sie am Wochenende ziemlich unerwartet vorbeigekommen sind. Genauso einfach war es für Sie mit Ihrem Pharmaziestudium, die richtige Zubereitung zu finden. Und Sie hatten die Möglichkeit, während der Pause das Bett neu zu beziehen. Was sagen Sie dazu, Herr Ries?«

Der Requisiteur schien in sich zusammenzufallen. »Es ist schon alles gesagt. Maxime peccantes, quia nihil peccare conantur.« Er sah keinen seiner Freunde mehr an, als er abgeführt wurde.

Später am Abend bei einem Glas Rotwein auf dem Balkon schlug Janko den Spruch nach: *Wer nicht zu sündigen wagt, begeht die größte Sünde.*

Der Tatort

Ursprünglich Anfang des 18. Jahrhunderts als barocker Garten angelegt, wurde der Schlosspark Philippsruhe Mitte des 19. Jahrhunderts in einen englischen Landschaftsgarten umgewandelt, wobei einige barocke Elemente, wie die Beete der Schlossterrassen, erhalten blieben. Heute sind in der Parkanlage um das Schloss eine Reihe Skulpturen international renommierter Künstler aufgestellt, die im Rahmen dreier Stadtbildhauer-Wettbewerbe 1986, 1988 und 1990 erschaffen wurden.

Öffnungszeiten: Schloss Dienstag bis Sonntag von 11 bis 18 Uhr, Park rund um die Uhr; Eintritt: Schloss Erwachsene 4 Euro, Kinder 6 bis 16 Jahre 1 Euro, Familien (2 Erwachsene, 1 Kind) 5 Euro, Park kostenlos.

Adresse: Philippsruher Allee 45, 63452 Hanau

Anfahrt
mit öffentlichen Verkehrsmitteln:
Buslinie 5 und 10 der Hanauer Straßenbahn GmbH bis zur Haltestelle Schloss Philippsruhe.

mit dem PKW:
Autobahn A 66 bis Ausfahrt Hanau, dann Richtung Stadtmitte (Innenstadtring), von dort der Beschilderung Schloss Philippsruhe folgen. Parken ist kostenlos.

Christina Bacher

Endlich Ruhe

Offenbach, Alter Friedhof

Jupiter Lanfermann *3.1.1993 – ✝14.5.2016

Wenn die Nachmittagssonne hinter den alten, ehrwürdigen Bäumen hervorlugt und der Schatten der Blätter dunkle Kreise auf die Grabsteine zaubert, dann liebt Lale diesen Ort ganz besonders. Die gesamte Nordseite des Alten Friedhofs ist dann in warmes Licht getaucht. Als feierten die Toten ein Fest, denkt Lale und fühlt zeitgleich eine Freude – ganz tief in sich drin.

So musste sich auch Jupiter Lanfermann gefühlt haben, als sie so viele Tage auf diesem Friedhof gelebt und mit der Natur und sich selbst im Einklang gewesen war. Jetzt war sie nur mehr Staub in einer Urne unter der Erde. Irgendwie hat es ja sogar etwas Versöhnliches, wenn man bedenkt, dass die junge Frau nun endlich die Ruhe hat, die sie zeitlebens suchte.

Das Urnengrab liegt in einer ganz abgeschiedenen Ecke des Alten Friedhofs, wohin sich kaum Geräusche aus der Zivilisation verirren. Selbst die nahe Bahn hört man nur, wenn der Wind nach Westen steht. Jupiters Grab ist für Lale inzwischen zu einem vertrauten Ort geworden. Den Weg dorthin kennt sie inzwischen im Schlaf: Vom Nebeneingang in der Hebestraße muss man an den über 150 Jahre alten Gräbern prominenter und gut betuchter Offenbacher vorbei, den von Platanen gesäumten Weg entlang, dann sieht man schon das Gräberfeld im hinteren Bereich des Areals. Lale seufzt. Der Wind hat die bunten Blumen auf dem Grab mit Blättern zugedeckt und der Sturm hat des Nachts wieder kleine Äste von den Bäumen gebrochen, die nun überall verstreut liegen. Gut, dass sie ihren Rechen mitgebracht hat und einen Schwamm, um den marmornen Rand des Grabes zu säubern. Es ist ihr, als wäre Jupiter schon immer ein Teil ihres Lebens gewesen. Dabei ist es noch kein Jahr her, dass sie die junge Frau zum ersten Mal gesehen hat. Nicht persönlich, was sie sehr bedauert, aber im Fernsehen. Nur wenige Wochen später ist das Mädchen nicht mehr am Leben gewesen.

*

»Scheißtag«, fluchte Lale. Wer um alles in der Welt war diese abgekämpfte alte Frau im Spiegel? Mit Verve katapultierte sie die hochhackigen Schuhe in die Ecke und ließ die teure Designerjacke einfach auf dem Boden liegen. Das Endlich-zu-Hause-Gefühl sollte sichtbar sein. Nach zwölf Stunden in der Redaktion hatte sie sich auf eine Flasche guten Wein und einen Fernsehabend eingestellt. Dass jetzt ausgerechnet eine Dokumentation über Schlaflosigkeit und ihre Ursachen lief, passte wie die Faust aufs Auge: Auch Lale hatte seit Wochen nicht mehr durchgeschlafen. Im Gegensatz zu den Betroffenen, die für den Film interviewt wurden, wusste sie aber, wo es herkam: Ihr Chef zwang ihr immer mehr Aufgaben auf. Viel zu viele für einen einzigen Menschen.

Im Fernsehen sprach nun ein auffallend attraktiver Arzt vom Institut für Betriebsfestigkeit und Systemzuverlässigkeit in Frankfurt über Schallwellen. Oft seien Einschlafbeschwerden auch darin begründet, dass einen die Außenwelt nicht loslasse, man plötzlich Strom-Geräusche höre, wo keine seien. Wie bei Jupiter Lanfermann, die bei ihm seit kurzem in Behandlung sei. Eine dreiundzwanzig Jahre alte Frau, die in ihrer Wohnung einen tiefen Brummton vernahm, der sie verrückt machte. Verließ sie die Wohnung, behauptete sie, war das Geräusch weg. Eine junge Frau mit roten Haaren erschien jetzt auf dem Bildschirm, Piercing in der Nase, sportlich gekleidet, strahlend grüne Augen. »Ich kann nicht schlafen, weil das Summen auch nachts da ist. Das geht seit Monaten so. Ich bin total fertig. Inzwischen habe ich mein Referendariat abgebrochen, weil ich mich auf nichts mehr konzentrieren kann. Ich bin so froh, dass ich jetzt Dr. Leis kennengelernt habe. Seitdem sind schon erste Erfolge eingetreten. Glaube ich jedenfalls.«

Lale nahm ihr die Dankbarkeit sofort ab.

Jetzt schwenkte die Kamera wieder zu dem Mann im weißen Kittel hinüber. »Wir müssen davon ausgehen, dass Schall im Grunde frei ist von persönlichen Wertungen und dass dieser erst mit einer persönlichen subjektiven Empfindung regelrecht verschmelzen muss, um als störend oder nicht störend wahrgenommen zu werden. Wir müssen die Ursache also in der Biographie der Patientin suchen.« Dr. Leis lächelte jovial in die Kamera. »Wie ich ja auch in meinem neuen Buch geschrieben habe: Entweder man muss den Menschen vermitteln, dass Schall freundlich ist. Oder – und das scheint mir oft der bessere Weg – die Betroffenen müssen die Stadt verlassen und sich in Gärten und Parkanlagen ansiedeln.« Er lachte irre.

Lale konnte es gar nicht fassen. Machte er sich über seine eigene Patientin lustig? Das konnte er doch unmöglich ernst meinen. Sie jedenfalls glaubte Jupiter, dass es dieses Geräusch in ihrer Wohnung wirklich gab. Offenbach war Verkehrsknotenpunkt und lag an der Einflugschneise des Frankfurter Flughafens. Irgendwelche Geräusche gab es doch immer, die man nicht zuordnen konnte. Hatte das überhaupt mal jemand in Betracht gezogen? Der Bericht brach – typisch Privatfernsehen! – abrupt ab. Während der Abspann lief, wurde die neue Publikation des Mediziners eingeblendet, die sich natürlich mit dem Phänomen der Schallunverträglichkeit beschäftigte. Auf dem Umschlag des Buches sah man eine Porträtaufnahme von Jupiter Lanfermann. Schön. Jung. Sie hatte das Leben noch vor sich. SCHALLKRANK stand unter dem Bild. Lale schnappte sich ihren Laptop und wenige Minuten später hatte sie das neue Buch von diesem Seelendoktor online bestellt. Schallwellen interessierten sie null. Es ging ihr um Jupiter. Auch wenn sie es nicht wirklich erklären konnte, was genau sie an der Geschichte faszinierte. Sie wollte mehr darüber erfahren.

Kann Strom überhaupt ein Geräusch haben? Es ist in jedem Zimmer, 24 Stunden am Tag, sieben Tage die Woche. Und es hört nie auf. NIE! Auch wenn ich schlafe. Aber ich schlafe ja kaum noch. Da ist es wieder. Es ist unerträglich. Es sind 32-Hertz-Geräusche, ein Summen, das immer abwechselnd leise und laut wird. Wie Rauschen von Strom. Warum kann mir keiner helfen? Diese Scheißärzte können es jedenfalls nicht: Tinnitus, Ohrensausen – pfffff: Das Summen ist doch weg, sobald ich mich draußen aufhalte. Oder werde ich vielleicht verrückt? Keiner außer mir scheint es zu hören. Das ist doch seltsam.

Lale konnte nach dem Lesen des Buches an nichts anderes mehr denken als daran, diesem Mädchen zu helfen. Vielleicht würden sie ja gemeinsam die Ursache des quälenden Rauschens herausfinden können. Es gab für alles einen Grund, davon war sie fest überzeugt. Und ihr würde es guttun, sich auch mal mit anderen Dingen zu beschäftigen als mit den To-do-Listen ihres Chefs. Andere engagierten sich ja auch ehrenamtlich, da konnte sie also ebenfalls mal einem Mitmenschen helfen.

Die Suche nach Jupiter Lanfermann gestaltete sich schwieriger als gedacht. Die Adresse im Offenbacher Nordend hatte Lale zunächst schnell über das Internet herausgefunden. Außerdem ein Foto, das sie als Referendarin an einem Frankfurter Gymnasium zeigte. Doch wann immer Lale an dem Mehrparteienhaus vorbeikam, in dem die junge Frau wohnte, traf sie dort niemanden an. Der Name Lanfermann stand zwar an der Klingel, aber die Rollläden waren heruntergelassen. Unter der im Telefonbuch verzeichneten Nummer war nicht mal ein Anrufbeantworter geschaltet. Das Mädchen schien wie vom Erdboden verschluckt. Vermutlich hielt es sich einfach nicht gerne an dem Ort auf, an dem es verrückt zu werden drohte. Verständlich!

Lale beschloss, diesem Dr. Leis eine E-Mail zu schreiben, und tarnte sich als Journalistin, die sein neues Buch rezensieren wolle. Eine Sekretärin vertröstete sie, der Herr Doktor sei gerade auf einer Lesereise im Ausland. Schallkranke seien auch in Valencia und Paris aufgetaucht und das Interesse an dem Thema sei groß. Er werde sich aber gerne nach seiner Rückkehr melden. Lale hätte die Sache erst einmal auf sich beruhen lassen, um ihren Sommerurlaub zu planen, als eines Tages hinter dem Fenster der besagten Wohnung ein Schild auftauchte: WOHNUNG ZU VERMIETEN. War das Mädchen etwa ausgezogen? Wohin? Das änderte alles. Zumindest jetzt ihre Urlaubspläne.

Ich habe wieder Hoffnung. Dieser Dr. Leis ist ein toller Mensch. Er spricht sogar im Fernsehen über Schallwellen. In Wirklichkeit ist er noch viel sympathischer, als er so medial rüberkommt. Er schreibt gerade ein Buch und meint, da würde meine Geschichte auch gut reinpassen. Als besonders schwerer Fall. Ha, ha! Letztlich interessiert es mich nur, ob er mir helfen kann. Ich habe ihn gestern zu mir in die Wohnung bestellt, um ihm die Schallgeräusche vorzuführen. Aber er sagt, er höre nichts. Das könne auch eine Art von Einbildung sein. Oder ich ein übersensibler Mensch, was im Grunde ja nichts Schlechtes sei. Er sieht übrigens gut aus, der Doktor. Und er ist noch Single.

Jupiters Wohnung war nicht besonders groß, befand Lale, als sie sie zum ersten Mal als Mieterin betrat. Hier würde sie nun also ihren Urlaub verbringen, um einem Geheimnis auf die

Spur zu kommen, das es vielleicht gar nicht gab. Was, wenn sie es war, die verrückt war? Was kümmerte sie diese fremde Frau? Lale nahm sich den 300-Seiten-Wälzer SCHALL-KRANK vor und las Jupiters Geschichte. Das Mädchen kam aus einfachen Verhältnissen von einem Bauernhof im Taunus, den ihre alleinerziehende Mutter bewirtschaftete. Zum Lehramts-Studium war sie nach Offenbach gezogen. Während Kommilitonen aus dem ersten Semester sie als fröhlich und lebenslustig beschrieben, zog sie sich später mehr und mehr zurück, hieß es im Buch. Das Schallgeräusch, so hatte sie selbst ausgesagt, sei zum ersten Mal im Oktober 2015 aufgetaucht, kurz nach ihrem Einzug in die eigene Wohnung. Erst als es nicht wieder verschwand, hatte sie einige Versuche unternommen, Hilfe zu holen. Vergeblich. Ein Umzug komme für sie nicht in Frage: »Suchen Sie mal als Studentin ohne finanziellen Bürgen eine bezahlbare Wohnung im Frankfurter Raum. Das können Sie vergessen«, wurde sie zitiert. Sie schätze Offenbach wegen der grünen Oasen – Dreieichpark, Wetterpark, Leonart-Eißnert-Park: »Einmal Naturkind, dann für immer.«

Lale hatte die junge Frau beim Lesen vor Augen – ihre Gestik, Mimik, den Tonfall. »Wo bist du?«, murmelte sie mehr zu sich selbst. »Wo versteckst du dich?«

Er hat mir den Alten Offenbacher Friedhof gezeigt, den kannte ich noch nicht. Die grüne Lunge der Stadt, wegen der vielen Bäume und so. Ich weiß gar nicht, was das soll. Erst als wir am Mausoleum von Heinrich Krumm standen, bekam ich so eine Ahnung ...

Welches dumpfe Rauschen hatte Jupiter in ihren vier Wänden vernommen? Lale hielt in der Bewegung inne. Besonders ruhig war es in dieser Wohnung wirklich nicht. Davon abgesehen, dass der Straßenlärm durch die Fenster drang und die Wände so dünn waren, dass man mitbekam, wie die Nachbarn linker Hand permanent stritten, und man die Vorliebe für Talkshows der schwerhörigen Oma im Obergeschoss teilen musste, um sich wohlzufühlen, lief die Toilettenspülung permanent. Nur vom ominösen Schallgeräusch war nichts zu vernehmen. Trotzdem: Wie Jupiter sich hier auf ihre Lehramts-Prüfungen hatte konzentrieren können, war Lale wirklich ein Rätsel. Ob die Studentin vielleicht doch nur überfordert und gestresst gewesen war und deshalb Dinge gehört hatte, die es gar nicht gab? Wie formulierte der Mediziner es in seinem viel gefeierten Buch? »Die Schallforschung ist inzwischen so weit, dass wir sagen können, dass es für die Betroffenen nur eine Aussicht auf Heilung gibt, nämlich die, dass sie sich ihrem Arzt voll und ganz anvertrauen. Die hohe Suizidrate zeigt, dass dies leider nicht immer gelingt.« Hatte auch Jupiter Lanfermann diesen letzten Weg gewählt?

Lale brauchte eine Pause. Sie ging ins Badezimmer, um nach dem defekten Spülkasten zu sehen. Wenn die Sanitäranlage in dieser Bude jetzt auch noch kaputt war, würde sie es hier keine vierundzwanzig Stunden aushalten. Nachdem Lale den Kasten aufgeschraubt hatte, fiel ihr Blick auf etwas Dunkles, das offenbar auf den Wasserstopper gedrückt worden war und das Leck verursacht hatte. Mit spitzen Fingern beförderte sie eine durchsichtige Tüte zutage, in der ein dickes, schwarzes Buch steckte, das so den Tauchgang unbeschadet überstanden hatte. Mit zitternden Fingern legte sie den geborgenen Schatz auf die Fliesen des Bades und drehte ihn um. Sie konnte die Initialen J.L. auf der ersten Seite entziffern. Jupiters Tagebuch! »Endlich!«, flüsterte Lale ehrfürchtig. »Endlich sprichst du zu mir!«

Krumms Witwe Marie hat die Grabstätte 1914 zu Ehren ihres verstorbenen Mannes bauen lassen. »Dein Leben war Liebe – deine Liebe war mein Glück«, hat sie in den Stein der Mausoleums-Kuppel verewigt. So etwas beeindruckt mich enorm. Als wir dort standen – wir waren übrigens ganz allein – da merkte ich, dass ich mich so frei und glücklich fühlte wie schon lange nicht mehr. Diese friedvolle Ruhe, das Rauschen der Baumkronen, die vielen Tiere, mit Moos überwachsene Grabsteine. Manchmal denke ich, die Natur erobert sich den Platz zurück, den man ihr genommen hat. Ansonsten kreisen meine Gedanken immer nur um ihn. Er findet meine Gedanken interessant und lobt mich, wo er nur kann. Ich fühle mich unglaublich geehrt, ein Teil seines Buches zu werden. Das Tolle daran: Wir werden so in den nächsten Wochen viel Zeit miteinander verbringen. Ich wünsche mir nichts sehnlicher.

Lale hatte sich zum Lesen auf ihr provisorisches Bettenlager zurückgezogen. Es war, als inhaliere sie Jupiters Worte und als fügte sich ein Puzzleteil zum nächsten. Das Mädchen hatte sich also in ihren Arzt verguckt. Der um einiges ältere Mann hatte das für sich zu nutzen gewusst: Er wollte ihre Geschichte hören, mit allen Details. Aber warum hatte er sie dazu auf den Friedhof geführt? Nur um ihr die romantische Geschichte eines lange verstorbenen Liebespaares zu erzählen? Er wollte ihr Vertrauen gewinnen – immer in dem Wissen, dass Jupiters Geschichte für das geplante Buch immens wichtig sein würde. Ob er sie dort – vor den toten Augen der Grabesengel – auch geküsst hatte?

Zuerst gibt er mir alles, dann lässt er mich fallen. Wie ein Stück Dreck. Ich habe mich ihm anvertraut, meine ganze Geschichte – alle Sorgen, Gefühle, sogar meine Liebe zu ihm. Wir waren uns kurz so nah. Dann habe ich ihm gesagt, dass ich bei ihm bleiben will. Das hat ihn verändert. Gestern dann hat er mir gesagt, er glaube, das Schallgeräusch existiere nur in meinem Kopf. Ich sei ganz einfach verrückt. Und nicht therapierbar. Ich könne nicht in Gemeinschaft leben, das sehe man gleich. Außerdem: Ausbildung abgebrochen, kein Freund, Abhängigkeit vom Therapeuten, Ohrensausen – ich sei ein typischer Fall für die Klapse. Das hat er gesagt. Ich muss hier weg. Dorthin, wo es keine Menschen gibt. Ich brauche endlich Ruhe und Frieden. RUHE!!!!!

Das Mausoleum! Es sprach in diesem Moment alles dafür, dass sich Jupiter – nicht zum Sterben, sondern kurioserweise zum Überleben – auf den Alten Friedhof zurückgezogen hatte. Dort war sie für einen kurzen Moment glücklich gewesen. Genau dieses Gefühl wollte sie sich zurückholen. War es nicht sogar Leis gewesen, der den Schallkranken empfohlen hatte, die Stadt zu verlassen und ruhige Parkanlagen aufzusuchen? Jupiter war also seinem Rat gefolgt.

Lale würde sich gleich morgen auf den Weg machen und dem Alten Friedhof einen Besuch abstatten. Während sie es sich im Bett gemütlich machte, dachte sie an Jupiter, wie sie sich vielleicht gerade jetzt im Windschutz eines Grabsteins zusammenrollte, den Nachtgeräuschen lauschend, im Einklang mit Mutter Natur, und zu schlafen versuchte.

Acht Uhr in der Frühe. Lale erwachte von einem dumpfen, durchdringenden Geräusch. Es wurde leiser und lauter, als regulierte jemand mithilfe eines Schalters eine Musikanlage. Lale setzte sich auf und schaute sich um. Sie war allein im Appartement. Jetzt hörte sie auch den Schall. Ein unglaublich dumpfes, unangenehmes Geräusch. Raus hier. Nur raus.

Im Treppenhaus traf Lale die schwerhörige Nachbarin mit der Vorliebe für Talkshows und half ihr, die Einkäufe nach oben zu schleppen. Die Alte wedelte mit der rechten Hand, als wäre ihr diese Hilfe nicht ganz recht: »Sie sind doch auch aus der Wohnung, in der immer die Verrückten wohnen, oder?« Sie tippte sich an die Stirn. »Keine von denen hat es mal für nötig befunden, sich zu verabschieden. Sie sind alle immer plötzlich verschwunden.« Lale beeilte sich, ihr Bedauern darüber auszudrücken, und versicherte, dass sie das ebenfalls seltsam fand. »Gab es denn mal Probleme mit dem Stromnetz hier im Haus?« fragte sie, bevor sie sich verabschiedete. Es musste doch eine Erklärung für das seltsame Geräusch geben, das auch sie jetzt klar und deutlich gehört hatte. Die alte Frau zuckte ratlos die Schultern. »Nicht, dass ich wüsste«, sagte sie missmutig und beeilte sich, die Neue im Haus loszuwerden. »Unser Vermieter hat das alles schon kontrolliert. Da war nix Auffälliges.«

Schon als Lale den ersten Schritt hinter das Friedhofstor setzte, spürte sie, wie ihr die Lunge aufging und der Sauerstoff ins Gehirn strömte. Das war besser als Alkohol und Speed zusammen. Sie fühlte ungeahnte Kräfte. Energie. Sie bewunderte die hohen Bäume, die Eichhörnchen und die vielen Spatzen. Alles erschien ihr neu und beeindruckend. Sie fragte sich, ob der Mensch überhaupt für ein Stadtleben auf engem Raum bestimmt war. Wie positiv sich Ruhe und die Natur in so kurzer Zeit auf ihr Seelenleben auswirken konnten, hatte sie in der Tretmühle des Alltags nahezu vergessen. Sie hielt Ausschau nach Jupiter, aber von dem Mädchen war nichts zu sehen, auch kein Schlafsack verriet ein nächtliches Lager. Hatte sie sich doch getäuscht und das Mädchen war gar nicht hier? Überhaupt war der Friedhof wie leer gefegt. Einzig ein groß gewachsener Mann mit Hut lief etwas verloren durch die Gräberreihen. Lale heftete sich wie selbstverständlich an seine Fersen. Ihr erster Verdacht bestätigte sich, als sie ihm näher kam: Das war doch Heribert Leis, den sie bislang nur aus dem Fernsehen und von seinem Autorenfoto her kannte. Von wegen Lesereise in Spanien. Er würde sie jetzt zu Jupiter führen, dessen war sie sich sicher. Vielleicht waren die beiden ja an diesem geheimen Ort verabredet. Ein Stelldichein hinter den Gräbern. Kurz darauf wurde sie eines Besseren belehrt.

*

Lale ist irgendwie stolz auf ihr Werk: Immerhin hat sie heute nicht nur das Laub von dem Grab entfernt, sondern auch die mitgebrachten Veilchen in die Mitte des kleinen Erdstückes gepflanzt. Heute ist Jupiters vierundzwanzigster Geburtstag, also etwas ganz Besonderes. »Happy Birthday«, flüstert Lale und setzt sich wie immer nach getaner Arbeit auf die nahe Bank, um die letzten Strahlen der Sonne zu genießen, bevor es auch hier dunkler und schattig werden würde, und sie denkt daran, wie sie das Grab vor Kurzem gefunden hat. Der Arzt hat sie hergeführt, ohne es zu bemerken. Stumm hat er hier gestanden, als betete er. Das Lächeln auf seinem Gesicht hatte Lale erst gesehen, als er den Ort wenige Minuten später wieder verließ. Da hatte sie gewusst, dass sie zu spät gekommen war. Zu spät, um Jupiter zu retten. Umso mehr fühlte sie sich angespornt, die Wahrheit über den frühen Tod des Mädchens herauszufinden. Jetzt erst recht.

In Jupiters Wohnung hatte sie seitdem jeden Stein, jeden Meter der Wand, alle Türen untersucht – sie hatte die Tapeten von den Wänden gerissen, die Luftschächte inspiziert und alle Hohlräume kontrolliert, sogar die Abzugshaube in der Küche. Irgendwo musste sie sein, die Installation, die dieses 32-Herz-Rauschen verursachte. Ihre Sturheit zahlte sich schließlich aus: Jemand hatte winzig kleine Lautsprecher in die Glühlampen eingebaut, die man wohl von irgendwoher bedienen konnte. Schallgeräusch auf Knopfdruck. Jetzt hatte sie den Beweis, dass Jupiter sich das Rauschen nicht eingebildet hatte. Wenngleich Lale zu diesem Zeitpunkt noch nicht wusste, wer dahintersteckte, machte sie diese Erkenntnis froh und traurig zugleich. Am nächsten Tag verließ sie die gemietete Wohnung für immer und reichte die Kündigung ein. Erst als sie schon wenige Tage später Post vom Anwalt des Vermieters bekam, fiel es ihr wie Schuppen von den Augen: Die Wohnung gehörte niemand Geringerem als Dr. Heribert Leis. Sicher mehr als ein merkwürdiger Zufall. Leis' Anwalt präsentierte ihr eine saftige Rechnung. Auf die Kaution könne sie lange warten, schrieb er, sie habe schließlich in nur einem Monat die ganze Wohnung demoliert. Für ihren Anwalt war es wiederum nicht schwer gewesen herauszufinden, dass Leis auch Wohnungen in Valencia und Paris besaß. Genau dort, wo weitere Fälle von Schallkrankheit aufgetreten waren. Alle Mieterinnen waren nach kurzer Zeit auch seine Patientinnen geworden. Sicher kein Zufall.

Lale war sich jetzt ganz sicher, dass Leis eine Krankheit erfunden hatte, um weltweit berühmt zu werden. Er wollte die Koryphäe sein, die eine Krankheit heilen konnte, die er selbst erschaffen hatte. Aber im Fall Jupiter Lanfermann hatte er es übertrieben: Er hatte dem jungen Mädchen den Kopf verdreht. Er hatte sie nicht nur in den Wahnsinn, sondern auch in den Tod getrieben. Heribert Leis sehnte sich nach Berühmtheit? Lale war entschlossen, genau dafür zu sorgen. In der ganzen Welt sollten sie sich bald das Maul über den Betrüger zerreißen. Beweise für ihre Anschuldigungen gab es genug. Die sichergestellten manipulierten Glühlampen, die Kopien aus Jupiters Tagebuch, Aussagen anderer Patientinnen – Heribert Leis würde seine Taten büßen müssen. So viel stand fest.

*

Eine ältere Frau nähert sich dem Gräberfeld. Rote Haare stehen ungepflegt vom Kopf ab und der blaue Filzmantel hat ein großes Loch auf der Rückenseite. Die Frau bleibt an Jupiters Grab stehen. Sie muss sie gekannt haben, denkt Lale bei sich. Dann gibt sie sich einen Ruck und stellt sich daneben. »Sie hat heute Geburtstag, nicht wahr?«

»Sie wurde vor genau 24 Jahren um diese Uhrzeit geboren – ein Glücksmoment für mich und alle, die sie kannten. Sie hatte von Anfang an ein Lächeln auf dem Gesicht. Selbst als man sie tot auffand, hat sie gelächelt.«

Lale betrachtet Jupiters Mutter genauer. Sie sieht der Tochter ein bisschen ähnlich. Viel Leid hat sich in ihr Gesicht gegraben und sie frühzeitig altern lassen. Lale traut sich weiter vor. Mit einer Frage, die sie schon lange bewegt. »Wie ist sie gestorben?«

»Die Eisheiligen haben Kälte und Frost über diesen Ort gebracht. Dort vorne hat man sie gefunden. In der Nähe des Mausoleums.« Ihr knochiger Zeigefinger weist nach Westen.

Wortlos drückt Lale der Trauernden die Hand und holt dann das schwarze Tagebuch aus ihrer Tasche. »Ich möchte Ihnen etwas geben, das für Sie bestimmt ist.« Das dankbare Nicken zeigt Lale, dass die Mutter weiß, was sie da in Händen hält.

Während sie den Blick der Frau im Rücken spürt, geht Lale unter den Platanen hindurch Richtung Ausgang. Wie sie von hier zum Polizeipräsidium finden würde, hat sie sich am Morgen schon auf dem Stadtplan angeschaut. Gleich würde sie dort ihre Aussage zu Protokoll geben.

Der Tatort

Der Alte Friedhof Offenbach liegt zwischen Mühlheimer Straße und Bahnlinie. Der Haupteingang befindet sich in der Friedhofstraße 21, ein Nebeneingang in der Hebestraße, direkt hinter dem Ostbahnhof.

Die parkartige Anlage mit Platanenallee, jüdischem Teil und vielen kulturhistorisch wertvollen Grabmalen alteingesessener Offenbacher Familien wurde 1832 als Ersatz für den ehemaligen Stadtfriedhof am Wilhelmsplatz angelegt und steht unter Denkmalschutz.

Der Kontrast zwischen den nackten Straßen der Offenbacher Oststadt und dem Alten Friedhof mit seinen Rasenflächen, Bäumen und Hecken könnte nicht größer sein. Sobald man das Portal durchschreitet, ist man in einer anderen Welt.

Die Öffnungszeiten variieren je nach Jahreszeit und Wochentag zwischen 8 bis 17 Uhr an Winterwochenenden und 7 bis 20 Uhr im Sommer und werktags.

Anfahrt
mit öffentlichen Verkehrsmitteln:
Mit dem Nahverkehrszug bis Haltestelle Offenbach (Main) Ost, vom Frankfurter Hauptbahnhof aus beispielsweise die S9 Richtung Hanau. Von da geht man noch zehn Minuten zu Fuß oder nimmt die Linie 106 bis zur Haltestelle Alter Friedhof.

mit dem PKW:
Die A 661 Richtung Bad Homburg, bei der Ausfahrt Offenbach-Kaiserlei auf die B 43 in Richtung OF-Kaiserlei / OF-Zentrum / F-Oberrad / F-Sachsenhausen fahren. Im Kreisverkehr die erste Ausfahrt (Berliner Straße) nehmen. Nach etwa zwei Kilometern mündet die Berliner Straße in die Mathildenstraße, diese nach knapp 500 Metern in die Mühlheimer Straße. Nach 200 Metern rechts in die Friedhofstraße einbiegen; der Friedhof befindet sich auf der linken Seite.

Ivonne Keller

Alles wegen Emmas Scheißköter

Bad Vilbel, Park am Wasser

Am schlimmsten waren die Rotzgören. Zertrampelten alles. Die rannten über die Beete, rissen dabei im Frühjahr den Tulpen oder im Herbst den Astern die Köpfe ab, als wären sie mit einer Sense unterwegs. Kreischten dabei wie besoffene Möwen. Ab und zu schallte mal ein halbherziger Ruf von einer Mutti hinterher: »Aaron-Silas, pass mal ein bisschen auf, ja?« Das war's dann. Den Kinderwagen schoben sie natürlich auf dem Radweg. Manchmal in Gruppen, sodass kein Radfahrer mehr durchkam.

Aber es war nicht nur die Mütter-Mafia, die Dieter zu schaffen machte. Auch Halbstarke, die ihre Kippen in den Sandkasten schnippten oder leere Bierflaschen und glimmende Feuerstellen auf den Rasenflächen hinterließen. Glasscherben. Dieter wusste manchmal wirklich nicht, wo er zuerst für Ordnung sorgen sollte. Als jetzt noch die ganzen Flüchtlinge dazukamen, blieb ihm nichts anderes übrig, als sich auch noch um den Entenbestand zu kümmern. Früher musste er achtgeben, dass keiner die Schwimmvögel fütterte. Heute, dass keiner sie futterte.

Dieter straffte die Schultern. Sein Revier erstreckte sich vom Gelände am Radiosender bis hin zum Kurhaus. Knapp anderthalb Kilometer waren das. Zwanzig Minuten zu Fuß, wenn er ohne Zwischenfälle vorankam. Er patrouillierte jeden Tag, auch samstags und sonntags. Zusammen mit Rufus. Das war sein Dackel.

Na ja. Eigentlich war es gar nicht sein Dackel. Eigentlich war es der Dackel von Emma, seiner Schwiegermutter. Die terrorisierte Dieter schon seit vierzig Jahren. Er hatte ihr komplettes Haus renoviert in der Hoffnung, er würde da irgendwann mit seiner Hannelore einziehen. Aber Emma wollte einfach nicht abtreten. Jetzt konnte sie mit ihren neunzig Jahren nicht mehr mit dem Hund vor die Tür, daher war Rufus vor knapp drei Monaten bei ihm und Hannelore eingezogen. Sehr zu Dieters Leidwesen. Hunde machten einfach furchtbar viel Dreck. Wenn Dieter etwas hasste, dann war es Dreck.

Er hob die Hand an seine beigefarbene Schirmmütze, grüßte eine Oma mit Rollator, die hier an der Brücke zum *Kulturzentrum Alte Mühle* jeden Nachmittag ihre Runde drehte. Vorbei an diesen seltsamen, rot angestrichenen Stahlkonstruktionen, von denen keiner ihm je hatte erklären können, was sie darstellen sollten. Die alte Dame machte ihre Tour einmal über die hölzerne Brücke, dann wieder zurück zum Quellenhof, der Seniorenresidenz am Park. Die lag ganz in der Nähe der hübschen Bad Vilbeler Wasserburg.

Wenn die Rollatorschieber an einer der sich durch den Beton der Radwege zwängenden Baumwurzeln hängen blieben, konnten sie leicht umkippen. Weil Dieter ständig zur Stelle war, hatte er schon manches Unglück verhindert. Im Grunde war er in seiner Position gnadenlos unterbesetzt. Der Einzige, der sich kümmerte! Es fühlte sich ja sonst keiner verantwortlich für die Parkordnung dieser Stadt. Böse Zungen nannten ihn den Erbsenzähler vom Kurpark. Aber heute würde er mal keine Erbsen zählen. Er würde einfach nur ein bisschen spazieren gehen und die frische Luft einatmen. Endlich weg von Hannelore, die ihn heute Morgen schon wieder zusammengefaltet hatte. Weil er Käse gefrühstückt hatte und nicht die Kalbsleberwurst. Die musste doch weg. Angeblich hatte sie die Streichwurst seinetwegen gekauft. Genauso wie das viele Mett vor zwei Tagen. Beides war im Angebot gewesen. Dabei mochte Dieter gar nicht so gerne Mett. Deshalb hatte er kurzerhand Rufus das Zeug hingestellt. Dafür, was Dieter mochte oder nicht, war Hannelore nämlich ziemlich taub.

Was machte der Hund, seitdem sie losgelaufen waren? Hatte Dünnschiss. Natürlich fragte sich Dieter, ob das mit dem Mett zusammenhängen könnte. Vielleicht war das schlecht gewesen? Aber dann wäre es doch sofort losgegangen mit dem Hunde-Unwohlsein. Nicht erst zwei Tage später. Oder?

An Ostern hatte er dem Hund Schokolade gegeben. Er hatte es nur gut gemeint. Mein Gott, nie würde er Emmas Gezeter vergessen. Angeblich hatte er Rufus damit fast umgebracht. Konnte er doch nicht wissen, dass Schokolade Gift für Hunde war!

Er sah Rufus mit wachsendem Unbehagen dabei zu, wie es senfgelb aus dessen Hintern tropfte. Selbstverständlich hatte Dieter Tütchen für die Exkremente dabei, wie sich das für einen pflichtbewussten Hundebesitzer gehörte. Aber wie sollte er diese Soße beseitigen? Völlig unmöglich. Er sah sich unauffällig um. Zugegeben, wenn er bei anderen so eine Sauerei beobachtete, war er sofort zur Stelle. Die schickte er umgehend vom Platz. Am besten, er machte auch kehrt. Dass Rufus jetzt auch noch zu würgen anfing, gefiel Dieter gar nicht. Nichts wie weg hier.

Gerade als er kehrtmachen wollte, blieb wieder eine von diesen Kampfmüttern mit Kinderwagen mitten auf dem Radweg stehen, weil ihr Handy klingelte. Glitzer-Turnschuhe. Eng sitzende Lederhose. Pinke Fingernägel. Und diese vollen Lippen waren doch garantiert nicht echt. Wie er diese Weiber verabscheute. Einen Knopf konnten die heute nicht mehr annähen.

Unauffällig näherte er sich der Diva. Wollte er doch mal sehen. Ihr einen netten Schrecken einjagen. Damit sie es sich beim nächsten Mal überlegte, wo sie ihr Luxusgefährt entlangschob. Er hatte auch schon mal Reißnägel ausgestreut, die Teile hatten heute ja alle Luftbereifung. Allerdings war die Sache nachher nicht nur bei der Polizei, sondern auch in der Zeitung gelandet, und er hatte es nicht wieder getan. Hannelore hatte ihm gedroht. Wenn das noch einmal vorkäme, würde sie nicht mehr für ihn kochen. Oder zumindest kein Fleisch mehr, das er so mochte. Der Mensch brauchte Fleisch! Stattdessen würde Hannelore wieder Veggie-Burger machen. Die sahen aus wie Pferdeäpfel, wenn man ihn fragte. Wer biss da schon mit Wonne hinein? Dieter jedenfalls nicht.

Er schätzte die Frau mit Kinderwagen auf Ende dreißig. Wieder so eine von diesen Spätgebärenden. Mit achtunddreißig hatten er und Hannelore schon wieder den ersten Urlaub zu zweit im Schwarzwald verbracht, weil Petra nicht mehr mitwollte. Heute fingen die in dem Alter mit dem Kinderkriegen erst an. Petra übrigens auch. Anscheinend sollten Dieter und Hannelore bis auf dem Sterbebett auf ihr erstes Enkelkind warten.

Er war noch nicht ganz bei der Tussi angekommen, als ein Gesprächsfetzen an sein Ohr drang: »Aber du musst verbuddeln«, sagte die Frau. »Tief wie meglich.«

Er spitzte die Ohren. Oha. Eine Russin. Die waren ihm ja die Allerliebsten.

»Dann gib dir eben bisschen Mihe. Grab von Sobaka du hast auch geschaufelt und war größer.« Mit Schwung schnickte sie ihre mehrfarbig gesträhnten Haare über die Schulter. Eine Welle süßen Parfums stieg Dieter in die Nase. Er lief weiter hinter ihr her, versuchte unauffällig, noch ein wenig näher heranzukommen. Der Dackel war heute wirklich keine große Hilfe. Schon wieder tropfte es aus seinem Hinterteil. Jetzt kam auch noch ein Schwall grünliches Etwas aus seinem Maul. Ach herrje! Dieter konnte von Glück sagen, dass er es nicht gewesen war, der das Mett gegessen hatte.

Eben überquerte die Russin die Autobrücke, die über die Nidda führte und den Teil des Parks mit der Wasserburg von dem trennte, in dem das Kurhaus und die Brückenbibliothek lagen.

Er eilte ihr hinterher. Rufus' Krallen machten auf dem Zebrastreifen ein schabendes Geräusch, als Dieter ihn hinter sich herzog. Weiter vorn zeigte sich schon der Glaspavillon mit dem Römermosaik. Wahrscheinlich wollte die Frau mit ihrem Baby auf den dahinter gelegenen Römerspielplatz. Obwohl das Kleine anscheinend schlief, jedenfalls regte sich nichts in der Karre.

Als sein eigenes Handy in seiner Handgelenktasche schellte, zuckte Dieter zusammen. Es war Hannelore.

»Sag mal, hast du etwa die guten Schuhe an?«, wollte sie wissen.

Er starrte auf seine Füße. »Ich hab die genommen, die vor der Tür standen.« Dunkle Halbschuhe. Die Sohle war schon zweimal repariert worden.

»Aber die hab ich doch gerade erst geputzt! Du sollst mich fragen, welche du anziehen darfst. Du kannst doch nicht einfach so Schuhe nehmen! Wo bist du unterwegs?«

»Im Park.«

»Belästigst du mir auch niemanden? Du weißt genau, was die Polizei gesagt hat. Du sollst die Leute ...«

Er schnitt ihr das Wort ab. »Ich tue nur, wozu andere nicht in der Lage sind. Jetzt muss ich Schluss machen. Ich bin beschäftigt.« Er legte auf und stopfte das Handy zurück in die Tasche. Manchmal konnte Hannelore ihm wirklich auf den Geist gehen mit ihrer Meckerei.

Diese Russin plante etwas. Mit einem Komplizen. Da konnte man doch nicht einfach vorbeigehen. Er würde es schon noch allen zeigen. Am Ende würden sie ihm dankbar dafür sein, dass er so umsichtig war! Wahrscheinlich war die Frau mit Kinderwagen nicht mal legal hier. Er kannte seine Pappenheimer.

Dieter zog Rufus weiter hinter sich her. Heute war dieser Köter aber auch besonders lahmarschig.

»Pass auf mit ganzes Blut«, sagte die Russin eben und schielte in ein Geäst. »Liegt alles an richtige Stelle. Hast du gut gemacht. Jetzt kann nichts mehr gehen schief.« Ihr anschließender aufgebrachter Schrei ließ Dieter zusammenzucken. »Du hast Messer vergessen? Wie kannst du sein so Schussel? Hatte ich doch alles gelegt bereit. Messer und Stricke. Auf Tisch!«

Dieter folgte der Russin auf dem Fuß. Hier wurde etwas Großes geplant. Eine Straftat, bei der Tote billigend in Kauf genommen wurden. Die würde man später einfach verscharren. Wenn, ja, wenn es Dieter Ströbel nicht gäbe! Er würde den Verbrechern das Handwerk legen. Aber so was von.

Ärgerlich nahm er zur Kenntnis, dass der Hund sich schon wieder übergab. Den armen Kerl schien es wirklich zu beuteln.

Die Russin war auch gerade stehen geblieben und schielte schon wieder in ein Gestrüpp, in dem Dieter aber nichts als den üblichen Müll wie leere Pappbecher und zerknäulte Papierchen entdecken konnte.

»Pass auf, dass nicht kommt Polizei und dich sieht«, hauchte sie eben ins Telefon und starrte dabei auf Rufus, der nun tatsächlich einen Furz machte, bei dem es nur so spritzte.

Wer braucht denn die Bullerei, dachte Dieter und zog Rufus unerbittlich weiter. Es reichte doch, wenn er sich der Sache annahm.

In diesem Moment nahm er im Augenwinkel etwas wahr. Eher einen Schatten von etwas. Zuerst wusste er gar nicht genau, woran sein Auge sich störte. Die Erde an Beet Nummer zwölf. Da stimmte etwas nicht. Er kniff die Augen zusammen, ging ein paar Schritte näher, fasste die Bodenbeschaffenheit ins Auge. An Beet elf war noch alles wie immer gewesen. Aber das hier? Die hatten andere Erde genommen! Die Erde hatte eine ganz andere Farbe als üblich. Sie war heller. Lehmiger. Das tat einem ja in den Augen weh! Die vom Gartenamt arbeiteten aber auch immer schlampiger. Dass ein Stück weiter vorn auf dem Pflaster ein Stein fehlte, hatte er denen schon vor Wochen mitgeteilt.

Dieter legte Rufus' Leine beiseite – weglaufen würde der ihm heute eh nicht – ging in die Knie und begann zu retten, was zu retten war. Zuerst versuchte er, mit seinen Händen die neue Erde ganz und gar runterzuschaufeln, aber das ging nicht. Also war Unterheben die Devise. Reihe für Reihe arbeitete Dieter sich vor, bis er noch etwas anderes erblickte. Ach du lieber Himmel.

Auf Dieters Unterarmen bildete sich eine Gänsehaut. Eine Blutspur war das da am Boden. Sie führte vom Beet direkt in Richtung ...

Moment mal. Er sah sich suchend um. Wo war denn eigentlich die Russin geblieben? Die hatte er über dieser Sauerei hier völlig vergessen.

Er eilte mit Rufus, den er inzwischen schon fast auf dem Bauch liegend hinter sich her schleifen musste, um die Ecke des Glaspavillons und entdeckte endlich, was er suchte. Zumindest den Kinderwagen. Der stand verlassen auf dem Spielplatz. Und wo war die Frau? Statt ihrer stand ein Mann im Sandkasten und buddelte mit dem Spaten ein Loch. Dieter erstarrte. Im Sandkasten wollten sie den Toten verbuddeln? Russen kannten wirklich keine Grenzen.

Er näherte sich vorsichtig und betrat den Spielplatz. Der Mann im Sandkasten war so beschäftigt, der sah nicht mal hoch. Dass Rufus jetzt jaulte, musste dabei wirklich nicht sein. Und warum klingelte wieder sein Telefon? Hannelore ließ ihm aber auch keine ruhige Minute.

»Was gibt es denn noch?«, fragte er.

»Sag mal, Dieter, du hast dem Hund doch wohl nichts von dem Mett gegeben, das ich letztens gekauft habe?«, fragte sie ohne Umschweife und warf Dieter damit etwas aus der Bahn. Wie kam sie denn jetzt darauf? Manchmal glaubte er wirklich, Hannelore hätte irgendwo Kameras versteckt.

»Keineswegs«, log er.

»Gott sei Dank«, hauchte Hannelore. Sie wirkte ehrlich erleichtert.

Dieter konnte sich keinen Reim darauf machen. Sie klang, als wäre das Fleisch schlecht gewesen. Aber sollte sie sich dann nicht eher um ihn sorgen?

»Die Bella ist nämlich verstorben«, unterbrach Hannelore seine Gedanken.

»Welche Bella?«

»Na, die Kleine von Annemarie!«

Dieters Gedanken rasten. Er wusste gar nicht, dass Annemarie Enkelkinder hatte. So viel er wusste, lebte da nur dieser haarige ... »Meinst du den Afghanen?«, fragte er. Als »die Kleine« hätte er diesen Flokati garantiert nicht bezeichnet.

»Aber ja! Das Tier ist elendig verendet. Annemarie hatte ihr von dem Mett im Angebot gegeben. Da war was drin. Für Menschen völlig ungefährlich, aber für Hunde tödlich. Die kotzen, kriegen die Scheißerei. Und Krämpfe. Annemarie macht sich solche Vorwürfe.«

Dieter warf einen Blick auf Rufus. Der hatte sich soeben auf die Seite gelegt und atmete nur noch flach. Ach du lieber Himmel.

»Nach zwei Tagen geht die Sache zu Ende. Man kann nichts dagegen tun«, fuhr Hannelore fort. »Ist das nicht schrecklich?«

»Ganz entsetzlich«, bestätigte Dieter und beobachtete den blutigen Speichel, der eben aus Rufus' Maul floss.

Dieter wischte sich den Schweiß von der Stirn und bückte sich zu Rufus hinab. Piekste ihn vorsichtig in den Bauch. Darauf reagierte der Hund normalerweise sofort. Er war sehr kitzlig. Doch diesmal regte er sich nicht. Zwar atmete er noch. Das war aber auch alles.

»Es gibt doch bestimmt ein Gegenmittel?«, flüsterte Dieter in den Hörer.

»Was sagst du?«, rief Hannelore. »Ich hör dich auf einmal gar nicht mehr!«

»Ein Gegenmittel!«, rief er. »Es muss doch ein Gegenmittel geben!«

»Gibt es aber nicht! Seit zehn Jahren gab es keinen solchen Fall, sagt Annemarie. Das Virus – warte, ich hab's mir aufgeschrieben – Aujeszky oder wie das heißt, war quasi ausgestorben. Und jetzt das!«

»Und jetzt das«, hauchte Dieter. Aujeszky? Wenn das mal kein Russe war.

Dieter schloss die Augen. Der Tag hatte doch so gut angefangen. Warum hatte eigentlich er diesen Köter an der Backe, wo er ihn doch gar nicht leiden konnte? Warum nahm die alte Emma sich nicht mal einen anderen Hundesitter? Am liebsten hätte Dieter eine Träne vergossen. Er warf noch einmal einen Blick auf Rufus, dessen Zunge inzwischen aus dem Maul hing. Das sah ein Blinder, dass der Hund nicht einfach schlief.

Dieter sah sich unauffällig um und deckte eilig seine Jacke über Rufus' leblosen Körper. In diesem Moment wandte der Mann in der Sandkiste seinen Kopf zu Dieter um.

»Ist das Hund?«, fragte er schwer atmend und deutete auf den Schwanz von Rufus, der unter der Jacke hervorlugte.

»Nein«, sagte Dieter und schob den Schwanz mit der Fußspitze unter die Jacke.

»Hunde verboten auf Spielplatz«, sagte der Mann.

In dem Moment brannte bei Dieter eine Sicherung durch. Emma und Hannelore waren ja noch zu verkraften. Aber dass ihn jetzt auch noch so ein Russe zurechtwies? Einer, der gerade ein Loch für eine Leiche grub? Wie weit sollte das eigentlich noch gehen mit der Toleranz? Mit zwei Schritten war Dieter bei dem Fremden und verpasste ihm einen gepfefferten Faustschlag auf die Schläfe. Autsch. Dieter rieb sich die Hand. Das hatte wehgetan. Dem Russen offensichtlich auch, der ging nämlich zu Boden. Dieter guckte sich unauffällig um und tastete nach der Halsschlagader. Mucksmäuschenstille.

Das war vielleicht ein Scheißtag heute. Aber in Wahrheit hatte Dieter ein Verbrechen vereitelt! Vielleicht lag im Kinderwagen ein totes Baby, das der Mann vergraben sollte? Besonders groß war das Grab nämlich nicht. Er hastete zum Kinderwagen. Schaute hinein. Hoppla. Kein totes Kind. Eine Holzkiste in der Größe eines Schuhkartons. Auf alt getrimmt. Die Kiste war dick verschnürt. Vielleicht lag das Kind darin? Ein Sarg!

Dieter fingerte sein gutes Schweizer Taschenmesser aus seiner Handgelenktasche und durchschnitt die Schnüre. Öffnete den Deckel, auf das Schlimmste gefasst. Moment Mal. Gummibärchenpäckchen, Marsriegel, Jo-Jos in allen Farben. Waren die verrückt geworden? Und was war das für ein Zettel? Was stand da drauf?

Das ist Geburtstagsschatz vom Aleksej Kononenko.

Ach du grüne Neune.

Plötzlich hörte er in der Ferne ein Geräusch. Oh nein. War das nicht das schrille Lachen der Russin? Er sah vom Kinderwagen hinüber zum Mann im Sandkasten und dann weiter zum abgedeckten Rufus.

Zwei Tote auf dem Spielplatz. Und von irgendwo näherte sich die Russin. Aber nicht allein. Er hörte auch Kinderstimmen.

Dieter eilte zum Spielplatzzaun und spähte in die Richtung, aus der die Stimmen kamen. Es war noch eine andere Frau dabei. Oder ein junges Mädchen. Bestimmt ein Au-pair. Diese Russenmafia hatte doch Geld. Die Kinder holten etwas aus dem Gebüsch. Einen Zettel. Kaum hatten sie den gelesen, fingen sie an, auf der Stelle zu hopsen und sich zu melden. Oh Mann, wenn sie mit Rätselraten fertig waren, hasteten die doch garantiert weiter, kamen näher. Dieters Gedanken flogen. Früher oder später würden sie zur vermeintlichen Blutspur kommen. Die führte doch direkt zu ihm. Dass am Ende ihrer Schatzsuche ein toter Papa und ein toter Dackel im Sandkasten auf sie warteten, war vermutlich nicht ganz in Sinne der Russin. In seinem übrigens auch nicht.

Er lief zurück, zerrte den Mann an den Füßen ins Gebüsch und sprang panisch zurück auf den Sand. Jetzt galt es, einen kühlen Kopf zu bewahren. Vor allem galt es, sich eine Geschichte zurechtzulegen, die er Emma und Hannelore auftischen konnte. Wie sollte er nur vor den beiden verbergen, dass er Rufus vergiftet hatte?

»Gaaanz heiß«, hörte er von weitem die Stimme der Russin zu sich herüberschallen. »Gaaaanz heiß. Gleich habt ihr gefunden Schaaatz«, flötete sie.

Dieter sah zum Kinderwagen hinüber und überlegte fieberhaft. Er könnte Rufus darin ablegen und unbemerkt damit davonfahren. Noch war die Russin abgelenkt. Nur – der Erbsenzähler aus dem Kurpark mit Kinderwagen – das würde auffallen. Wenn dann jemand in den Wagen würde hineinsehen wollen? Nicht auszudenken.

Dieter rannte einmal im Kreis und raufte sich die Haare. Herrgott noch mal, was sollte er nur tun? Die Situation war total verfahren!

Doch dann kam ihm ein rettender Gedanke: Er würde den Hund im Loch verbuddeln und die Kiste im Wagen lassen. Oder, nein, Moment, dann würden die Kinder eine Hundeleiche ausbuddeln. Das ging ja mal gar nicht.

Verdippelt noch mal, die Leiche im Gebüsch ließ aber auch keinen klaren Gedanken zu!

Dieter schielte zum Russenpapa hinüber. Hoppla. Wo war der Kerl? Er hatte ihn doch eben hier abgelegt! Wieso war der jetzt weg? Na gut, umso besser.

Blieb nur noch der Hund. Mit dem konnte Dieter Hannelore und Emma nicht mehr unter die Augen treten. Er würde ihnen einfach sagen, dass man ihm den Hund geklaut hatte. Genau. Es hatte einer Rufus entführt! Weil der so ein entzückender und süßer Kerl war. Sagte Emma jedenfalls immer.

Stattdessen aber – und das war die schlaueste Idee, die Dieter jemals gehabt hatte – würde er noch ein zweites Loch graben.

Er griff in Windeseile nach dem Spaten und begann zu graben wie ein Verrückter. Halt. Stopp. Zuerst den Hund ins erste Loch. Dann war der schon mal weg.

Er hastete zu Rufus hin und wusste zuerst gar nicht, wo er den überhaupt anpacken sollte. Der war ja total verschmiert. Vorn wie hinten. Da musste Dieter jetzt durch. Er hätte ihn auch in seine Jacke wickeln können, aber was würde Hannelore für ein Theater machen, wenn er die gute Jacke besudelte.

Dieter kniff die Augen zusammen und griff beherzt zu. Eins musste er dem russischen Papa lassen, der hatte ein ordentlich tiefes Loch gegraben. Da kam so schnell kein Kind beim Sandkuchenbacken dran.

Er ließ Rufus ins Loch plumpsen, der so landete, dass seine Schlappohren direkt seine Augen verdeckten. »Tschüss, Rufus, mach's gut«, murmelte Dieter und schippte behände das Loch zu.

Jetzt geschwind ein anderes graben. Er horchte. Das durfte nicht wahr sein, die Stimmen waren schon ganz nah. Ihm lief die Zeit davon! Dieter rappelte sich wieder auf die Füße und war in drei Schritten beim Kinderwagen, zerrte die Kiste raus und hopste zurück in den Sandkasten. Jetzt nur gebührenden Abstand zu Rufus' Grab halten. Er setzte die Kiste ab und war gerade damit fertig, eine Sandpyramide darüber aufzuhäufen, als die grölende Horde Kinder hinter dem Glaspavillon auftauchte und aufs Spielplatzgelände stürmte.

Dieter kniete im Sandkasten und klopfte den Sand fest. Fast hätte er stolz gelächelt. Sandburgenbauen verlernte man eben nie.

Die Russin, die mit dem jungen Mädchen mit etwas Abstand hinter den Kindern herging, fasste ihn schon ins Auge. Dann blickte sie sich suchend um – Dieter konnte sich denken, nach wem. Ihn hätte selbst brennend interessiert, wohin der Russenpapa gelaufen war – allerdings musste er nicht lange überlegen, denn im selben Moment hörte er das Martinshorn. So ein Mist aber auch. Was wäre das schön gewesen, wenn er rechtzeitig hätte abhauen können.

Die Bullen kamen mit Volldampf die Parkstraße runter und blieben mit quietschenden Reifen an der Einbuchtung zum Spielplatz stehen. Die Kinder und die Russin glotzten mit offenen Mündern den Polizisten entgegen, die wie bei einem Einsatz in Manhattan aus dem Polizeiwagen sprangen. Gleichzeitig tauchte der Russenpapa neben einem Baum auf. In seiner Hand ein Handy.

»Keine Bewegung!«, riefen die Beamten und warfen sich fast auf Dieter. Man konnte es aber auch übertreiben. Er hatte gerade seinen Hund beerdigt!

Die Kinder sahen sich alles mit großen Augen an. Nur die Russin klatschte in die Hände. »Ach, Vadim, was hast du toll organisiert!«, rief sie dem Russenpapa zu. »Mit echte Polizei!«

Sie sah auch Dieter begeistert an, den sie für einen von ihrem Mann engagierten Schauspieler zu halten schien, dann hielt sie plötzlich inne. »Wo ist Dackel? Hab ich nicht gesehen Dackel bei Sie?«

Dieter öffnete seinen Mund und schloss ihn wieder.

Als der Russenpapa einem der Beamten etwas ins Ohr flüsterte, der Polizist genau auf die Stelle blickte, an der Dieter Rufus begraben hatte, und kurz darauf nach dem Spaten griff, schlug Dieter noch einmal zu. Diesmal auf die Schläfe des Polizisten. Die Sache war doch ohnehin aussichtslos. Hier kam er niemals unbeschadet raus. Wie sollte er Hannelore erklären, was er mit Emmas Hund angestellt hatte? Kurzentschlossen zückte er sein Taschenmesser – so schnell konnten die gar nicht gucken – und ging auf den nächsten los. Noch ein paar wüste Beamtenbeleidigungen dazu, die hatte er aus dem letzten Fernsehkrimi. »Scheißbullenfresse« war noch die Harmloseste. Wenn schon, denn schon.

Die Kinder applaudierten, sie machten begeisterte Luftsprünge, als Dieter zuerst zu Boden gerungen und dann abgeführt wurde.

Gut, aus Sicht eines Außenstehenden sah es schlecht für ihn aus. Aber in Wahrheit war ihm das Glück hold: Verunreinigung des öffentlichen Raums, Körperverletzung, Widerstand gegen die Staatsgewalt. Garantiert bekam er für alles zusammen eine saftige Strafe aufgebrummt. Mangels Kapitals würde er die wohl oder übel absitzen müssen. Mehr wohl als übel.

Vor Hannelore und Emma war er jedenfalls erst mal sicher!

Der Tatort

Der Kurpark Bad Vilbel liegt am Rande der Nidda und erstreckt sich durch das gesamte Stadtgebiet. Er wird über eine Strecke von etwa zwei Kilometern durch zwei historische Bauwerke eingegrenzt: die Sandsteinbrücke der Main-Weser-Bahn und die Brunnenanlage des Bad Vilbeler Römerbrunnens.

Dazwischen finden sich neben zahlreichen Sehenswürdigkeiten der Quellenstadt auch großzügige Wiesenflächen und Spielplätze, die zum Verweilen einladen. Die aufwendig restaurierte Bad Vilbeler Wasserburg, in der zwischen Juni und September die Burgfestspiele mit Theater, Musicals und Matineen veranstaltet werden, sowie das lebendige antike Römermosaik sind besondere Highlights.

Auskunft erhält man beim Fachdienst Tourist-Info / Kur- und Bäderverwaltung und auf www.kultur-bad-vilbel.de/kurpark.

Anfahrt

mit öffentlichen Verkehrsmitteln:

Linie R 40, RB 30 / 40, RB 34, RE 30, RE 32, RE 34, Linie RE 40 jeweils mit Halt am Bad Vilbeler Hauptbahnhof. Von dort mit der Buslinie 30 bis Haltestelle Kurhaus.

S6, Ausstieg Südbahnhof. Von dort geht es zu Fuß in die Frankfurter Straße Richtung Innenstadt und am Niddaplatz über die Büchereibrücke zum Kurpark oder mit den Buslinien 60–63 bis zur Haltestelle Zentralparkplatz (Niddaplatz).

mit dem PKW:

Parken kann man im Parkhaus am Niddaplatz oder auf dem Cityparkplatz am Kurhaus.

Uli Aechtner

Die Herrin der Gräber

Frankfurt, Bonames, Alter Flugplatz

Am Bienenhotel auf dem Alten Flugplatz in Bonames herrschte noch Betrieb. Wie winzige Helikopter umflogen Insekten die Baumhölzer, die hier zu einer Wand aufgeschichtet waren, schraubten sich in die Höhe, stießen in die Tiefe oder schlüpften in eins der unzähligen kleinen Löcher, die man für sie in das Holz gebohrt hatte. Im Holz legten die Wildbienen ihre Brutzellen an, in die sie ihr Ei mitsamt Nahrung platzierten, damit die Larve nicht verhungerte, wenn sie schlüpfte. Die Löcher verstopften sie sorgfältig mit Lehm. Die Bienen, die das Bienenhotel benutzten, waren Einzelgängerinnen und hatten es mit dem Brutgeschäft eilig. Es war, als wüssten sie, dass sie nicht lange zu leben hatten. Doch für heute war die Arbeit fast getan. Die Dämmerung brach schon herein.

Nachts fand Charlotte den alten Flugplatz am schönsten. Tagsüber amüsierten sich hier die Ausflügler, doch wenn es dunkel wurde, gehörte der Park in Bonames ihr allein. Wenn sie mit dem Rücken zur Bienenwand stand, wusste sie das Labyrinth aus Pflanzen hinter sich, in dem sie sich einmal beinahe verlaufen hätte. So gruselig wie in dem Film *Shining* war das gewesen. Als sie in dem Labyrinth herumirrte, war sie für einen Moment in die Haut des kleinen Jungen geschlüpft, der vor seinem gewalttätigen Vater davonrennt und ihm nur durch einen Trick entkommen kann, indem er sich in den eigenen Fußstapfen zurückschleicht. Linker Hand dann der leise gurgelnde Fluss: die Nidda. Wenn sie auf der Brücke am Geländer stand und in das Wasser schaute, glaubte sie, am Bug eines Ozeandampfers zu stehen. Wenn Wind wehte, breitete sie die Arme weit aus und stellte sich vor …

Ach, sie hatte so viel Fantasie.

Vor ihr lag die frühere Landebahn mit der spröden Betondecke. Die Markierungen für die Helikopter-Stellplätze waren noch gut zu erkennen, obwohl der Belag teilweise entfernt worden war. Einige Betonelemente hatte man auch nur verschoben, Gräser dazwischen gepflanzt. So waren sie Teil eines Kunstwerks geworden. Weiter hinten dann wilde Natur. Alles überwucherndes Gestrüpp, in dem niemand etwas verloren hatte. Charlottes Hades.

Wenn das Tageslicht nachließ, schlich sie hierher, sooft es eben ging. Der alte Flugplatz lag nur ein paar Schritte von der Dreizimmerwohnung entfernt, in der sie mit ihrem Bruder Karl und den Eltern lebte. Wenn es ihr gelang, unbemerkt aus dem Fenster im Flur zu klettern, konnte sie die familiäre Enge hinter sich lassen. In der Weite des Parks atmete sie auf, und ihre Seele hatte Platz. Wenn der Mond am Himmel stand, sah sie ihn stundenlang an und hing dabei ihren Gedanken nach. Die Strafen und das Gezeter, falls sie wieder einmal erwischt wurde, waren die gestohlenen Stunden wert. Sowieso waren die Eltern im Unrecht. Ihre Vorstellung, ihr könne hier etwas zustoßen, war einfach lächerlich. Doch nicht in *ihrem* Park!

Während sie die alte Startbahn entlangwanderte, sog Charlotte die frische Abendluft ein und lauschte in die Dämmerung hinaus. Die Vögel schliefen schon, nur ein später weißer Schmetterling irrte an ihr vorbei. Bald hatte sie die Wildnis erreicht, wo wachsen durfte, was wachsen wollte. Wie hoch die Gräser inzwischen waren! Mit ausgestreckten Armen teilte sie die Halme, um zwischen sie einzutauchen, wartete auf das Rascheln, wenn die Reihen sich hinter ihr wieder schlossen. Hier konnte sie niemand sehen.

Vorsichtig setzte sie Fuß vor Fuß auf dem schmalen Pfad, der sich bei jedem ihrer Besuche mehr verfestigte: niedergetretene Pflanzen, die am Boden schon langsam verfaulten. Als sie die winzige Lichtung erreicht hatte, atmete sie auf und ging in die Hocke. Zärtlich fuhr ihre Hand über die nackte

Erde, unter der ihr Schatz lag. Der Grund war sandig und weich, es war nicht allzu schwierig gewesen, Tom zu bestatten.

Sie sah sein Lachen vor sich, sein verschmitztes Gesicht. Ein bisschen altklug war er gewesen, ein wenig zu selbstsicher. Aber vielleicht war manches davon nur Theater gewesen, um seine Unsicherheit zu überspielen. Doch ein paar verdammt fiese Tricks hatte er draufgehabt. Andere reinzulegen war ihm nicht schwergefallen. Dabei war er noch so jung gewesen. Vierte Klasse, höchstens fünfte. Wenn er denn zur Schule gegangen wäre, der alte Streuner. Er hatte seine Tante, die sich als Einzige um ihn kümmerte, zu Tode erschreckt, als er für Wochen verschwand. Mit einem völlig vernachlässigten Typen war er auf Trebe gegangen. Immerzu war er in die falsche Gesellschaft geraten. Von seinen Kontakten zur Unterwelt gar nicht zu reden. Nein, er hatte es einfach zu weit kommen lassen.

Nun konnte er nichts mehr anstellen.

Was wohl aus ihm geworden wäre, wenn er hätte erwachsen werden dürfen? Ob er eines Tages saubere Klamotten getragen hätte, eine anständige Frisur? Daran hatte sie sofort gezweifelt, als sie ihn kennenlernte. Dennoch hatte sie sich damals in ihn verliebt, weil er so frei und unabhängig war und sich von niemandem etwas vorschreiben ließ. So ganz hatte ihre Bewunderung für ihn nie nachgelassen. Umso schöner, dass sie ihn hier nun jeden Tag besuchen konnte.

Sie blieb in Gedanken noch ein wenig bei Tom, dann überließ sie ihn seiner Ruhe und schlenderte zu der Stelle hinüber, wo die kleine Adelheid in der kühlen Erde lag. Wie Tom war sie ein Waisenkind gewesen. Eine Einsiedlerbiene, die mit sich allein zurechtkommen musste. Mit ihrem dunklen Lockenkopf war sie Charlotte gleich aufgefallen, aber es war die Seelenverwandtschaft zwischen ihnen beiden, die sie berührt hatte.

Adelheid war in Frankfurt nur zu Besuch gewesen. Damals hatte sie acht Jahre gezählt. Bis dahin hatte sie mit ihrem Onkel in einer schummrigen Holzhütte gelebt, einem schweigsamen Kerl, dem man nachsagte, er habe jemanden umgebracht. So genau wusste das niemand, aber so mürrisch, wie der Alte sich Adelheid gegenüber manchmal benommen hatte, war es vermutlich nur zu wahr. Auch Adelheid hatte das Verbrechen schon zu Lebzeiten umweht.

Charlotte sandte einen tiefen Seufzer zum Himmel, bevor sie die Lichtung verließ und sich zu der Stelle aufmachte, an der sie die wunderliche Alice verscharrt hatte. Sie lag nicht weit entfernt, doch der Boden war dort fester, daher hatte sie Alice nicht besonders tief eingraben können. Zur Sicherheit hatte Charlotte einen verdorrten Baumstamm über ihr Grab gezogen. Schließlich durfte auch Alice niemand finden.

Charlotte konnte schlecht einschätzen, wie alt die Kleine gewesen war. Vermutlich kaum älter als Tom und Adelheid, jedenfalls viel jünger als sie selbst. Doch die Geschichten, die Alice sich ausgemalt hatte, waren so fantastisch gewesen, dass man es kaum glauben mochte. Der Vater, dem Charlotte in einem Anflug von Leichtsinn einmal von Alice erzählt hatte, war sich sicher gewesen, dass das Mädchen Drogen nahm. Auf Figuren, wie Alice sie erfunden hatte, könne man nur im LSD-Rausch kommen, hatte er behauptet, John Lennon und seine Liedtexte seien der beste Beweis. Charlotte hatte sofort bitter bereut, den Vater ins Vertrauen gezogen zu haben. Statt ihre Fantasie zu bewundern, verspottete und verlachte er Alice. Und der Bruder lachte gleich mit, er lachte auch Charlotte aus. Schlimmer noch, er spionierte ihr nach.

Wenn er ihr nur nicht wieder gefolgt war.

Sie blieb stehen und betrachtete den schwärzer werdenden Park. Etwas Dunkles platschte über ihre Schuhe, und um ein Haar hätte sie laut aufgeschrien. Sie sah gerade noch rechtzeitig, dass es nur eine fette Kröte war, die ihren Weg gekreuzt hatte. Sie beruhigte sich und schlich weiter bis zu der Stelle, an der Alice lag. Aber was war das? Der Baumstamm über ihrem Platz war fortgezogen, ihr Grab zerstört. Jemand hatte die Grasnarbe mit einem Spaten ausgehoben und nach ihr gesucht. Aber hatte er sie auch gefunden?

Charlottes Atem ging schneller, ihr Herz hämmerte. Sie würde sofort nachsehen müssen, ob Alice noch da war.

Als sie das letzte Mal nach ihren Kindern gesehen hatte, war Karl hinter ihr her gewesen. Der ältere Bruder glaubte sie bevormunden zu können und kommandierte sie herum. Wie die Eltern hielt er Charlotte für zurückgeblieben, für unzurechnungsfähig und gefährlich verrückt. Glaubte, sie überwachen zu müssen, damit sie nichts Dummes anstellte. Doch Charlotte war nicht verrückt. Dass sie ihre Kinder hier begraben hatte, war ihre Sache. Ihre Welt ging niemanden etwas an.

Sie fiel auf die Knie und tastete mit beiden Händen nach Alice. Der Boden war aufgelockert vom Spaten des Grabschänders. In fliegender Hast schob sie die Erde beiseite, Steinchen gerieten unter ihre Fingernägel, ein Brennen zog ihre Arme hoch. Charlotte fluchte innerlich. Doch sie schaffte es, den Schmerz zu ignorieren, und grub mit bloßen Händen weiter. Aber da war nichts mehr. Keine Spur von Alice. Wohin hatte Karl sie gebracht? Hatte er sie womöglich im Park verschleppt? Sie legte den Kopf schief und suchte nach Schleifspuren, nach umgeknickten Gräsern. Doch Karl war auf dem Weg geblieben, den sie selbst in die Wildnis geschlagen hatte. Und nichts verriet, wohin er Alice mitgenommen hatte. Heiße Wut überkam sie. Sie richtete sich auf und ballte die Fäuste. Da! Jetzt raschelten die hohen Gräser. Er kam auf sie zu. Beinah musste sie über seine Ungeschicklichkeit lachen. Tom hätte sich bestimmt lautlos angeschlichen, aber der kannte ja auch einen Indianer.

Charlotte suchte so leise wie möglich hinter den Gräsern Deckung. Wie gut, dass der Himmel schon so viel dunkler geworden war. Vorsichtig lugte sie zwischen den Pflanzen hindurch.

Tatsächlich, Karl ging zu der Stelle, an der Alice gelegen hatte, und blickte lange in das Erdloch. Vermutlich war er stolz auf seine abscheuliche Tat. Sie musste unbedingt rauskriegen, wo Alice nun war.

Dann hörte sie das Geräusch. Es kam von dem Ding, das er aufschnappen ließ. Ein Klappspaten! Wollte er die beiden anderen etwa auch noch ausgraben? Charlotte sprang auf die Lichtung und rannte auf ihren Bruder zu. Umkreiste ihn und fiel in ein neckisches Hüpfen.

»Fang mich doch, fang mich doch«, rief sie in gespieltem Übermut. Ihr Bruder sah sie einen Moment lang entgeistert an, dann ließ er den Spaten fallen und nahm die Verfolgung auf.

Sie wusste, dass sie schneller war als er. Sie musste eben nicht so oft nach Luft ringen wie der allergiegeplagte Bruder. Sein Jammern und Leiden, sein Röcheln und Lungenrasseln, sie war es so leid. Beim kleinsten Kiekser hatten die Eltern gleich neben ihm gestanden. Was hast du, was ist dir, geht es dir etwa nicht gut? Charlotte war in solchen Momenten Luft für sie, ein Niemand. Eine Einsiedlerbiene, die allein zurechtkommen musste.

Sie kontrollierte ihren Atem und lief schneller, dann wieder drosselte sie ihr Tempo, damit Karl sie ein Stück weit einholen konnte. Schließlich durfte er nicht aufgeben, sie wollte ihn von ihrer Wildnis weglocken, und dazu musste er sie weiter verfolgen. Mit seinem rasselnden Atem, seinem Ringen nach Luft.

»Fang mich doch, Eierloch«, rief sie wieder und wieder. Karl wollte sie fangen, so sehr, dass er ihr blindlings folgte und überhaupt nicht darauf achtete, wo sie hinlief.

»Du sollst abends nicht hier draußen sein, sagt Mama«, keuchte er schwer. »Und Papa will es auch nicht. Es ist viel zu gefährlich, vor allem, wenn es dunkel wird. Vor der Dämmerung musst du immer daheim sein.«

»Spinner«, schrie Charlotte zurück.

»Halt, bleib stehen! Du bist doch hier die Verrückte!«

»Na warte!« In diesem Park war sie die Herrin über ihre Kinder und deren Gräber. Ging das denn gar nicht in seinen Schädel?

Charlotte hatte nun das Bienenhotel erreicht, sie schlug einen Haken und lief geradewegs zurück. Da hörte sie Karl schreien. Er hatte die Kurve nicht gekriegt und war gegen die Bienenwand gelaufen. Die scheuen Einsiedlerinnen, die um ihre Brut fürchteten, krochen tiefer in ihre Verstecke. Doch drei späte Wespen, die ausspähen wollten, ob es im Bienenhotel etwas für sie zu holen gab, fühlten sich in ihrem Vorhaben gestört. Blitzschnell schossen sie auf den vermeintlichen Feind zu. Umkreisten ihn. Stießen im Sturzflug auf ihn herab. Landeten auf seinem Gesicht, in seinen Haaren, auf seinen nackten Armen. Und stachen erbarmungslos zu. Karl fuchtelte mit den Händen, versuchte die Angreiferinnen abzuschütteln, aber es wurde umso schlimmer. »Ich will nicht sterben!« Er japste nach Luft, Charlotte konnte ihn kaum verstehen.

Sie wusste nicht, was zu tun war. Die Wespen ließen einfach nicht von ihm ab. Summend hefteten sie sich an seinen Nacken, krabbelten unter seinen Kragen. Dann sackte er vor der Bienenwand in sich zusammen. Wie ein Häuflein Elend hockte er da, warf den Kopf zurück und griff sich an den Hals.

Sie hatte sein rhythmisches Röcheln noch im Ohr, als sie wieder auf dem Weg zu ihren Gräbern war. Der Mond stand nun hell am Himmel und beleuchtete die Startbahn. Auf der Höhe des Naturschutzgebiets drückte sie sich in ihre Wildnis. Teilte mit steifen Armen die hohen Gräser und schlüpfte zurück in ihre Welt.

Eine Weile stand sie stumm vor der Stelle, an der Alice gelegen hatte. Wie hatte Karl sie nur so schnell gefunden? Sie lag doch noch tiefer in der Wildnis als die beiden andern. Charlotte hatte ganz bewusst keine Blumen auf ihre Ruhestätte gepflanzt. Sie hatte alle ihre Kinder schmucklos unter die Erde gebracht, in langen, arbeitsreichen Nächten, mit zitternden Händen und letzter Kraft. Und sie hatte schon gar keine Steine mit Inschriften ausgelegt. Obwohl ihr für jeden ein letzter Gruß eingefallen wäre.

Ruhe sanft am Ufer des Flusses hätte gut zu Tom gepasst, auch wenn die Nidda nicht der Mississippi war. In seiner freiheitsliebenden Art hatte er sich nie einengen lassen. Fluss, Feld und Flur waren ihm immer näher gewesen als der gepflegte Haushalt der Tante.

Deine Welt sind die Berge wäre etwas für Adelheid gewesen. Zwischen den Bergspitzen schwebten himmlische Wolken, und Adelheid hatte so gern nah am Himmel gelebt, viel lieber als am kalten Main.

Bei Alice hatte man nie gewusst, in welcher Welt sie gerade weilte. Vielleicht fühlte sich Charlotte ihr deshalb so nah.

»Auf Wiedersehen in der ewigen Teegesellschaft«, flüsterte sie und wischte sich eine Träne fort. »Grüß mir den verrückten Hutmacher und das weiße Kaninchen.« Dann ging sie zu den beiden andern zurück.

»Hört mir mal gut zu, Tom und Heidi«, bat sie leise. »Heute Nacht werdet ihr einen Neuzugang haben. Versprecht mir, dass ihr euch gut mit ihm vertragt. Es wird auch für mich nicht ganz leicht. Ihr wart alle klein und handlich. Ihr lebtet nur in Büchern. Diesmal ist es ein Mensch aus Fleisch und Blut.«

Der Tatort

Auf dem bereits 1948 als Feldflughafen genutzten Gelände errichteten die US-Amerikaner einen Hubschrauberlandeplatz – das Maurice-Rose-Airfield. Erst 1988 wurde das 4,5 Hektar große Areal von den Amerikanern geräumt, 1992 wurde es von der Stadt Frankfurt übernommen und zum *Alten Flugplatz Bonames*.

Die Idee der Stadt war es, das Gelände als Freizeitpark zu nutzen. Gleichzeitig sollte der militärische Charakter des Flugplatzes erhalten bleiben, außerdem wollte man einen Teil des Geländes an die Natur zurückgeben. Also wurden einige Elemente der versiegelten Flächen entfernt. Betonplatten der ehemals elf Abstellplätze für Hubschrauber türmte man zackig aufeinander, andere wurden dekorativ in der Landschaft verlegt, dazwischen und auf weiteren Flächen durfte sich der Wildwuchs breitmachen. Lediglich die Start- und Landebahn blieb fast vollständig erhalten. So entstanden ein Biotop und ein kunstvolles Areal für Menschen, die sich entspannen wollen.

Im alten Tower, von dem aus früher die Helikopter dirigiert wurden, ist heute ein Café eingerichtet, das auch ein Ort des Lernens ist. Hier können erwachsene Menschen, die noch keinen Berufsabschluss haben, sich für den Beruf der Köchin, des Kochs oder der Restaurantfachfrau bzw. des Restaurantfachmanns qualifizieren.

Als grünes Klassenzimmer dient der naturbelassene Teil des Parks vielen Schulklassen. Insgesamt leben hier nun mehr als 360 Tierarten, von denen rund 70 als gefährdet eingestuft sind und auf den Roten Listen Deutschlands oder Hessens stehen.

Tower Café Öffnungszeiten: Montag bis Samstag ab 11.30 Uhr, Sonntag und Feiertag ab 10 Uhr. Bei warmen Temperaturen ist das Café bis Sonnenuntergang geöffnet und hält eine kleine Abendkarte bereit. Ausnahmen: Sonn- und Feiertage. Bei schlechtem Wetter ist das Café nur bis 18 Uhr geöffnet. Es gibt durchgehend warme Küche.

www.tower-café.de

Anfahrt

mit öffentlichen Verkehrsmitteln:

U2 bis Station Kalbach, dann etwa vier Minuten Fußweg über den Unteren Kalbacher Weg Richtung Bonames zum *Tower Café.*

Bus 27 bis zur Station Nordpark, dann etwa fünf Minuten Fußweg Richtung Westen zum *Tower Café.*

mit dem PKW:

A 661 Ausfahrt Bonames. Immer Richtung Bonames Mitte / P+R. An der Kreuzung links in die Kalbacher Hauptstraße einbiegen. Nach P+R und Überquerung der Schienen weiter geradeaus auf dem Oberen Kalbacher Weg. Nach rechts in die Fleckenbühlstraße einbiegen. Schildern *Alter Flugplatz* folgen. Am Ende nach links in den Unteren Kalbacher Weg, dann nach rechts in Am Burghof bis zum Ende fahren. Schließlich links dem Schild *Alter Flugplatz* folgen.

BRIGITTE PONS

Der König ist tot

Frankfurt, Bethmannpark und Chinesischer Garten

»Du machst das nicht richtig.«

Die Stimme seines Bruders klang gleichermaßen nörgelig wie herablassend. Wie immer, solange Wigbert sich erinnern konnte. Auch der Text hatte sich in all der Zeit kaum verändert. *Du machst das nicht richtig*, war einer von Walters Lieblingssätzen.

»Bis zur Brust. Zieh mir die Decke über die Beine und bis zur Brust hoch, sonst hole ich mir den Tod!«

Im Stillen äffte er Walter nach und zog hinter seinem Rücken Grimassen. *Sonst hole ich mir den Tod!* Immer diese leeren Versprechungen. Wigbert zupfte halbherzig an der karierten Decke herum, die sich speckig anfühlte und nach altem Mann roch. Widerlich, wie der ganze Kerl. Auch das war eine Konstante in seinem Leben, seit fast fünfundsiebzig Jahren. Wenn es denn sein musste, dann zog er das Ding eben noch etwas höher und stopfte es fest, sehr fest, unter die Achseln, damit bloß kein Lufthauch mehr durchdrang. Zum Abschluss noch ein Tätscheln auf die Oberschenkel. Mit Schmackes, denn er spürte ja nichts in den Beinen, der elende Besserwisser.

»Na, geht doch«, brummte Walter. »Und jetzt den Turm auf C5.«

Wigbert hob den weißen Turm an, aber noch ehe er ihn absetzen konnte, plärrte Walter schon wieder.

»Fü-nef hab ich gesagt, Wigbert. Nicht sieben. Mach doch dein Hörgerät an!«

Wortlos zog er die Schachfigur wieder zwei Felder zurück. Nichts konnte der mehr und spuckte trotzdem große Töne, schubste ihn dauernd herum.

Wieso lässt du das mit dir machen? Die Frage hatte er sich oft gestellt und gestern war es Lydia gewesen, die ihm über die faltige Wange gestreichelt und diese Worte gesagt hatte. Lydia, die polnische Pflegerin, die in Walters Haus wohnte und schuftete, für 'n Appel und 'n Ei, wie er stets betonte. Ein Ausbeuter und auch noch stolz drauf. Wigbert konnte sich so etwas nicht leisten, aber zum Glück trugen ihn seine Beine ja noch und auch sonst kam er allein gut zurecht. Einen *strammen Kerl* nannte Lydia ihn manchmal und kam in seine kleine Wohnung – Sozialbau zur Miete –, um ihm den Bart zu rasieren, mit Schaum und einem scharfen Messer. Aber nur heimlich, denn Lydias Dienste standen ihm nicht zu.

Walter hatte immer alles gekriegt: erst die Spielsachen, später die Frauen, das Geld, das Familienunternehmen. Der Erstgeborene. Walter König Junior. Ihn hatten sie Wigbert genannt, als ob es nicht schon schlimm genug war, immer der zweite zu sein. Ein Jahr jünger, einen Zentimeter kleiner und immer einen Schritt zu spät. Das Einzige, was sie je im Guten miteinander verbunden hatte, war die Liebe zum Schach, zu Frankfurt und ganz speziell zum Bethmannpark. Hier hatte Wigbert seine Frau getroffen. Die einzige, die er je gehabt und gewollt hatte. Luise, die im städtischen Schaugarten arbeitete, mit ihrer grünen Schürze und dem grünen Daumen. Dort hatte sie den Besuchern erklärt, wie die Rhododendren gepflegt werden mussten, als er sie zum ersten Mal sah. Vom Fleck weg war er verliebt in ihre roten Wangen und die von der Sommerhitze gekräuselten Locken und heiratete sie, bevor Walter sie ihm ausspannen konnte. Versucht hatte er es. Auch später noch.

Unter Luises Liebe war Wigbert aufgeblüht wie die Blumen in den Parkrabatten. Ihr Lachen hatte seine Welt bunt gemacht, rosarot wie die Blüten der Rhododendren, die trotz ihres süßen Aussehens am besten in saurer Erde wachsen. Doch ihr Glück war nicht von langer Dauer gewesen. Man durfte nicht zögern, nichts aufschieben, das hatte Wigbert schmerzlich gelernt. Das Gute im Leben hatte es manchmal verflucht eilig, und nach Luises Tod war es ganz verschwunden. Nur sein Bruder war ihm geblieben, das Schachspiel und der Park.

Was Walter am Park liebte, hatte er nie verstanden. Für die Schönheit der Natur besaß er keinen Blick, kein Gefühl für Harmonie oder die Philosophie, die hinter den weißen Mauern des chinesischen Gartens steckte. Eigentlich liebte Walter nur sich selbst.

»Willst du nicht endlich deinen nächsten Zug machen?«, keifte er jetzt und zerrte ungeduldig an Wigberts Jackenärmel. »Ist ja nicht zum Aushalten mit dir. Dauernd träumst du vor dich hin.«

Wigbert packte eine Figur, ohne genau hinzusehen. Das Spiel, das er einst genossen hatte, machte ihm schon lange keinen Spaß mehr. Er kam mit Walter hierher, weil es nichts anderes für ihn zu tun gab. Oft gesellten sich andere Spieler dazu, und wenn einer von ihnen Walter besiegte, dann feierte Wigbert heimlich. Ihm gelang es fast nie. Vielleicht hatte er sich auch einfach nur so sehr ans Verlieren gewöhnt, dass er gar nicht mehr gewinnen wollte.

»Schlechte Wahl. Ganz schlecht. Siehst du nicht, was jetzt passiert? Ich brauche höchstens noch drei Züge bis zum Matt. Mein Gott, bist du ein Versager.«

Wigbert biss die Zähne zusammen, die Kauflächen rieben knirschend übereinander, so fest, dass er fürchtete, seine Prothese zu zerbeißen. Walter tat es schon wieder. Zitternd umschloss er den Hals seines Läufers, dirigierte ihn übers Feld.

Walter lachte kopfschüttelnd und gab sein nächstes Kommando. Wigbert zwang sich zur Konzentration. Er saß in der Falle. Nicht er persönlich. Aber sein König auf dem Schachfeld. Jetzt konnte er es auch sehen. Wie schon unzählige Male zuvor war er in Walters Hinterhalt getappt.

»Schieb meine Dame«, forderte Walter. »Du weißt, wohin! Oder? Das müsstest sogar du erkennen.«

König in der Falle. Seine Hände weigerten sich, den Befehl auszuführen.

»Na, auf geht es. Meine Dame putzt dich weg! Die haut dich um.« Walter gackerte vergnügt. »Hab ich dir immer gesagt, Wigbert. So sind sie, die Weiber. Du musst zuerst zuschlagen, wenn du nicht willst, dass sie dich fertigmachen. Ja, schau nicht so. Deine Luise war auch nicht besser als die anderen.«

König in der Falle, rotierte es durch Wigberts Gedanken. Sein Blick glitt über die Parkwege, blieb wieder am Spielfeld hängen, dann an dem Hinterkopf mit den grauen Zottelhaaren und der braunmelierten Schiebermütze. Walter spielte immer mit Weiß, denn dann hatte er den ersten Zug. Wigbert lächelte sparsam. Was zählte, war, wer den letzten Zug platzierte.

Statt der Dame hob er den König an.

»Die Dame, du Trottel!«

Der Fuß der Plastikfigur war mit Beton ausgegossen. Das machte sie schwer und standfest, damit sie nicht vom Wind umgepustet werden konnte. Das war Walters Werk gewesen. Denn der König – sein König –, hatte eines Tages ein Loch gehabt, und jeder noch so kleine Lufthauch brachte ihn zu Fall. Eine persönliche Beleidigung für Walter. Täglich rief er daraufhin beim Grünflächenamt der Stadt an und forderte von der Parkverwaltung sofortige Abhilfe. Nach einer Woche des Wartens endete seine Geduld. Er beauftragte einen seiner Mitarbeiter, dem König mit einer Schaufel Beton die Würde zurückzugeben. Die Fäden seines Bauunternehmens hatte er noch immer fest in der Hand, warum also nicht einen Laster umleiten, der dann eine Stunde lang den Parkeingang blockierte? Walter König hatte seinen Willen und der weiße Schachkönig seitdem ein beachtliches Gewicht.

»Hörst du nicht, Wigbert? Die Dame!« Zur Veranschaulichung deutete er die Kurven üppiger Brüste an. »Erinnerst du dich? Luise hatte auch solche. Dicke Dinger, lagen sicher gut in der Hand.«

Das war zu viel. Dieser Widerling hatte nicht das Recht, so über seine Frau zu reden. Er hatte überhaupt kein Recht, über sie zu reden! Mit leisem Knacken bildete sich nun doch ein Riss in der Zahnprothese. »Sei still, Walter.«

»Und wenn nicht, hä? Zieh endlich, du Jammerlappen, und bring es zu Ende!« Walter fuchtelte mit dem ausgestreckten Zeigefinger und würdigte Wigbert keines Blickes. »Ich habe gewonnen.«

Die Bänke rund um den Freischachplatz waren leer. Niemand zu sehen am nah gelegenen Parkeingang, auch niemand an der Mauer zum chinesischen Garten. Weit und breit rührte sich nichts. *Der König sitzt in der Falle.* Dann brachte er es eben zu Ende. Ganz wie der König es wünschte. Wigbert atmete tief ein, stemmte die Figur auf Schulterhöhe und ließ sie dann herunterkrachen. Die Wucht der Bewegung brachte ihn zum Taumeln.

»Hmpf«, entfuhr es Walter, als sein Kopf nach vorn knickte. Die Schiebermütze schlidderte über das Schachfeld.

Sorgfältig rieb Wigbert die Kante des weißen Königs an den Grünpflanzen im Beet sauber, dann stellte er alle Figuren zurück in die Ausgangsposition, schob Walters Rollstuhl neben eine der Bänke und nahm neben ihm Platz. Nachdenklich schaute er auf das glänzende Rinnsal, das sich seinen Weg zwischen den Haaren seines Bruders hervor suchte. Er setzte ihm die Mütze wieder auf und lehnte ihn an die Nackenstütze. Mit der Sonnenbrille sah er eigentlich aus wie immer. Die herabhängenden Mundwinkel machten kaum einen Unterschied zu der miesepetrigen Grimasse, die er ohnehin meistens zog.

»Arschloch«, murmelte Wigbert und meinte damit sowohl Walter als auch sich selbst. Was gerade passiert war, ging nicht als Unfall durch, so viel war klar. Hätte Walter nicht einfach mal die Schnauze halten können? Seit Jahren spielten sie über den Sommer jeden Tag Schach im Park, von Mai bis September, solange die Figuren draußen standen. In allen anderen Monaten trafen sie sich abwechselnd bei einem von ihnen zu Hause. An jedem einzelnen Tag war Walter ihm auf die Nerven gegangen. Damit war nun Schluss. Er seufzte. Herbstfarben leuchteten auf im warmen Licht des späten Nachmittags – rot, sattgelb, rostbraun. Die Saison neigte sich dem Finale entgegen. Nur noch drei Tage.

Mütter mit Kleinkindern nutzen die letzten Sonnenstrahlen, machten sich auf zu einem Spielplatzbesuch.

»Siehst du, Walter, das haben wir beide nicht hingekriegt. Da hat es dir auch nichts genützt, der fünfte König Junior zu sein. Es ist kein Thronfolger da, der dich beerben kann.« Er legte die Hände in den Schoß und überlegte. Keine Erben und keine weitere Familie außer ihm. Aber das hässliche Loch in Walters Schädel schloss einen natürlichen Tod und eine Erbschaft aus. Konnte er ihn irgendwie verschwinden lassen?

Seine Gedanken purzelten wild durcheinander. Er brauchte einen Plan. Er parkte Walter an der Seite des Schachfelds, drehte ihn mit dem Gesicht in die Sonne und begann eine Partie. Ohne zu überlegen, machte Wigbert Zug um Zug, spielte eine Meisterpartie nach, während es in seinem Kopf drunter und drüber ging. Zwischendurch beugte er sich zu Walter hinunter, als ob er seinen Anweisungen lauschte. Dabei klappte er ihm regelmäßig den Unterkiefer wieder hoch, in der Hoffnung, dass er oben bliebe, wenn die Leichenstarre einsetzte. Natürlich gewann Walter auch dieses Spiel, und Wigbert verneigte sich vor ihm. Eine letzte Huldigung, dann drehte er mit ihm die nächste Runde. Wenn nur keiner kam und sie ansprach. Gedankenverloren schob er den Rollstuhl kreuz und quer über die Kieswege zu den Gewächshäusern, hinter deren milchigen Glasscheiben seine Luise so glücklich gewesen war. Sie hatte oft gelacht, wenn er Pflanzen nicht auseinanderhalten konnte, die sich ähnelten. Wer erkannte denn schon auf Anhieb, ob er nun einen *Rhododendron oreodoxa* oder einen *Rhododendron adenosum* vor sich hatte? Abrupt blieb er stehen. Hatten nicht die anderen Schachspieler manches Mal gefrotzelt, eigentlich könne man die beiden Königs nur am Rollstuhl unterscheiden? Und hinter vorgehaltener Hand ergänzt, vorausgesetzt, sie machten den Mund nicht auf, denn Walters Boshaftigkeit war legendär und traf sie alle. Noch am Mittag waren sowohl ihre Mitspieler als auch einige Zuschauer früher aufgebrochen als beabsichtigt, nachdem Walter sie andauernd gemaßregelt hatte.

Aufgeregt tätschelte Wigbert seinem Bruder die Schulter. Er würde ihn nicht nur verschwinden lassen, er würde seinen Platz einnehmen! Und er hatte auch schon eine Idee, wie er das bewerkstelligen konnte. Ab Montag wanderten die Schachfiguren ins Winterquartier bis zum Frühjahr. Niemand würde sich wundern, wenn die König-Brüder dem Park fernblieben.

Am Spielplatz machte er Halt, lauschte dem Quietschen des Wippetierchens. Die Zeit spielte für ihn, auch heute, ebenso die sinkende Sonne und die kühle Septemberluft, die schon ein wenig nach Feuchtigkeit und Moder roch.

»'n Abend, Herr König und Herr König.« Mit dem Rechen über der Schulter kam einer der Gärtner herangeschlendert. »Jetzt kommt der Herbst mit riesigen Schritten, nicht wahr?«

»Der Walter hält schon Winterschlaf«, erklärte Wigbert kopfschüttelnd. »Wenn es recht ist, wecke ich ihn nicht auf.«

»Ja, ja, das ist besser«, stimmte der Gärtner schnell zu. Noch einer, der Walter lieber schweigen sehen wollte. Vielleicht hatte Wigbert der ganzen Welt einen Dienst erwiesen und nicht nur sich selbst.

Er wünschte noch einen schönen Abend und vorsorglich ein frohes Fest und ein schönes neues Jahr, was den Gärtner zum Lachen brachte, dann zog er weiter. Die Wiese, auf der sich im Sommer junge Leute tummelten, lag verlassen. Eine der ersten kalten Nächte stand bevor. Der Park leerte sich zusehends.

Noch einmal schlug er den Haken zurück zum Freischachfeld und verstaute unauffällig den weißen König im geräumigen Gepäckfach des Rollstuhls. Aus der Plastikbox, die Lydia für Walter gepackt hatte, nahm er das letzte Stück Kuchen und aß es mit Genuss. Dazu trank er heißen Tee aus Walters Thermoskanne. In seinem Kopf hörte er die Stimme des Bruders.

»Zu süß, viel zu süß. Die will mich umbringen mit dem ganzen Zucker. Unmöglich, die Frau. Wie oft hab ich ihr schon gesagt, dass ich am Nachmittag lieber etwas Herzhaftes will. Brot mit Leberwust und Gurke. Blöde Gans. Kannst du haben, den Fraß. Ich esse das nicht.«

Wigbert mochte Süßes. Lydia wusste das ganz genau.

Gestärkt machte er sich auf zur nächsten Etappe, passierte den Torbogen in der weißen Mauer, den zwei wachsame Steinlöwen flankierten und ein Drachenrelief von oben bewachte, und gelangte ins Innere des chinesischen Gartens. »Garten des Himmlischen Friedens« nannte man ihn, zur Erinnerung an das Massaker auf dem gleichnamigen Platz in China. Für ihn hatte das immer einen gewissen ironischen Beigeschmack gehabt.

»Frieden, Walter«, murmelte er. »Den gibt es für uns jetzt auch.«

Wigbert nahm den Weg zum Wasserfall. Auf den schmaleren Pfaden ließ sich der sperrige Rollstuhl nur mit Mühe über die unebenen Platten bewegen. Argwöhnisch betrachtete er den Pavillon auf dem kleinen Hügel, den *Bergtempel*, in dem ein Pärchen selbstvergessen knutschte. Ganz hinten, nahe der Mauer, schob er den Rollstuhl ins Gebüsch. Noch hingen genügend Blätter an den Zweigen, die ihnen Deckung gaben. Die Parktore wurden bei Einbruch der Dunkelheit geschlossen. Nicht mehr lange, dann wären sie ganz allein mit den Vögeln und den kleinen Nagern im Unterholz. Wigbert rieb die Handflächen gegeneinander. Wenn das so weiterging, würde er in der Nacht erbärmlich frieren. Und die Nacht würde lange dauern. Neidisch guckte er auf Walters müffelnde Karodecke. Nein, er würde sie nicht verschmähen, um sich zu wärmen. Am liebsten hätte er sich sofort darin eingewickelt. Gleich morgen wollte er Lydia darum bitten, sie zu waschen. Lydia, die nun seine Lydia sein konnte. Nur noch seine. Ein klein wenig Glück wollte er haben auf seine alten Tage. War das zu viel verlangt? Er zweifelte nicht daran, dass sie seinen Schwindel schnell durchschauen würde. Dann läge sein Schicksal in ihren Händen. Oh ja. Seufzend dachte er an ihre sanften Finger. Das Risiko ging er gerne ein. Sollte sie ihn doch erpressen und sein Geld verprassen – Walters Geld –, er wollte ihr mit Freuden dabei zusehen und es genießen. Schein für Schein. Hauptsache, Walter war weg.

Geduldig wartete er, warf ab und zu einen Blick zum Himmel, dann auf seine Armbanduhr, lauschte. Der Mann vom Wachdienst musste den Parkeingang längst abgesperrt haben.

Wigbert zerrte den Rollstuhl aus seinem Versteck und steuerte nun wieder den Hauptweg an. Vorbei an den Pagoden mit ihren geschwungenen Dächern und zur Mitte der Zickzack-Brücke über den Teich, wo er die Bremse verriegelte. Genau hier unter dem Teppich aus Seerosen war das Wasser am tiefsten. Zwei Meter bis zum Grund. Tief genug, um den großen König zu verschlucken, der es nur auf einen Meter fünfundsechzig Körperlänge gebracht hatte.

Die Fische, dachte Wigbert plötzlich, die waren es, was Walter am Park am meisten gemocht hatte. Diese dämlichen, glubschäugigen Geschöpfe. Wahrscheinlich, weil sie stumm waren, keine Widerworte gaben und ihn ergeben anglotzten, wenn er ihnen Brotkrumen zuwarf. So hatte Walter ihn auch am liebsten gesehen, den eigenen Bruder: als Bettler. Mehr als Brotkrumen hatte er ihm auch nie gegönnt. Er trat gegen eines der Räder und Walter kippte mit dem Oberkörper zur Seite.

»Da, nimm das.« Und gleich noch einen Tritt. »Den auch!« Sein Zorn brach sich Bahn und er lachte laut, wohl wissend, dass niemand ihn hören konnte. Nur die Fische vielleicht. Er richtete Walter wieder auf, rückte sogar die verrutschte Mütze und die Sonnenbrille zurecht. Seine Augen wollte er nicht sehen.

»Es sind Karpfen, keine Kois. Graskarpfen, um präzise zu sein. Das weiß ich, Walter. Das wusste ich immer. Nur wollte ich, dass du dich aufregst, wenn ich das Falsche sagte. Weil ich gehofft habe, dass dich der Schlag trifft bei einem deiner cholerischen Anfälle. Aber jetzt ist Schluss. Mein Schlag hat dich getroffen, und sei ehrlich, angemessener hätte der nicht ausfallen können. Der König schlägt den König mit einem König. Schachmatt, lieber Bruder. Ab sofort heißt es Lydia für mich und Karpfen für dich. Fressen sollen sie dich, die Fischlein.« Aber selbst dazu waren sie nicht zu gebrauchen, die dummen Viecher. Am besten besorgte er im Fachhandel ein paar Raubfische oder Aasfresser, um sie im Teich freizulassen. Bis zum Frühling sollten sie den toten Körper auf dem Grund des Sees gründlich abgenagt haben. Nein, noch besser, er kaufte Piranhas! Von denen hatte Walter begeistert erzählt, nachdem er eine Reise durch Südamerika gemacht hatte, und von ihrer Effizienz geschwärmt.

Wigbert pustete in seine Handflächen, um Gefühl in die klammen Finger zu bekommen. Zuerst zog er Walters Gürtel aus der Hose, dann seinen eigenen und legte sie griffbereit nebeneinander. Den Hausschlüssel und das Portemonnaie steckte er sich in die Tasche, nahm nach kurzem Zögern sein eigenes heraus, um es Walter mit auf die Reise zu geben. Das Geld behielt er. Auch die Sonnenbrille und die Mütze musste er Walter noch abnehmen, dann die Decke. Geschrumpft sah er plötzlich aus, direkt rührend in seiner schweigenden Hilflosigkeit. Fast war es, als ob das graue Dämmerlicht ihm die Milde schenkte, die er zu Lebzeiten nie besessen hatte. War das der Moment, in dem Wigbert Mitleid hätte empfinden sollen oder Reue? Schulterzuckend ging er darüber hinweg. Er legte Walter die weiße Schachfigur in die Arme, schob sie ihm unter die Jacke, schloss akribisch alle Knöpfe. Aber das genügte nicht. Er knüpfte die Gürtel zusammen, schlang sie um seinen Bruder und zurrte sie fest. In ihrem nassen Grab sollten die beiden Könige auf immer vereint sein, denn ohne das betonschwere Zusatzgewicht würde Walter am Ende wieder auftauchen. Sollte er je gefunden werden, würde das sicher ein kleines Rätsel für die Polizei werden.

Letzter Akt. Es kostete ihn mehr Kraft als erwartet, den Toten unter den Achseln aus dem Stuhl zu heben. Selbst im Tod erwies sich Walter als widerspenstig, die Leichenstarre machte ihn zusätzlich unhandlich. Schweißgebadet betrachtete ihn Wigbert, als er ihn endlich auf das gemauerte Geländer gewuchtet hatte. Noch einmal den Gurt prüfen, reichte das Gewicht? Lieber zur Sicherheit noch etwas nachlegen. Aus dem nächstgelegenen Beet holte er zwei große Steine und steckte einen probehalber in seine eigene Jackentasche. Das gab mächtig Zug nach unten, aber der Stoff hielt. Wunderbar, dann sollte das bei Walter ebenso funktionieren. Der Mond wanderte über den Himmel und erleichterte Wigbert sein Vorhaben. Er platzierte den ersten Steinbrocken. Walter schaukelte bedenklich. Der steife Körper drohte samt Ballast nach hinten wegzukippen.

»Noch nicht!« Wigbert warf sich über seinen Bruder, versuchte ihn auszubalancieren, nahm den Gürtel als willkommenen Halt und klemmte die Hand darunter.

»Nein! Nein, nein, nein!«

Doch Walter war nicht mehr aufzuhalten. Wigbert ließ los. Aber das nützte nichts. Walter riss ihn mit sich. Wie in Zeitlupe nahm er den Flug übers Geländer wahr, unwirklich langsam und staunend. Er hörte Walter auf die Wasseroberfläche aufschlagen und spürte gleich darauf, wie auch ihn kalte Flüssigkeit umspülte. Das Wasser des Teiches schloss sich über ihnen. Mit weit aufgerissenen Augen sah Wigbert sich um, während sie tiefer sanken. Sein Jackenärmel hing fest verhakt in der Gürtelschnalle am Bauch seines Bruders, ließ sich nicht lösen, egal wie sehr er daran zerrte. Seine Füße berührten den Grund. Walter hielt ihn fest, unerbittlich, wie er immer gewesen war.

Wigbert richtete den Blick nach oben. Mondlicht sickerte durch das aufgewühlte Nass, in dem sich Seerosen drehten. Schön sah das aus. So friedvoll. Er hörte auf zu rudern und zu kämpfen. Lydia war sowieso viel zu jung. Was wollte er eigentlich noch da draußen? Ohne Walter und ohne Luise. Ach, Luise …

In der Jackentasche fühlte er den felsigen Klotz. Alles war gut, wie es war. Zufrieden guckte er seinen Bruder an.

»Siehst du, Walter. Diesmal habe ich es richtig gemacht!«

Die Steine waren schwer genug.

Der Tatort

Der Bethmannpark liegt zentral zwischen Friedberger Landstraße und unterer Berger Straße. Er ist nur etwa drei Hektar groß und wird komplett von einer Mauer eingefasst. Die Bankiersfamilie Bethmann errichtete ihn 1783 als Hausgarten vor den Toren Frankfurts. 1941 kaufte die Stadt das Gelände und verwandelte es von einem Patriziergarten in einen städtischen Park mit gärtnerischer Beratung für interessierte Bürger. Der Name Bethmann blieb erhalten, die Koexistenz von Bürgertum und Geldadel ist für die Frankfurter selbstverständlich. Der Bethmannpark ist tabu für Radfahrer und Hunde, sehr gut gepflegt und bleibt nachts geschlossen. Jeden Montag, Mittwoch und Freitag von 10 bis 12 Uhr können Hobbygärtner die Pflanzenberatung neben dem Nordeingang in Anspruch nehmen.

Auskunft erhält man beim Grünflächenamt der Stadt Frankfurt, Telefon 069 2123 0991 oder auf www.frankfurt.de (Leben in Frankfurt / ImGrünen / Anlagen und Parks).

Anfahrt

mit öffentlichen Verkehrsmitteln:

U4, Station Merianplatz. Straßenbahn Linie 12 und 18, Haltestelle Hessendenkmal.

mit dem PKW:

Adresse: Berger Straße 12, 60316 Frankfurt am Main.

Parken im Parkhaus am Gericht oder im Parkhaus Konrad-Adenauer-Straße.

Bernd Köstering

In Harmonie

Frankfurt, Bethmannpark und Chinesischer Garten

Immer wieder trete ich auf goldbraune Gingkoblätter, die überall verstreut auf der Erde liegen. Ein deutscher Dichter wusste Romantisches über dieses geteilte Blatt zu berichten. Es ging um ein Paar, das sich sowohl Gemeinsamkeit als auch Individualität teilte. Jan erzählte mir davon, ich selbst kenne die deutschen Dichter kaum, mehr die chinesischen.

Es war Jans Vorschlag: dieser Treffpunkt unter dem Gingkobaum direkt vor dem Haupteingang zum Garten des himmlischen Friedens. Warum ausgerechnet hier? Vielleicht will er mir einen Gefallen tun, mit mir im chinesischen Garten spazieren gehen. Auch nannte er keinen Grund für die Verabredung. Doch brauchen Liebende einen Grund, sich zu treffen?

Die Gärtner sammeln Laub ein und laden es in große grüne Schubkarren. Profi-Schubkarren. Sogar einige Rosenblüten sind dabei, andere stehen noch am Stängel, halten sich fest, wollen noch nicht zugeben, dass der Sommer zu Ende ist.

Ich sehe Jan kommen, von Westen, wie erwartet. Ein Lächeln, eine Umarmung, ein schneller Kuss. Ich bin verwirrt. Ein seltsamer Kuss war das, ohne Gefühl, ohne Sehnsucht, ohne Verlangen, nur seine Lippen auf meine gepresst. Vielleicht bedrückt ihn etwas. Ich beschließe zu warten. Wie die meisten asiatischen Frauen kann ich Geduld bewahren.

Wir gehen in Richtung chinesischer Garten, der in den Bethmannpark eingebettet liegt. Das Haupttor wird von zwei steinernen Löwen flankiert. Ich trete zu dem linken Löwen und lege meine Hand auf die Kugel in seinem Maul.

»Man darf sich etwas wünschen, wenn man die Kugel dreht!«, rufe ich. Jan wartet, äußerlich ruhig, aber mit ungeduldigem Blick. Schnell sende ich einen Wunsch ins Universum. Dann schmiege ich mich an ihn. Wir passieren das Tor. Die Herbstsonne hat überraschend viel Leuchtkraft, selbst der Bambus scheint zu strahlen. Er verdeckt zunächst den Blick auf den hinteren Teil des Gartens. Wir betreten die *Brücke des halben Bootes*, die sich in einem kurzen, hohen Bogen über das Wasser zieht. Man kann sie sich als umgestürztes, kieloben liegendes Boot vorstellen. Erst auf ihrem Scheitelpunkt sieht man den großen Wasserpavillon, den Teich, die Platane, darunter eine baumähnlich gezogene Glyzinie.

»Schön hier«, meint Jan.

»Schön ist untertrieben«, sage ich. »Das ist ein original chinesischer Garten, wie er in meiner Heimatprovinz Anhui gebaut wird. Ein Juwel.«

»Tatsächlich? Wie bei dir zu Hause?«

»Ja, er wurde von chinesischen Arbeitern angelegt. 1989. Auch das Material kam direkt aus Anhui.«

»Meine Güte, was das gekostet hat!«

»Viel Geld. Drei Millionen. Aber schau nur, die Bambuslandschaft, die seltenen Steine, besonders der Lotus-Fels mitten im *Jaspisgrünen Teich*. Die drei Pavillons haben alle eigene Namen, und sieh mal da hinten der Wasserfall und überhaupt diese Harmonie! Das hat sich doch gelohnt, oder?«

»Na ja, schon ...«

»Du bist banausig!«, sage ich.

Er lacht auf. Ich weiß, dass er meine deutschen Wortschöpfungen mag. Wie auch mein Lachen, mein blauschwarzes Haar und das neue grüne Kleid, das wir letzte Woche gemeinsam gekauft haben. Heute trage ich es zum ersten Mal. Ich finde, es harmoniert gut mit den verschiedenen Grüntönen um uns herum. Wir gehen auf den großen Wasserpavillon zu, den *Pavillon des geläuterten Herzens*. Er steht auf

Holzpfählen im Wasser, dunkel, hoch, eindrucksvoll. Kurz vor dem Eingang schiebt Jan mich vorsichtig nach links. Ich habe keine Chance gegen ihn und versuche, lachend dagegenzuhalten.

»Ich möchte gern zum Wasserpavillon!«, sage ich.

»Warum?«

»Was spricht dagegen?«, frage ich zurück.

»Wir gehen zuerst zu dem Hügel da hinten. Danach gehst du in den *Pavillon des geläuterten Herzens.*«

Welch seltsame Formulierung. Ich folge ihm nach links. Am Fuß des Hügels, auf dem der sogenannte *Pavillon im schimmernden Grün* thront, bleibt er stehen. Direkt neben einem großen solitären Stein. Blumen liegen davor.

»Hier wurde vor vier Wochen ein hoher chinesischer Staatsbeamter ermordet«, sagt Jan.

Ich bin entsetzt. Was will er mir damit sagen?

»Zumindest wurde sein Leichnam hier gefunden«, ergänzt er.

Ich muss mich sammeln. »Ja, das stand in der Zeitung. Wo wurde dieser chinesische Beamte denn getötet?«

»Keine Ahnung. Weißt du es nicht?«

»Ich? Woher soll ich das denn wissen?«

Er schweigt. Ich schaue tief in seine Augen. Was spiegelt sich darin? Der *Jaspisgrüne Teich*. Und sonst?

»Er wurde erstochen und dann hierher gebracht, mit solch einer großen Schubkarre.« Jan deutet auf das Arbeitsgerät einer Gärtnerin.

Ich warte, sehe mich um, teils aus Verlegenheit, teils aus purem Entsetzen. Wie sind wir nur auf dieses Thema gekommen? Während eines Rendezvous. Oder ist dies gar kein Rendezvous?

»Was bedeutet dieses Schriftzeichen hier auf dem Stein?«, fragt Jan.

Ich betrachte den Solitär, vor dem die Blumen liegen. Weiße Chrysanthemen. »Es gibt so viele Schriftzeichen und verschiedene Dialekte im Chinesischen, ich denke, es bedeutet so etwas wie: die Wolken betreten.«

»Aha«, sagt Jan, »das passt ja.«

»Wie meinst du das?«

Er reckt das Kinn hoch. »Die Karre muss voll Blut gewesen sein!«

»Wie kommst du darauf?«

»Der Chinese, er war völlig ausgeblutet!« Sein Ton zieht an.

»Soweit ich mich erinnere, stand das nicht in der Zeitung.«

»Nein, das stand nicht in der Zeitung.«

»Woher willst du es also wissen?«, frage ich.

Er wartet einen Moment. Dann sagt er: »Ich habe dich angelogen, ich bin kein Buchhändler. Ich bin Polizist.«

»Du bist ... ?« Ich kann das Wort nicht aussprechen.

Er nickt. »Ja, Polizist, beim LKA. Auch ich bin ein Staatsbeamter.«

Ich kann ihn nicht ansehen, mein Blick schweift durchs Grün. In der chinesischen Gartenkultur geht es darum, Harmonie zu schaffen. Die sieben Teile der Welt sollen in einem Garten abgebildet sein, sollen im Gleichgewicht stehen. Es ist alles da, Himmel und Erde sowieso, viel Wasser und Steine, Pflanzen, Tiere und Gebäude. Aber wo ist die Liebe? Gehört sie nicht in diese Welt?

Mein Blick bleibt an Jan hängen. Ich denke an das Bistro *Jeannette* in der Berger Straße, nicht weit von hier, wo wir uns vor drei Wochen kennenlernten. Mein Blick löst sich von ihm, bleibt an einem Kiefernstamm haften. Was sind schon drei Wochen gegen den Lebenszyklus eines Baumes. Daneben der Bambus. Ja, der Bambusspross, der so schnell wächst wie keine andere Pflanze in diesem Garten, der mich nach drei Wochen überragt. Langsames neben Schnellem. Langlebiges neben Kurzlebigem. Das ist Harmonie.

»Bei *Jeannette*, da hast du also im Namen der Bundesrepublik Deutschland mit mir geflirtet?«, frage ich.

»Ja«, antwortet Jan. Knapper Tonfall. Ohne schuldbewusstes Heben der Arme. Ohne Widerwillen in der Stimme. Einfach nur: Ja. Wie die Enten auf dem Teich, diese naturbegabten Jasager, deren Sprachschatz nichts anders zulässt als diesen einen Laut.

»Ich dachte ...« Meine Stimme versagt.

»Was dachtest du?«

»Ach, nichts.«

»Ich höre dir zu. Du hast meine ungeteilte Aufmerksamkeit, egal was passiert ist.« Er kommt auf mich zu, bleibt direkt vor mir stehen, hoch aufgerichtet. Seine Hände wollen mich berühren, dann ziehen sie sich zurück, verschränken sich auf seinem Rücken. Seine Stimme wird rau, fast schon grob. »Was dachtest du? Sag es mir, na los schon!«

Ist der Mann noch normal? Mich so unter Druck zu setzen, ohne mir eine Chance zu geben, mein inneres Gleichgewicht zu halten. Ist das typisch Mann? Oder typisch Langnase?

Jan sieht zum *Pavillon im schimmernden Grün* hinauf. »Ich habe den Eindruck, dass das Holz neu gestrichen wurde. Was denkst du?«

Na gut, das kann er haben. Er soll wissen, neben wem er in den letzten drei Wochen gelegen hat.

»Ich war das«, sage ich ruhig. »Ich habe das Holz neu gestrichen. Vor vier Wochen.«

Sein Augenlid zuckt. »Du hast tatsächlich ... «

»Ich habe die beiden vorderen Holzpfosten gestrichen. Mit einer speziellen Farbe. Zuerst war sie intensiv, leuchtend, wie der Ahorn. Dann wurde sie rostbraun, und mit jedem Regenguss verlor sie an Brillanz. Irgendwann wird niemand mehr sehen, dass es diese Farbe gab. Obwohl ich den gesamten Inhalt der Gärtnerkarre dazu genutzt habe, bis zum letzten Tropfen!«

Er muss würgen.

»Du wusstest es doch schon«, rufe ich. »Wahrscheinlich seit Tagen schon, seit wir uns nicht mehr gesehen haben. Du bist nicht ans Telefon gegangen, hast dich verleugnen lassen. Dann dieser Treffpunkt. Du wusstest es schon!«

Er krümmt sich, schafft es nur mit Mühe, zu nicken.

»Also, was soll dieses Theater?« Ich kann mich nicht mehr zurückhalten, die Wut, die Ohnmacht, die Trauer, alles bricht heraus. Eigentlich sollte es nicht Jan treffen, ihn schon gar nicht, aber nun ist es passiert. Schade.

In der Stille des Gartens, abgeschieden vom lärmenden Leben, soll eine seelische Erneuerung stattfinden, die zugleich körperliche Kräfte entfaltet. So heißt es bei den chinesischen Philosophen. Ja, dieser Garten hat mir neue Kraft gegeben, Kraft, die nicht in meine Muskeln dringt, sondern in meine Worte. »Warum hast du mich nicht gleich festgenommen?«

»Warum?« Seine Stimme zittert. »Warum hat die Frau, die ich ... Warum hast du einen Menschen getötet?«

»Er hat es verdient. Er hat Tausende von Menschen umgebracht, 1989 auf dem Tian'anmen-Platz, dem Platz des himmlischen Friedens!«

Ich schreie die letzten Worte heraus, als könnte Jan sie dann besser verstehen. Aber verstehen und verstehen sind zwei verschiedene Dinge, nicht wahr, Herr Kannnitverstan? Einige deutsche Dichter kenne ich doch, Jan hat sie mir nahegebracht in den letzten Wochen. Vielleicht ist er ja doch ein Buchhändler, wenigstens ein bisschen. Ich bin jetzt verwandelt, bin nicht mehr die hübsche Geliebte mit dem grünen Kleid. Ich merke es, ich bin jetzt die Tochter des Mannes, der vor vielen Jahren auf dem Tian'anmen-Platz demonstrieren wollte, gemeinsam mit anderen Studenten, friedlich. Er hielt nur ein Plakat hoch, mehr nicht. Am Rand des Platzes stand seine Frau mit eben dieser Tochter, klein, noch ein Kind. Dann kamen die Panzer, geschickt vom chinesischen Staatsbeamten. Der Vater wurde vor den Augen seiner Tochter von den Panzerketten zermalmt, sein Blut tränkte den Platz des himmlischen Friedens, so wie das Blut seines Mörders nun das Holz im gleichnamigen Garten tränkt. Das alles soll Jan wissen, ich werfe es ihm an den Kopf, mit so viel Kraft in der Stimme, dass es im gesamten Garten zu hören sein muss.

»Selbstjustiz«, sagt Jan. Trocken. Neutral. Ohne Unterton. Ganz Polizist.

»Ja, ich weiß«, brülle ich. »Ja, ja, ja, ich weiß!«

Zwei der Gärtner kommen auf uns zu, wir stehen immer noch am Fuß des Hügels, der den *Pavillon im schimmernden Grün* trägt. Was denn hier los sei, fragt einer der beiden Männer. Sie schauen uns nervös an, schließlich wurde genau hier der Tote gefunden. Jan zeigt seinen Polizeiausweis und meint, er habe alles im Griff. Die beiden ziehen sich zögernd zurück.

»Er hat Tausende getötet, ich nur einen«, sage ich, inzwischen etwas ruhiger.

»In Deutschland wird auch ein einziges Tötungsdelikt bestraft«, sagt Jan.

»In China auch«, erwidere ich.

Wir schauen wortlos aneinander vorbei. Unser Schweigen prallt an der Mauer des Bethmannparks ab. Dahinter wabert der Verkehrslärm der Frankfurter City.

Er hebt den Kopf. »Du meinst also, ein einziger Mord ist weniger verwerflich als tausend Morde?«

»Ja, natürlich. Außerdem kommt es darauf an, wen man tötet!«

»Wie bitte?« Er sieht mich an, als wäre ich von einer moralischen Schizophrenie befallen.

Ich tippe mir selbst auf die Brust. »Elser und Stauffenberg, die Hitler-Attentäter, die werden gefeiert, warum nicht ich?«

Jan stockt der Atem, er öffnet den Mund, schließt ihn wieder, ohne etwas zu sagen. Ich drehe mich um und gehe einen schmalen Weg entlang in Richtung des großen Pavillons.

»Bleib stehen!«, ruft er.

»Ich soll doch zum *Pavillon des geläuterten Herzens* gehen. Jetzt wäre die Zeit dafür.«

Er folgt mir. Wir stehen im Inneren des Holzbaus, große Fenster ohne Scheiben, man fühlt sich, obwohl im Gebäude, zugleich inmitten der Natur. Bambusruten ragen herein, das Wasser wirft seinen jaspisgrünen Schein in den Raum.

»Es würde mir schon reichen, wenn du Reue zeigen könntest«, sagt Jan. »Gib dein Herz frei!«

»Nein, oh nein!«, erwidere ich. »Schon 1989 hieß es: Die Zeitungen sind in eurer Hand, Fernsehen und Rundfunk. Gewehre und Kanonen sind in eurer Hand – alles ist in eurer Hand! Was fehlt euch noch? Das Herz des Volkes? Das werdet ihr nie bekommen!«

Jan antwortet nicht. Er nickt auch nicht. Aber seine Augen zeigen, dass er versteht.

»Was hast du dir gewünscht?«, fragt er.

»Wie bitte?«

»Vorn, am Tor, bei dem steinernen Löwen.«

»Ich habe mir gewünscht, meine innere Harmonie wiederzufinden. Gemeinsam mit dir.«

»Ich bin bereit, dir viel zu geben, nur das nicht.« Damit dreht Jan sich um und durchquert eiligen Schrittes den kleinen Spiegel-Pavillon und die sich über dem Teich windende *Jadegürtel-Brücke*. Er verschwindet in Richtung Westen, dorthin, wo er herkam.

Ich verharre an meinem Platz, lasse all das Grün um mich herum an mir abperlen. Später drehe ich mich um und gehe zurück zu dem Stein mit der kalligraphischen Inschrift. Die Wolken betreten. Schweben. Mit innerer Harmonie. Das ist es, worauf es ankommt. Mein Blick berührt erneut den Kiefernstamm, den Bambus, die beiden rotbraunen Pfosten des *Pavillon im schimmernden Grün*. Langsames neben Schnellem. Langlebiges neben Kurzlebigem. Gerechtigkeit neben Ungerechtigkeit. Das ist Harmonie.

Der Tatort

Der Bethmannpark liegt zentral zwischen Friedberger Landstraße und unterer Berger Straße. Er ist nur etwa drei Hektar groß und wird komplett von einer Mauer eingefasst. Die Bankiersfamilie Bethmann errichtete ihn 1783 als Hausgarten vor den Toren Frankfurts. 1941 kaufte die Stadt das Gelände und verwandelte es von einem Patriziergarten in einen städtischen Park mit gärtnerischer Beratung für interessierte Bürger. Der Name Bethmann blieb erhalten, die Koexistenz von Bürgertum und Geldadel ist für die Frankfurter selbstverständlich. 1989 wurde im südlichen Teil der chinesische Garten angelegt. Während der Bauzeit geschah das Massaker auf dem Platz des himmlischen Friedens in Peking, woraufhin der chinesische Garten den Zusatz Garten des himmlischen Friedens erhielt. Der Bethmannpark ist tabu für Radfahrer und Hunde, sehr gut gepflegt und bleibt nachts geschlossen. Jeden Montag, Mittwoch und Freitag von 10 bis 12 Uhr können Hobbygärtner die Pflanzenberatung neben dem Nordeingang in Anspruch nehmen. Website: www.frankfurt.de (Leben in Frankfurt / Im Grünen / Anlagen und Parks)

Anfahrt
mit öffentlichen Verkehrsmitteln:
U4, Station Merianplatz. Straßenbahn Linie 12 und 18, Haltestelle Hessendenkmal.

mit dem PKW:
Adresse: Berger Straße 12, 60316 Frankfurt am Main.

Parken im Parkhaus am Gericht oder im Parkhaus Konrad Adenauer-Straße.

Dietmar Thate

Der Vampir vom Ostpark

Frankfurt, Ostpark

»Ostparkvampir killt zweite Frankfurterin!«, »Serienmörder in Frankfurt – Polizei tappt im Dunkeln«, »Wie sicher sind unsere Parks?« – Johannes Harke versucht im Vorbeigehen den Kopf von den Schlagzeilen am Zeitungskiosk abzuwenden, aber ihm schwant, dass es mit der ruhigen Ermittlungsarbeit im Revier vorbei ist. Sein graues Gesicht wirft bei dem Gedanken noch ein paar zusätzliche Falten. Auf ihn warten Überstunden, wahrscheinlich auch Nachtarbeit. Selbst das Wellnesswochenende in den ersten Herbsttagen, das ihm seine Frau abgerungen hat, droht zu platzen; sogar Mehrarbeit hat gute Seiten. Aber das Magengrimmen wegen der bevorstehenden Stresszeit im Büro übertüncht diese Freude wieder. Er beschleunigt seinen Schritt und zwängt sich durch die hohe Glastür ins Polizeirevier.

Die Kaffeemaschine gluckert behaglich im Hintergrund. Da steht Kriminaloberrat Schliff plötzlich mit roten Pausbacken hoch aufgereckt vor seinem Schreibtisch, sodass seine aufgegelten Haarstacheln den zusammengekauerten Harke auf seinem Stuhl knapp überragen: »Den Kaffee werden Sie brauchen. Jetzt ist Schluss mit dem geruhsamen Dienst nach Vorschrift. Schon der zweite Mord im Ostpark, und wir haben buchstäblich nichts in der Hand.«

Außer der Arschkarte, denkt Harke, aber über seine Lippen kommt nur ein kleinlautes »wir tun unser Bestes«. Er duckt sich dabei noch etwas weiter in den Sitz, um zumindest ansatzweise zu seinem Chef hochschauen zu können. Schliff schnaubt lauter als die verkalkte Kaffeemaschine, und der schwarze Igel über seiner angespannten Stirn vibriert dazu:

»Ich bin jetzt Leiter der Soko Ostpark, da brauche ich von meinen Leuten keine hohlen Sprüche, sondern Ergebnisse! Heute Abend will ich Fakten, Harke. Liefern Sie mir Fakten – oder am besten gleich den Täter.«

Als Harke hochblinzelt, sieht er seinen Chef im perfekten Maßanzug nur noch von hinten im Eiltempo entschwinden. Er richtet sich wieder auf, fährt mechanisch mit einer Hand durch das dünne blassgraue Haar, schüttet den Kaffee brühheiß die Kehle hinunter und schaltet dabei gleichzeitig seinen PC ein.

Es folgt ein langer Tag, vollgestopft mit Telefonaten, Besprechungen, Mails und viel schlechtem Kaffee – alles ohne greifbare Ergebnisse. Zwei weibliche Leichen im Ostpark, zweimal blutige Stiche in den Hals, beide Male viele Spuren am Tatort, aber keine, die weiterhelfen. Harke hatte schon am Morgen geahnt, dass der frischgebackene Kriminaloberrat ihn, den Dienstältesten, herauspicken und zur Tatort-Observation in die Nacht schicken würde.

Er verlässt abends das Büro unter den mitleidigen Blicken der Kollegen, bewaffnet mit einer abgetragenen Steppjacke und einer verbeulten Metall-Thermoskanne, diesmal mit heißem Tee, da sein Magen schon seit dem frühen Nachmittag brennt.

Wenigstens kein Regen, denkt Harke, als er mit eingezogenem Kopf aus dem alten Polizei-Astra steigt und zum Seiteneingang des Ostparks trottet. Am Weiher angelangt, empfindet er eine irritierende Stille. Kein Telefongebimmel, kein Kollegengequatsche, kein Druckerbrummen, einfach nur Stille. Und die Luft! Kein abgestandener Büromief, vielmehr frische, kühle Nachtluft. Harke schließt die Augen, seine Wangen entspannen sich, aber sofort strafft sich seine Gesicht wieder: Ich muss dem Chef morgen berichten. Vielleicht passiert in der Nacht ja tatsächlich etwas.

Er schaukelt mit ausholenden Schritten bis zum dichter bepflanzten Bürgergarten im Süden des Parks. Dort bleibt er eine Weile regungslos inmitten von Rhododendronbüschen stehen, die ihn locker überragen. Um ihn herum dringt wenig Licht durch die Baumkronen. An diesem Ort soll der Täter zumindest einem der Opfer aufgelauert haben. Der Platz hat also eine gewisse Logik für die nächtliche Observation, denkt sich Harke, als er vorsichtig seinen Hintern absenkt, um auf einem Baumstumpf Platz zu nehmen. »Jetzt Augen und Ohren auf, Harke«, spricht er leise zu sich und stiert mit trockenen Augen angestrengt ins Dunkel.

Die Stille mitten in Frankfurt irritiert ihn fast noch mehr als die Schwärze der Nacht. Ein leises Surren lässt ihn aufhorchen. Oder doch eher ein Rauschen? Ist da ein Mensch, ist es eine Sinnestäuschung? Stille. Und wieder dieses Geräusch, nicht laut, aber markant. Nein, von einem Menschen kann das nicht sein, der Ton bewegt sich mit hohem Tempo und fast schwerelos.

Harke bohrt seine Blicke in die Dunkelheit. Ja, da huscht etwas durch die Luft, ganz leicht und flüchtig. Aber Vögel in der Nacht? Nein, das müssen Fledermäuse sein! Hier, mitten in Frankfurt in einem Park? Er stochert in seinem Gedächtnis, und es kommen warme Erinnerungen an seinen Biologieunterricht vor über vierzig Jahren nach oben. »Du bist der geborene Tierforscher«, sagte ihm damals die junge Lehrerin und belohnte ihn mit guten Noten. Sein Abiturdurchschnitt führte ihn dann allerdings ohne Umwege auf den Boden der Beamtenrealität. Er hat überhaupt nicht mehr daran gedacht, und jetzt spürt er, wie sein Puls schneller schlägt. Ganz klar, in alten Gemäuern sind Fledermäuse anzutreffen, aber in Parks? Mit lebhaften Schulerinnerungen durchwacht Harke die Nacht, ohne dass irgendetwas Verdächtiges geschieht.

Am nächsten Morgen stellt seine Frau frisch frisiert und mit gebügelter Bluse eine duftende Tasse Kaffee auf den Tisch, als er aus dem Schlafzimmer getrottet kommt. »Keine Zeit«, murmelt er nur schläfrig vor sich hin, greift nach seiner Steppjacke und ist auch schon zur Tür hinausgeschlurft, ohne sich nach seiner Frau umzudrehen, die ihm mit offenem Mund hinterherschaut.

»Harke, was haben Sie heute Nacht beobachtet?«, dröhnt Schliff ihm auf dem Flur entgegen. »Da war nichts«, nuschelt Harke und kann nur mühsam ein Gähnen unterdrücken.

Schliff schaut nachdenklich in Harkes blasses Gesicht und kräuselt die Stirn, als der Staatsanwalt aus seiner Bürotür heraustritt: »Wie geht es voran, meine Herren?«

»Ich wünschte mir schnellere Ergebnisse«, seufzt Schliff und zischt ihm noch leise zu: »Aber mit so einem abgehalfterten Low Performer im Team ist das nicht so einfach.« Der Staatsanwalt schaut Schliff mit ernster Miene in die Augen und der fährt eilig fort: »Ich schaffe das schon, schließlich habe ich ja keinen anderen, der diesen Job übernehmen kann.« Er atmet langsam ein und langsam aus, die Röte weicht wieder aus seinen Wangen, und seine Stimme bekommt einen vertraulicheren Klang: »Jetzt machen Sie mal nicht gleich schlapp, Harke. Ich weiß ja, so eine Observation fordert Geduld. Deswegen geht's heute Abend in die nächste Runde. Legen Sie sich am Nachmittag noch ein paar Stunden aufs Ohr. Und dann nachts Augen und Ohren auf! Wir kriegen den Täter.«

Harke nickt matt, verzieht sich in sein Büro und schaut mechanisch auf den Bildschirm. Irgendwie geht tatsächlich der Vormittag vorbei und Harke macht sich auf den Heimweg.

Zu Hause kramt er seinen alten Brockhaus hervor, den Band mit F wie Fledermaus. »Leg dich hin«, fordert seine Frau genervt. »Wenn du die Nacht wieder rausmusst, dann schlaf jetzt wenigstens vor.« Folgsam streckt er sich auf dem Sofa aus, das Lexikon noch in der Hand. Schon nach wenigen Zeilen fallen ihm die Augen zu.

Erst bei Einbruch der Dunkelheit wacht er wieder auf. Eilig springt er ins Auto.

Die spärlichen Parklaternen flackern schon am Hauptweg zum Weiher. Harke steuert zielstrebig auf den Bürgergarten zu. Tatsächlich hört er schon wenig später das bekannte Rauschen der Fledermäuse. Wäre ich doch Tierforscher geworden, denkt er sehnsuchtsvoll. Dann könnte ich mich mit den Wundern der Natur beschäftigen statt mit durchgeknallten Killern. Er zieht sein Smartphone aus der Tasche und googelt »Fledermäuse Frankfurt Ostpark«. Bingo! Fasziniert schaut Harke auf das hell erleuchtete Display: Sechs Fledermausarten sind nachgewiesen, hohle Baumstämme dienen als Tagesversteck. Sogar der Große Abendsegler ist dort zu finden.

Sofort kehrt Harke wieder auf die Google-Seite zurück, um neugierig »Großer Abendsegler« einzutippen. Doch schon bei »Abendseg...« sieht er aus den Augenwinkeln eine vermummte Gestalt davonrennen. Verdammt, das war der Killer!, schießt es ihm durch den Kopf. Der Typ hat das helle Display gesehen. Ich hab es vermasselt! In der Dunkelheit kann er nicht erkennen, wohin die Gestalt verschwunden ist. Auch schon wurscht, denkt er und gibt noch schnell »...ler« ein. Aha, Familie der Glattnasen, 40 Zentimeter Spannweite, typische Baumfledermaus.

Es beginnt zu regnen. Der Killer taucht garantiert nicht mehr auf, was soll ich da im Park, denkt sich Harke. Zu Hause schleicht er leise ins Wohnzimmer und legt sich aufs Sofa. Sie muss ja nicht mitbekommen, wie früh ich zurückkomme.

»Wie war die Nacht?«, fragt seine Frau beim Frühstück, »Du warst ja gar nicht im Bett.«

»Ja, ich wollte dich nicht wecken, es war spät, ich meine früh.«

»Und hat's was gebracht?«

»Nö, außer ein paar blöden Fledermäusen habe ich nix gesehen.«

»Fledermäuse?«

»Ja, aus der Familie der Glattnasen: Große Abendsegler, die wohnen da in Baumstämmen.«

»Spielst du jetzt den Westentaschen-Grzimek?«

»Ich? Ach was. Stell dir vor, 40 Zentimeter Spannweite können die haben.«

»Ich glaube, der wenige Schlaf bekommt dir nicht.«

»Und bis zu 60 Stundenkilometer sind die schnell.«

»Na super, dann einen schönen Tag im Büro.«

Beim Stichwort Büro schaut er sie mit großen Augen an. Sofort taucht Schliff vor seinem geistigen Auge auf. Er muss aufpassen. Sein Chef schickt ihn nach Sibirien, wenn er erfährt, was letzte Nacht im Park passiert – oder nicht passiert – ist.

Kriminaloberrat Schliff starrt mit glühenden Augen auf das dürre Protokoll der letzten Nacht und spürt dabei ein heftiges Pochen in seinem rechten oberen Backenzahn. »Sagen Sie, Harke, pennen Sie da im Park? Da steht ja gar nichts drin in Ihrem Bericht. Unsere Profiler sagen, unser Mörder wird immer wieder am Tatort herumschleichen. Der ist total auf die Gegend fixiert. Da muss doch was zu beobachten sein! Und was soll der Satz: So ungestört, wie sich dort die Fledermäuse bewegen, kann im Park keine verdächtige Person gewesen sein. Geht's noch? Bringen Sie mal etwas mehr Einsatz.«

»Wenn der Täter nicht da ist, kann ich doch nur warten«, entgegnet Harke kleinlaut.

»Ja, Harke, wenn. Halten Sie bloß die Augen offen. Und die Ohren auch. Sonst überwachen Sie zukünftig nicht mehr den Park, sondern Parkplätze, und verteilen Strafzettel!«

Harke spürt das Blut in seinem Schädel pulsieren: Der denkt, er kann mich auf diese Tour loswerden, aber da hat er sich geschnitten. Solange ich keinen Fehler mache, kann der mich mal.

Vor seiner nächsten Nachtschicht kauft er im Buchladen einen dicken Wälzer zur Fledermaus-Bestimmung inklusive CD und einen großen Fledermaus-Bildband. »So, jetzt wird observiert, Harke«, spricht er zu sich selbst und kriecht mit seiner Büchertüte durch das Gebüsch im Ostpark.

»Schschschschssssssschschsch…«

Wenn das mal nicht der große Abendsegler war! Vorsichtig inspiziert er einen hohlen, alten Baumstamm an der Grenze zu den benachbarten Schrebergärten. Nichts zu sehen, aber in der Tierbeobachtung ist Ausdauer die Mutter des Erfolgs.

Die folgenden Nächte taucht keine verdächtige Person auf, aber Harke sieht erstmals Fledermäuse zum Greifen nah vorbeifliegen und geht morgens munter pfeifend nach Hause.

»Was treibst du eigentlich Nacht für Nacht?« Seine Frau schaut ihm forschend in die leuchtenden Augen. »So sieht doch keiner aus, der die Nächte durchwacht und tagsüber noch Büroarbeit macht!«

»Was? Nein! Wieso? Das ist mein Job. Hättest du halt keinen Bullen geheiratet. Ich mache meine Arbeit mit Leib und Seele!«

»Ach! Seit wann das denn?«

»Ich muss zur Arbeit. Wir reden ein anderes Mal.«

Harke bereut die Flucht ins Büro. Kaum ist er zur Tür hinein, läuft er seinem Chef in die Arme, der gerade mit angespanntem Gesicht eine Hand auf seine rechte Wange drückt.

»Wofür bekommen Sie vom Steuerzahler eigentlich Ihr Geld? Seit Tagen kriege ich jeden Vormittag den gleichen nichtssagenden Bericht über Ihre Observationen auf den Schreibtisch. Unsere Profiler schütteln nur noch den Kopf. Wie stehe ich denn da! Da geht ja nicht ansatzweise etwas weiter! Und wie laufen Sie überhaupt herum? Ihr neuer

Mantel sieht aus wie ein Fledermausumhang. Sie wollen wohl, dass der Täter vor Schreck tot umfällt, wenn Sie ihm nachts begegnen.«

»Ich mache nur meinen Job. Der schwarze Umhang ist eine perfekte Tarnung.«

»Machen Sie mehr als einfach ihren Job! Ich brauche endlich Ergebnisse!«

Missmutig schaut Harke seinem Chef hinterher. Egal, denkt er, heute Nacht geht es weiter.

Inzwischen hat Harke seinen Beobachtungsposten weiter perfektioniert. Fernglas, Nachtsichtgerät und Bestimmungsbücher liegen durch eine Folie vor Nässe geschützt auf einem kleinen Brett neben einem Ultraschalldetektor, den er übers Internet bestellt hat. Vertieft in seine Forschungen hört er hinter sich plötzlich einen Zweig knacken. Es knackt erneut, er dreht sich blitzschnell herum und wirbelt dabei mit dem Ellenbogen das Nachtsichtgerät ins dichte Gebüsch. Er kann in der Dunkelheit nichts erkennen, aber das Geräusch muss von Schritten kommen, nur wenige Meter entfernt. Da zeichnet sich im dämmerigen Mondschein eine Gestalt ab, die auf ihn zukommt. Er zieht vorsichtig seinen Revolver aus dem Halfter und zielt auf die Umrisse, die immer besser sichtbar werden.

»Hilfe! Willst du mich etwa umbringen?« Seine Frau steht mit erhobenen Händen vor ihm.

»Mäuschen, was machst du denn hier!« ruft Harke erschrocken.

»Ich dachte, ich weiß nicht, ich …«, stammelt sie verlegen und schaut ihn dann besorgt an: »Du warst so komisch in letzter Zeit. Ich dachte, da gibt's eine andere Frau. Ich wollte sehen, was du treibst, ob du allein im Ostpark bist.«

»Verdammt. Du störst hier polizeiliche Ermittlungsarbeit. Mach, dass du wegkommst, ich bekomme Riesenärger, wenn mein Chef das spitzkriegt.«

Schnell drängt er sie von seinem Fledermausbeobachtungsposten weg. Etwas versöhnlicher fährt er fort: »Geh heim ins Bett, lass mich bitte meine Arbeit machen.«

Als er am nächsten Tag seinen Bericht auf den Schreibtisch des Kriminaloberrats neben ein Päckchen Blutdrucksenker und eine Schachtel mit Schmerztabletten legt, schlägt der nur kurz die Mappe mit dem fast weißen Blatt auf und atmet geräuschvoll ein. »Tag 10, keine besonderen Vorkommnisse. Das gibt's doch nicht! Das nennen Sie eine Observation? Das ist nichts, das ist weniger als nichts! Der Täter lacht sich kaputt. Sie können es nicht.« Schliff atmet mit einem Blick in die Ferne mehrfach betont ruhig ein und aus. »Das hat alles keinen Sinn. Wir machen jetzt nur noch im Büro weiter: Spurenauswertung, Aktenstudium, erneute Zeugenbefragungen – alles ist besser als vergeudete Zeit im Ostpark!«

»Aber es geht nur mit Geduld«, drängt Harke voller Panik. »Geduld ist die Mutter aller Forschung, ich meine Ermittlung. Lassen Sie mich weiter den Park observieren!«

»Harke, seit wann sind Sie denn so scharf auf Nachtschichten? Nein. Meine Entscheidung steht. Sie machen ab sofort wieder Innendienst.«

Sein Chef wendet sich demonstrativ ab und Harke trottet mit hängendem Kopf an seinen Schreibtisch.

Gerade jetzt soll Schluss sein, denkt er, wo ich erste Hinweise auf eine siebte Fledermausart im Ostpark gefunden habe, die der Forschung bisher entgangen ist? Mit der Entdeckung könnte ich in der Wissenschaft für Aufsehen sorgen. Ich muss mir etwas einfallen lassen. Den ganzen Tag im Büro arbeiten und die Nacht im Park zubringen – das schaffe ich nicht, aber vielleicht gibt es eine Lösung.

»Ich bin dann mal wieder zur Nachtschicht im Ostpark«, ruft Harke seiner Frau abends im Vorbeigehen zu und verlässt das Haus wie an allen anderen Abenden. Diesmal hat er auf seine Fledermausausrüstung verzichtet, nur eine alte Wollmütze und ein Klappmesser in seine Jackentasche gesteckt. Nebelschwaden hüllen den Park in ein unwirkliches Dämmerlicht. Gute Tarnung, denkt er und verzieht sich in dichtes Gebüsch direkt am Hauptdurchgangsweg. Regungslos hockt er sich hinter einen dicken Kastanienstamm, die Augen unverwandt auf den Weg gerichtet.

Fast eine halbe Stunde lang passiert nichts. Da entdeckt er in den Nebelschwaden die Umrisse einer Gestalt, die rasch näher kommt. Nur wenige Meter vor ihm erkennt er, dass es ein Jogger ist. Harke duckt sich rasch weg und lässt den Mann ziehen. Noch einmal zwanzig Minuten endloses Warten, dann zeichnet sich in der dunstverhangenen Dunkelheit erneut ein Mensch ab, der hastig, aber zugleich unsicheren Schrittes den Weg in seine Richtung einschlägt. Eine Frau, die sich an ihrer Handtasche festhält. Harke holt rasch seine Wollmütze aus der Tasche und zieht sie über seinen Kopf herunter bis ans Kinn. Durch zwei ausgeschnittene Löcher stiert er konzentriert auf die herannahende Frauengestalt. Kaum erreicht sie den Kastanienbaum, springt er mit einem lauten Schrei auf sie zu, das Klappmesser drohend voran. Kurz erstarrt die Frau, reißt den Mund weit auf, aber es kommt kein Ton heraus. In wilder Panik rennt sie ins Gebüsch, hastet weiter Richtung Ostparkstraße. Harke klappt sein Messer ein und schaut der Flüchtenden nach. Mit zufriedenem Lächeln nimmt er die Mütze ab und schlendert in entgegengesetzter Richtung aus dem Park heraus.

Als Harke am nächsten Morgen das Büro betritt, stürmt ihm Schliff hastig entgegen: »Kommen Sie sofort in mein Büro, wir haben etwas zu besprechen!« Mit Herzklopfen folgt er seinem Chef. Kaum hat der die Bürotür hinter Harke geschlossen, schaut er ihm ernst in die Augen: »Harke, Sie hätten die Observation nicht so schnell abbrechen dürfen!«

»Aber Sie haben doch …«

»Keine Diskussion, Harke, Sie müssen wieder ran. Das Leben ist kein Wunschkonzert, nur mit harter Arbeit und Ausdauer, viel Ausdauer, können wir den Täter fassen!«

Harke bemüht sich, überrascht und zerknirscht auf die bunt gestreifte Krawatte seines Chefs zu schauen, während er unschuldig fragt:

»Was ist denn los? Ich dachte, die Observierung bringt nichts?«

»Unsinn. Es gibt eine neue Sachlage. Gestern Nacht hat der Täter erneut versucht, eine Frau zu überfallen.«

»Verstehe«, nickt Harke und unterdrückt ein Grinsen, »dann muss ich wohl wieder Nachtschichten schieben.«

»Mäuschen, es tut mir so leid«, schaut Harke am Abend seiner Frau in die Augen und zieht dabei die Mundwinkel herunter, »mit unserem Wellnesswochenende wird es leider nichts. Diese verdammte Observierung läuft immer weiter. Und wieder muss ich ran.«

»Mein armer Hase, ich drücke dir die Daumen, dass du den Kerl bald erwischst.«

Zufrieden mit sich verschwindet Harke in den Keller, um seine Observierungsutensilien zusammenzupacken. Wenig später sitzt er im Auto und steuert den Ostpark an.

Die Sonne ist längst untergegangen, aber Harke kann inzwischen bei völliger Dunkelheit seinen Beobachtungsposten einrichten. Von seinem Gebüsch aus hat er einen wunderbaren Blick auf einen ausgehöhlten alten Baumstumpf direkt am Weiher. Er schaut angespannt durch sein Nachtsichtgerät und spitzt zugleich die Ohren, ob das vertraute »Schschschsssssssschsch« zu hören ist. Da sieht er plötzlich rund und fast schwarz einen kleinen Schatten durch die Luft auf sich zu flattern. Das wird doch nicht eine …

»Hilfe! Nein! Hilfe! Hiii…!« Jäh reißt der ersterbende Schrei Harke aus seinen naturwissenschaftlichen Beobachtungen. Er spitzt die Ohren. Von der Frauenstimme ist nichts mehr zu hören, doch dann ein panisches Röcheln aus Richtung Bürgergarten.

Harke springt auf und rennt los. Wusch, rauscht ein dunkler Schatten hinter ihm durch die Luft und er reißt reflexartig den Kopf herum, um das Tier zu erkennen. Es ist tatsächlich eine Mopsfledermaus! Krachend landet er unsanft auf der Stirn, den Fuß in einer Baumwurzel verfangen. Er rappelt sich mühsam wieder auf, horcht in die Nacht. Nur leise röchelndes Wimmern ist noch zu hören. Benommen humpelt Harke weiter. Das gibt Ärger, das gibt Riesenärger, geht es ihm durch den Kopf, ehe er bewusstlos zusammenbricht.

Als er die Augen wieder öffnet, sieht er direkt über sich den puterroten Schädel von Kriminaloberrat Schliff, der durch die geschwollene rechte Wange noch breiter wirkt. »Harke, Sie Riesentrottel!«, brüllt der ihn an. »Wie konnte ich Sie nur erneut auf den Mörder ansetzen? Was treiben Sie denn die ganze Nacht. Wie sollen wir jetzt die dritte Frauenleiche erklären?«

»Wo bin ich?«, stammelt Harke verwirrt.

»Am Arsch!«, schreit sein Chef ihm ins bleiche Gesicht. »Das war das letzte Mal, dass Sie solches Unheil angerichtet haben. Ich schicke Sie in den Vorruhestand – und zwar sofort!«

Verständnislos richtet er seine verschleierten Augen auf Schliff, ehe ihm dämmert, was das bedeutet: Kein nerviger Chef, morgens ausschlafen, eine solide Beamtenpension und vor allem jede Menge Zeit. Er dreht den Kopf zur Seite, um sein zufriedenes Grinsen zu verstecken. Die Fledermausforschung kann weitergehen.

Der Tatort

Den Ostpark hat die Stadt Frankfurt vor über 100 Jahren als einen der ersten Bürgerparks in Deutschland angelegt. Er steht heute unter Denkmalschutz. Auf 32 Hektar bot er anfangs nicht nur große Spielwiesen und einen Weiher zum Baden und Schlittschuhlaufen, sondern auch einen Schulgarten mit unterschiedlichsten Pflanzen für den Botanik-Unterricht.

Heute dürfen im Weiher nur noch Gänse, Blässhühner und Schwäne baden. Die weitläufigen Rundwege ziehen Jogger aus der Umgebung an und die große Wiese ist immer noch ein beliebter Grill- und Fußballplatz. Den Freizeitkickern hat der Karikaturist F.W. Bernstein mit dem Elfmeterpunkt sogar ein eigenes Denkmal gewidmet. Aus dem angrenzenden Schul- ist ein Bürgergarten geworden mit einem kleinen Bach, Brücken, blühenden Büschen und Beeten. Tatsächlich dient der Park auch verschiedenen Fledermausarten als Rückzugsort.

Der Park ist Tag und Nacht zugänglich. Eine öffentliche Toilette gibt es neben dem Kiosk am Südwestufer des Weihers.

Anfahrt
mit öffentlichen Verkehrsmitteln:
Der Ostpark in Frankfurt am Main lässt sich über die U7, die Straßenbahnlinie 12 und die Buslinie 103 (Station Eissporthalle / Festplatz) erreichen.

mit dem PKW:
Der Ostpark hat Zugänge am Ratsweg und an der Ostparkstraße. Parkmöglichkeiten bieten die Ostparkstraße und der Festplatz gegenüber.

Ursula Schmid-Spreer

Wenn zwei sich zanken – stirbt der Dritte

Hoechst, Bolongarogarten

»Also, weißt du«, sagte Wilhelmine und reckte dabei ihre Nase in die Sonne, »dieser Bolongarogarten! Einfach wunderwunderschön. Jedes Mal, wenn wir herkommen, schlägt mein Herz höher.«

Hedwig wedelte ihrer Freundin Wilhelmine mit einem altmodischen Fächer vor dem Gesicht herum. »Unser eigener Garten kann da leider nicht mehr mithalten.«

»Da haben wir wohl irgendwann den Anschluss verpasst.« Wilhelmine tat entrüstet. »Aber wir müssen den Bolongarogarten wieder in den Schatten stellen. Schließlich haben wir damals den Wettbewerb *Barocker Garten vor der eigenen Haustür* gewonnen.«

»Damals waren wir auch ein paar Jahre jünger, meine Liebe. Wir hatten Kraft und Ausdauer.«

Die beiden Damen seufzten in gemeinsamer Erinnerung.

»Ein Mann müsste her, ein charmanter, charismatischer Mann, der Gärten genauso liebt wie wir.« Wilhelmine schickte noch einen zusätzlichen Seufzer hinterher: »Aber kräftig muss er sein.«

»Du sprichst ein weises Wort gelassen aus, liebste Freundin. Unser Lustgarten«, Hedwig schlug verschämt die Augen nieder, »müsste dringend umgegraben werden.«

Wilhelmine reichte ihrer Freundin ein Stofftaschentuch, um das weiße Spitze gehäkelt war. Hedwig nahm es und tupfte sich in die Augenwinkel. »Lass uns ein paar Schritte durch den Bolongarogarten gehen und überlegen, wie so ein Mann zu finden ist.«

Philipp Merz war schon immer ein Charmeur gewesen. Mit zunehmendem Alter – jetzt zählte er immerhin 85 Jahre – verfehlte sein Charme die Wirkung auch bei den reiferen Damen so gut wie nie.

Jeden Tag besuchte er den Bolongarogarten in Höchst. Egal ob die Sonne schien oder ob es regnete. Wenn es eisig kalt war, wickelte er sich einen dicken Wollschal um den Hals und zog eine Baskenmütze auf. Flott sah er aus. Pünktlich um zehn Uhr morgens verließ er seine Wohnung in der Dalbergstraße. Sah erst nach links, grüßte den Obsthändler, dann nach rechts. Hob die Hand, um der Verkäuferin vom Bäckerladen zuzuwinken. Festen Schrittes bog er dann in die Kasinostraße ein, um Richtung Bolongarogarten zu gehen. Er liebte diese Anlage am Zusammenfluss von Main und Nidda: die liebevoll gestutzten Hecken, das Blumenmeer, die gepflegten Wege. Für ihn eine perfekte Symbiose aus Architektur und Garten. Als ehemaliger Landschaftsgärtner hatte Philipp Merz in den Nachkriegsjahren selbst an der Umgestaltung der Grünanlage mitgearbeitet.

»Diese Figur stellt Neptun dar«, sagte er ungefragt zu der Dame, die vor der Skulptur stand, und versuchte so mit ihr ins Gespräch zu kommen. Sie war genau sein Geschmack: Lila getönte Haare lugten vorwitzig unter einer sogenannten Pillenschachtel hervor, die sie keck auf dem Kopf trug.

»Ich weiß«, antwortete die Dame. »Ich bin in Höchst aufgewachsen und zur Schule gegangen.«

»Dann haben Sie sicherlich im Heimatkundeunterricht gelernt, dass der Bolongarogarten ein Schmuckstück aus der Zeit des Barock ist.«

Die Dame lachte. »Aber natürlich! Ich habe sogar eine Jahreszahl für Sie. 1775 begann die Familie Bolongaro mit dem Bau der Anlage.«

»Gibst du wieder mal mit deinem Wissen um den Garten an, liebste Hedwig?«, hörten die beiden eine resolute Stimme aus dem Hintergrund. Eine andere Dame, nicht weniger flott gekleidet, hatte sich neben sie gestellt. Auch sie trug einen auffälligen Hut, an dem eine Pfauenfeder vorwitzig hin und her wippte.

»Hallo, liebste Wilhelmine«, lächelte die Angesprochene, als wäre die Anwesenheit der Freundin für sie eine Überraschung. Leise fügte sie hinzu: »Passendes Zielobjekt gesichtet.«

Ein breites Grinsen war die Antwort.

»Ich habe in der Schule auch gut aufgepasst«, sagte Wilhelmine dann. »Die Bolongaros waren Schnupftabak-Fabrikanten und Bankiers. Sie wanderten 1737 aus Stresa am Lago Maggiore in das kurmainzische Höchst ein.«

Philipp klatschte Beifall. »Wunderbar, meine Damen. Sie teilen also meine Leidenschaft für diesen Garten. Darf ich Sie auf ein Tässchen Tee einladen? Mein Name ist Philipp Merz.«

Wilhelmine und Hedwig sagten begeistert zu und es wurde ein harmonischer Nachmittag. Sie unterhielten sich nicht nur über den Garten, sondern auch über das Leben im Allgemeinen und im Besonderen.

Philipp flirtete und genoss es sichtlich, dass gleich zwei Damen ihn hofierten und um ihn rivalisierten.

Hedwig Meierbeer, 82 Jahre alt, und Wilhelmine Schultes, 81 Jahre jung, wie sie immer betonte. Amor schoss eifrig Pfeile ab.

»Wir wohnen Tür an Tür«, erklärte Hedwig.

»Teilen uns sogar einen Garten, in dem viele verschiedene Blumen gedeihen sollen«, antwortete Wilhelmine. »Und«, fügte sie noch an, »wir haben sogar mal einen Preis für unseren Garten gewonnen.«

»Ich hätte ja gerne noch ein bisschen Salat und Radieschen.«

»Die kannst du dir ja bald von unten ansehen«, konterte Hedwig. Ein strafender Blick, ein Kopfschütteln und ein erhobener Zeigefinger waren die Antwort.

»Möchten Sie morgen auf eine Tasse Kaffee zu mir kommen? Ich werde einen Frankfurter Kranz backen.« Hedwig lächelte Philipp Merz gewinnend an. Sie zuckte mit keiner Wimper, als sie einen Tritt unter dem Tisch verspürte.

»Das ist eine gute Idee«, zwitscherte Wilhelmine. »Ich habe Bethmännchen gebacken, ein ebenso typisches Gebäck für Frankfurt wie sein Kranz. Sie mögen doch Marzipan, oder?«

Philipp beeilte sich, kräftig zu nicken. Er sah auf seine Uhr. »Wie schnell doch die Zeit bei so charmanter Begleitung vergangen ist. Ich muss mich nun leider verabschieden, habe noch einen Arzttermin. Kardiologe, leider. Dann sehen wir uns morgen, meine Damen. Ich freue mich!«

Er winkte der Serviererin, bezahlte die Rechnung. Dann stellte er seinen Stuhl akkurat an den Tisch zurück und küsste den beiden Damen galant die Hand. Mit einem Lächeln im Gesicht verbeugte er sich. »Ich wünsche noch einen wundervollen Nachmittag.«

»Was für ein Mann«, sagte Wilhelmine, als Philipp außer Hörweite war. »So charmant. Genau der Richtige für unseren Garten.«

»Und für mich. Komm mir also bloß nicht in die Quere«, zischte Hedwig.

»Pah, ich doch nicht. Gerade, ungerade?«

Wilhelmine nickte. Dann klatschten sich die beiden Damen ab.

Hedwig hielt die Hand lauschend an ihr Ohr. »Die gackert vielleicht was weg«, grummelte sie. Vorsichtig setzte sie einen Fuß vor den anderen, um nicht auf dem nassen Gras auszurutschen. »So viel Unkraut, eine Schande ist das. Es wird Zeit, dass unser Charmeur sich nicht nur uns, sondern auch unserem Garten widmet.«

Leise schlich sie zum Wintergarten und konnte hören, wie Wilhelmine sagte: »Weißt du, Philipp, warum die Menschen sich nach Gärten sehnen, was sie hineininterpretieren?«

Hedwig sah, wie Philipp die Lippen spitzte, nach Wilhelmines Hand griff und sie festhielt.

»Den Garten Eden?«, meinte Philipp.

»Richtig! Immerwährende Glückseligkeit. Durch die Gartenkunst bemühen sich die Menschen, das verlorene Paradies zurückzugewinnen.«

»Das hast du schön gesagt.«

Hedwig sah, wie Philipp Wilhelmine zu sich heranzog und küsste.

»Jetzt duzen die sich sogar schon. Und er hat sie geküsst.« Das war genug. Eilig lief sie zur Haustür. Empört läutete sie Sturm bei ihrer Rivalin.

Philipp saß gemütlich auf deren Sofa und hielt einen Teller in der Hand, auf dem ein Stück Frankfurter Kranz lag.

»Das ist ja unerhört, Philipp! Heute ist Mittwoch und somit *mein* Tag! Bist du jetzt schon so senil, dass du die Tage durcheinanderbringst?« Auch sie war zum vertraulichen Du übergegangen.

»Beruhige dich, meine Liebe«, flötete Wilhelmine. »Er ist unschuldig. Ich habe Philipp beim Bäcker getroffen und ihn ganz spontan zu einem Käffchen eingeladen. Ich hätte ihn dann schon zu dir rübergeschickt.«

Wutentbrannt schubste Hedwig ihre Nebenbuhlerin. »Hast du unser Abkommen vergessen?«, rief sie entrüstet.

»Pah.«

»Du bist so was von gemein!«

»Aber, aber, meine Damen!« Philipp stand auf, um zu beschwichtigen, bekam aber ebenfalls einen Schubs.

»Das macht dir wohl auch noch Spaß, Philipp, dass wir beide uns um dich zanken. Ich dachte, du wärst ein Gentleman.«

»Ich *bin* ein Gentleman!« Philipp war entrüstet. »Ich habe euch sogar bei der Gartenarbeit geholfen. Euer Garten ist schon ein bisschen verwildert.«

»Das bisschen Unkrautzupfen«, schrie Hedwig aufgebracht. »Du hättest uns mehr unterstützen können. Schließlich möchten wir wieder beim Wettbewerb der schönsten Barockgärten teilnehmen.«

»Und auch gewinnen«, warf Wilhelmine ein.

»Wir wollen nicht streiten, meine Damen. Lust auf einen Spaziergang zum Bolongarogarten? Zu dritt? Die Sonne scheint«, versuchte Philipp die beiden Streithennen zu trennen.

»Das ist ja wohl unerhört. Erst zum falschen Zeitpunkt bei der falschen Frau erscheinen und dann auch noch unseren Garten beleidigen.« Hedwig war entrüstet und bohrte Wilhelmine wütend den Zeigefinger in die Brust. »Los, sag auch mal was.«

»Lass mich, du eifersüchtige Kuh!«

Das ließ Hedwig nicht auf sich sitzen. »So was! Du stellst dich auf seine Seite?« Sie schnappte nach Luft. »Spaziergang, pah! Zu dritt, nee! Du sagst uns jetzt auf der Stelle, bei wem du lieber bist, Philipp.«

Der Charmeur sah sich zwei Damen gegenüber, deren Augen böse funkelten. Er hob und senkte die Schultern.

»Können wir nicht zu dritt …?«

»Ein Dreier?«, schrie Wilhelmine entrüstet auf. »Nie im Leben.« Mit mehr Kraft, als man ihr zutrauen würde, wenn man sie im Garten pusseln sah, schubste sie Hedwig und Philipp.

Das ließen sich beide nicht gefallen, stießen sie zurück und rempelten sich gegenseitig an.

Dann aber hielt Hedwig inne:

»Stimmt eigentlich, Wilhelmine. Von wegen Ehrenmann und Kavalier, einfach nur ein Lüstling ist er. Und er hat keinerlei Sinn für unseren Garten. Wozu brauchen wir den eigentlich?«

Beide Damen standen zornfunkelnd vor Philipp, sahen sich kurz an, nickten übereinstimmend und wehrten sich mit einem gemeinsamen Stoß.

»Aber nicht doch, meine Damen. Wir können doch über alles reden. Wir sollten …«

Philipp fasste sich mit einer theatralischen Geste ans Herz und sackte lautlos zusammen. Unglücklich schlug er mit dem Kopf gegen die Tischkante. Dann blieb er reglos liegen.

Sein Mund stand weit offen. Seine Lippen färbten sich blau.

»Was hast du gemacht, Wilhelmine?«

»Ich? Das warst doch wohl eher du, Hedwig mit deinem albernen Getue und Geschubse! Du hast angefangen. Und du bist schuld.«

Die beiden Damen stritten, bis Hedwig sich endlich zu Philipp hinunterbeugte und feststellte: »Er ist tot. Unser Kavalier ist tatsächlich tot. Was machen wir jetzt?«

»Stell ein weiteres Gedeck auf den Tisch, sodass es aussieht, als hätten wir zu dritt Kaffee getrunken. Ich rufe in der Zwischenzeit den Notarzt.«

Der Arzt stellte Tod durch Herzversagen fest. Die Wunde am Kopf, so konstatierte er, hatte sich Philipp beim Sturz zugezogen.

Wilhelmine und Hedwig wussten: Sie würden bei seiner Beisetzung bittere Tränen weinen. Ihr Garten sah immer noch so aus wie früher.

Hedwig Meierbeer, ganz in Schwarz mit einem Tüllhütchen auf dem Kopf, stolzierte auf die Polizeiwache in der Gebeschusstraße in Höchst.

»Ich möchte sofort einen leitenden Beamten sprechen«, sagte sie resolut. »Ich muss einen Diebstahl melden.«

Eine Polizistin grüßte Hedwig freundlich und bat sie in ein Büro.

»Dann erzählen Sie mal«, meinte sie. »Worum handelt es sich?«

»Ich bin, wie jeden ungeraden Wochentag, zum Friedhof gegangen. Vor ein paar Wochen mussten wir unseren Freund

Philipp Merz begraben. Er ist an einem Herzanfall verstorben. Gott sei seiner Seele gnädig.« Hedwig bekreuzigte sich, schniefte und fummelte ein Taschentuch aus dem Ärmel.

»Wer ist wir?«, fragte die Polizeibeamtin.

»Meine Nachbarin Wilhelmine Schultes und ich. Philipp gehörte mir an den ungeraden Tagen, und an den geraden Tagen besuchte er Wilhelmine.«

»Und was ist nun gestohlen worden?«

»Philipp!«

»Wie bitte?«

»In seinem Grab ist ein Loch. Also wurde er geklaut. Und ich weiß auch schon, wer das war: Wilhelmine!«

»Wie kommen Sie denn darauf?«

»Sie sagte mir, dass sie Philipp gerne im eigenen Garten hätte. Dann könnte sie ihn jeden Tag besuchen. Und hätte ihn weiter in ihrer Nähe.«

Die Polizistin konnte sich ein Lächeln nicht verkneifen.

»Sie meinen also, dass Ihre Nachbarin die Urne dieses Herrn gestohlen hat, um sie im heimischen Garten zu vergraben?«

»Da bin ich mir sicher. Deshalb möchte ich Anzeige erstatten. Sie will ihn ganz für sich haben. Das ist gemein!«

Hedwig wurde mit einem Polizeiauto nach Hause gefahren. Dort fand eine weitere Auseinandersetzung statt.

»Du bist eine alberne, eifersüchtige Kuh«, polterte Wilhelmine.

Anklagend zeigte Hedwig in den Garten. »Ich habe dich beobachtet, du hast Philipps Urne vergraben. Gib es endlich zu.«

Die nette Polizistin stellte sich zwischen die beiden Streithennen und sah die Damen strafend an. »Die Störung der Totenruhe ist kein Kavaliersdelikt. Sie wird immer mit Geldstrafe oder sogar Freiheitsstrafe bis zu drei Jahren bestraft; selbst der Versuch ist strafbar. Ich rufe jetzt die Friedhofsverwaltung an.«

Wilhelmine gab sich völlig ungerührt. »Nehmen Sie doch einstweilen Platz. Ich habe frischen Kaffee aufgebrüht und Frankfurter Kranz ist auch noch da.« Sie eilte geschäftig zwischen Wohnzimmer und Küche hin und her. Dabei redete sie ununterbrochen. Hedwig hatte es sich auf dem Sofa bequem gemacht und nippte genießerisch an einer Tasse Kaffee.

»Stopp, meine Damen.« Die Polizistin wirkte streng. »Wir sind hier nicht zu einem Kaffeekränzchen. Wo haben Sie die Urne vergraben?«

Wilhelmine zuckte mit den Schultern. »Welche Urne?«

»Tun Sie nicht so«, die Polizistin hatte Mühe, Haltung zu bewahren. »Wo?«

Wilhelmine kam nicht dazu zu antworten, denn es läutete an der Haustür. Zwei Männer in grauen Overalls mit Gartengeräten standen davor. *Höchst Ortsbezirk Frankfurt West* stand auf dem Rücken der Schutzanzüge. Hedwig und Wilhelmine sahen interessiert zu, wie die zwei städtischen Angestellten systematisch damit begannen, den Garten umzugraben. Das gesamte Gelände, denn leider, leider konnte sich Wilhelmine nicht mehr so ganz genau daran erinnern, wo sie die Urne vergraben hatte.

»Irgendwo da hinten! Vielleicht aber auch hier vorne.«

Die Damen reichten Kaffee und Tee, auch Mineralwasser stand bereit. Beide wuselten eifrig hin und her, sparten nicht mit Hinweisen und guten Ratschlägen.

Nach zwei Stunden, in denen sie den Garten vollständig umgegraben hatten, fanden die Arbeiter eine Urne. Als die Polizistin den Deckel abnahm, rieselte nichts als feiner weißer Sand heraus.

»War ein netter Versuch, meine Damen«, bellte die Polizistin, die sich heimlich den Vorwurf machte, den Garten vor der Aktion nicht auf Hinweise frischer Grabungen inspiziert zu haben. »Es ist Ihnen geglückt, uns hereinzulegen. Diesen Polizeieinsatz werden wir Ihnen in Rechnung stellen. Wir sind teurer als eine Gärtnerstunde.«

Beschämt sahen die beiden Damen die Polizisten an. Dann sagte Wilhelmine: »Aber es war so ein schöner Nachmittag. Endlich war mal wieder was los. Seitdem Philipp starb, ist es so langweilig bei uns.«

»Deswegen gedachten Sie, den Nachmittag mit der Polizei zu verbringen?«

Die Damen lächelten glücklich.

»Wer von Ihnen ist denn auf diese Schnapsidee gekommen?«

Wilhelmine zeigte auf Hedwig, Hedwig auf Wilhelmine. »Wir wollten mehrere Fliegen mit einer Klappe schlagen«, meinte die Ältere. »Einen netten Nachmittag mit lieben Menschen verbringen.«

»Und der Garten musste umgegraben werden«, warf Wilhelmine ein.

»Wir werden Herrn Merz dann wohl in seinem Grab vorfinden. Das Loch war Tarnung, oder?«

Verschämt nickten die Damen. Hielten ihre Hände hin. Dann sagte Wilhelmine mit fester Stimme: »Jetzt können Sie uns festnehmen. In der Urne ist nur Vogelsand.«

Über Hedwigs Hals kroch eine feine Röte: »Wir wollten nur, dass Philipp durch seine Urne endlich tut, was wir von ihm erwartet haben: unseren barocken Garten umgraben.«

»Wenn wir Glück haben, kommen wir mit dieser Gartengeschichte in die Presse«, flüsterte Wilhelmine.

Der Tatort

Der Bolongarogarten (0,4 Hektar) ist ein gartenkunsthistorisches Schmuckstück aus der Zeit des Barocks. Ein Regionalpark, dessen grünes Herz im Grüngürtel Frankfurts schlägt. Die schmucke Gartenanlage in Höchst ist nur wenige Schritte vom Main entfernt. Sie gehört zu dem über Main und Nidda thronenden ehemaligen Barockpalais (erbaut 1772 bis1780) der wohlhabenden Tabakfabrikanten Bolongaro.

Anfahrt
mit öffentlichen Verkehrsmitteln:
Da es vom Bahnhof Frankfurt-Höchst zur Höchster Altstadt und zum Bolongaropalast nur wenige Minuten zu Fuß sind, kann man auch laufen.

Alternativ fährt man vom Bahnhof Höchst mit der Buslinie 11 bis Zuckschwerdtstraße, dann Richtung Süden zur Kurmainzer Straße, weiter auf Amtsgasse, die zur Seilerbahn wird (600 Meter). Zum Bolongaropalast fahren ab Bahnhof Höchst auch die Buslinien 51, 54 und 59.

Von der Innenstadt Frankfurts aus ist Höchst mit der Stadtbahnlinie S1 oder S2 zu erreichen.

Vom Frankfurter Hauptbahnhof verkehrt auch der Stadtexpress SE 10 (regionale Privatbahn) Richtung Wiesbaden / Koblenz / Neuwied, der in Höchst hält.

mit dem PKW:
Von der B 44 / B 8 kommend die Ausfahrt Bockenheim nehmen. Durchfahrt AK Westkreuz Frankfurt. Am Eschborner Dreieck links abbiegen, Richtung Wiesbaden – Mainz – Köln – Frankfurt-Höchst – Sossenheim. Weiterfahren auf der Königsteiner Straße. Am Kreisel die zweite Ausfahrt nehmen in die Hostatostraße, links abbiegen in die Albanusstraße, links in die Bolongarostraße. Nach kurzer Zeit liegt rechts der Bolongarogarten.

Das Bolongaro-Areal verfügt leider über keine eigenen Parkplätze. Öffentliche Parkplätze am Main sind ausgeschildert.

Mit einem kostenlosen Routenplaner kann man sich die Fahrtroute auch berechnen lassen, sowohl für öffentliche Verkehrsmittel als auch für Pkw: www.falk.de/routenplaner.

Die Autorinnen und Autoren:

Uli Aechtner
arbeitete viele Jahre als Journalistin beim französischen Fernsehen TF1, beim SWR Mainz und für das ZDF, bevor sie zu schreiben begann. Ihre Romane und Kurzgeschichten wurden von *Rotbuch*, *S. Fischer*, *Ullstein*, *rororo* und vielen anderen Verlagen gedruckt. Im *Emons Verlag* erscheinen ihre Regionalkrimis, die im Rhein-Main-Gebiet und in der Wetterau spielen – einer Gegend, in der die Autorin seit einem Vierteljahrhundert sehr gern lebt.

Christina Bacher
lebt nach Lehr- und Wanderjahren in Kaiserlautern, Marburg, Bonn, Prag und Montpellier heute mit ihrer Familie in Köln. Seither betreibt sie *Bachers Büro*, eine Schmiede für Texte aller Art. Neben der Arbeit beim Straßenmagazin *Draußenseiter* betreut sie redaktionell die *Niri-News*. Zudem tourt sie mit ihren Krimis durch Schulen und Bibliotheken. Sie ist Stipendiatin des Kölner Kulturamts im Scriptorium der Antoniterkirche, außerdem ist sie Mitglied der *Mörderischen Schwestern* und beim *Syndikat*.

Karsten Eichner
ist Autor von Krimis und Sachbüchern, beispielsweise des biografischen Sammelbandes »Die großen Wiesbadener«. Der gebürtige Frankfurter ist Journalist und promovierter Historiker und arbeitet als Pressesprecher eines großen Unternehmens. Er lebt mit seiner Familie, zu der auch Langhaardackel Brentano gehört, in der Nähe des Wiesbadener Rheinufers.

Leila Emami
Die Wahl-Rheingauerin mit iranischen Wurzeln (1970 in Teheran geboren) ist Autorin, Bloggerin und Schreibcouch. Seit ihrem Studium (Germanistik, Filmwissenschaft, Kunstgeschichte) schreibt sie alles, was ihr unter den Griffel kommt: Krimis, Thriller, Theaterstücke, Märchen, am liebsten Krimikomödien, die sie u. a. bei

Krimiwanderungen vorliest (www.mords-mittelrheintal.de). Als Bloggerin schreibt sie über die schönen Dinge des Lebens (www.genussliga.de). Da sie weiß, wie gut uns das Schreiben tut, gibt sie Schreibkurse, damit auch andere ihre schöpferische Kraft entdecken. www.leila-e.de

Christiane Geldmacher

lebt und arbeitet als Autorin, Dozentin, Journalistin und Lektorin in Wiesbaden. Studium der Germanistik, Amerikanistik, Philosophie und Theater-, Film- und Fernsehwissenschaften. Viele Reisen durch Europa, die USA und Australien. Betreute redaktionell zwei Fachzeitschriften und machte sich aus Leidenschaft zum Buch schließlich mit einem Lektoratsbüro selbstständig. 2012 erschien ihr erster Roman »Love@Miriam« im *Bookspot Verlag*; ihr zweiter Roman »Willkommen@daheim« erschien 2016 ebenfalls bei *Bookspot*. Herausgeberin des Kurzgeschichtenbandes »Hell's bells« im *Poetenladen Verlag*, Leipzig 2008; Herausgeberin zusammen mit Susanne Kronenberg von »Wiesbaden im Sommer« im *Kommunal- und Schulverlag*, Wiesbaden 2015. Christiane Geldmacher ist Gewinnerin vieler Kurzgeschichtenpreise; zuletzt des Friedrich-Glauser-Preises 2015 in der Sparte Kurzkrimi.

Jürgen Heimbach

wurde 1961 in Koblenz geboren. Nach der Ausbildung zum Groß- und Außenhandelskaufmann studierte er Germanistik und Philosophie in Mainz, arbeitete als Regieassistent am Staatstheater Mainz, mitbegründete ein Theater (darK.-Halle) und organisierte Ausstellungen. Seit 1995 arbeitet er als Redakteur bei 3sat und ZDFkultur. Er hat zahlreiche Kurzgeschichten sowie sechs Romane veröffentlicht, zuletzt eine Nachkriegstrilogie im *Pendragon Verlag*, Bielefeld (»Unter Trümmern«, »Alte Feinde« und »Offene Wunden«). Jürgen Heimbach ist Mitglied im *Syndikat* und in der Krimiautorenvereinigung *Mörderisches Rheinhessen* und sitzt seit vielen Jahren in der Jury des rheinland-pfälzischen Jugendbuchpreises. www.juergen-heimbach.de

D.C. Hubbard

Als ihre Liebe zu Geschichte und Geschichten nicht mehr zu leugnen war, fing Deborah Hubbard an, ihre eigenen Storys zu erzählen. Sie veröffentlichte ihren englischsprachigen Erstlingsroman »The Peace Bridge« 2012. Seitdem schreibt sie an der Vorgeschichte dazu und wagt sich an deutschsprachige Kurzgeschichten wie die vorliegende. »Jungfrau mit Stickzeug« erschien 2015 in der Anthologie »Bei Zitat Mord«. Im selben Jahr erschien »Ein alter Hut« in »Kurze Geschichten für Zwischendurch«.

Als amerikanische Wahldeutsche lebt sie mit Mann, Hund und Katzen seit über 30 Jahren im Rhein-Main Gebiet und im Idsteiner Land. Mehr über sie und ihr Schreiben kann man auf ihrer Webseite www.dchubbard-writes.com erfahren.

Sie bloggt unter www.dchubbardwrites.wordpress.com.

Ivonne Keller

geboren 1970, lebt in der Nähe von Frankfurt am Main. Die gelernte Bankkauffrau studierte nach ihrer Ausbildung in Granada / Spanien und arbeitete später als Personalerin bei einer Unternehmensberatung. Heute schreibt sie als freie Autorin im Genre Psychologische Spannung für den *Knaur Verlag*. Sie ist Mitglied bei den *Mörderischen Schwestern* und im *Syndikat*.

Bernd Köstering

wurde 1954 in Weimar geboren und lebt heute in Offenbach am Main. Seine Romane und Kurzgeschichten zeigen ein feines Gespür für die Beweggründe der handelnden Menschen. Er entwickelte zusammen mit dem *Gmeiner-Verlag* das Genre des Literaturkrimis, in dem ein bekanntes Werk der Weltliteratur den jeweiligen Fall aus- oder auflöst. Seine Goethekrimis haben unter Fans inzwischen Kultcharakter. Bernd Köstering veröffentlichte bisher fünf Romane, zahlreiche Kurzgeschichten und Krimirätsel. Sonstiges: Verheiratet, zwei Töchter, zwei Enkeltöchter. Erwerbsberuf: Medizintechnik-Ingenieur. Mehrere seiner Lebensstationen gleichen denen Goethes: Weimar, Frankfurt und Offenbach.

Susanne Kronenberg
geboren in Hameln, wohnt und arbeitet sie als freie Schriftstellerin in Taunusstein-Neuhof. Zu ihren Veröffentlichungen zählen bislang acht Kriminalromane, davon fünf mit der Wiesbadener Privatdetektivin Norma Tann, zahlreiche Kurzgeschichten für verschiedene Anthologien, eine Reihe von Jugendbüchern, die vielfach übersetzt wurden, sowie Fachbücher und Bücher zu regionalen Themen. Als Dozentin für Kreatives Schreiben gibt sie Kurse und Workshops. Sie ist Mitglied im *Syndikat*, der Vereinigung deutschsprachiger Krimiautoren und Mitgründerin der Wiesbadener Autorengruppe *Dostojewskis Erben*. www.susanne-kronenberg.de

Eva Lirot
hat Literaturwissenschaft und Psychologie studiert, lebt mit ihrem Mann in Limburg an der Lahn, spielt ein wenig Klavier, fotografiert gerne und ist Vielleserin quer durch die Genres. In ihrer Jugend schrieb sie Songtexte, Büttenreden und kurze Theaterstücke, heute ist sie Mitherausgeberin von Krimibänden, veröffentlicht zahlreiche Kurzkrimis sowie die Krimi- und Thriller-Serie mit Großstadtsheriff Jim Devcon und seinen außergewöhnlichen Fällen. Eva Lirots Motto beim Schreiben: »Die Phantasie ist die schönste Tochter der Wahrheit, nur etwas lebhafter als die Mama.« (Carl Spitteler)
www.evalirot.com

Dominick Mondorff
alias DoMo ist im Jahr 1955 im hessischen Südwesten geboren. Er hatte dort die längste Zeit des Lebens seinen Lebensmittelpunkt, bevor er in diesem Jahrzehnt Schritt für Schritt in der hessischen Landeshaupt sesshaft geworden ist. Mondorff ist Jurist mit Zweitem Staatsexamen, hat in der Justiz und in der Verwaltung gearbeitet und zudem für viele Jahre ehren- und hauptamtlich Politik gemacht. Seit beinahe zwei Jahrzehnten arbeitet er für einen Verband in Wiesbaden. DoMo hat recht spät mit dem Schreiben angefangen. Start war 2015 mit einer Geschichte in der Anthologie »Wiesbaden im Sommer«. Erst mit seinem darin enthaltenen Beitrag »Der

Kiebitz am Warmen Damm« erblickte Dominick Mondorff literarisch das Licht der Welt. Der Spaß am Krimischreiben keimte auf, nachdem DoMo intensiven Kontakt zur Wiesbadener Gruppe von Krimischriftstellern namens *Dostojewskis Erben* fand.

Brigitte Pons

Jahrgang 1967, lebt und arbeitet in Hessen knapp südlich von Frankfurt am Main. Sie schreibt Romane und Kurzgeschichten und ist dabei immer auf der Suche nach dem perfekten Text. Ihre Geschichten variieren zwischen mörderisch und heiter, provokant und tiefsinnig und balancieren auch gerne im Grenzbereich. Sie ist Mitglied bei den *Mörderischen Schwestern* und im *Syndikat*. Ihre Art zu schreiben charakterisiert die folgende Aussage: »Emotionen sind der Dünger meiner Fantasie und Worte ihre Früchte!« © brigittepons@web.de

Claudia Schmid

Jahrgang 1960, lebt in Mannheim. Die Germanistin schreibt Kriminelles, Historisches und Reiseberichte. Neben ihren Büchern hat sie drei Dutzend Kurzgeschichten veröffentlicht und mehrere literarische Preise erhalten. Sie ist als Dozentin im Kommunikationsbereich und Redakteurin von www.kriminetz.de tätig. Mit Vorliebe spielt sie kleine Rollen in Fernsehkrimis. Im Herbst 2016 erscheint ein neuer Roman aus ihrer Feder.
www.claudiaschmid.de und www.kriminetz.de

Ursula Schmid-Spreer

Lehrerin im Gesundheitsbereich, Veröffentlichungen in Literatur- und Fernsehzeitschriften. Bertaluise Nürnberger ermittelt nunmehr in ihrem vierten Kriminalfall (*edition oberkassel*). (Mit)herausgeberin von Krimi-Anthologien, Mitarbeiterin beim Online-Newsletter *The Tempest*, Mitglied beim BVjA, bei den *Mörderischen Schwestern* und im *Syndikat*.
www.schmid-spreer.de

Ute Schusterreiter
ist 1969 in Köln geboren. Nach einer Berufsausbildung studierte sie Kunstgeschichte, Italienisch und Neuere Deutsche Literatur in Marburg und Berlin. Seit 2012 lebt sie im Rheingau.

Anina Stecay
erblickte das Licht der Welt im unschuldigen Bad Hersfeld. Schon ihre Kindheit verbrachte sie im Rhein-Main-Gebiet, machte dort im Alter von elf Jahren ihre ersten literarischen Gehversuche. Später studierte sie Humanmedizin, Bildungswissenschaften und Sprachen. Nach Studienaufenthalten in Berlin und den Niederlanden zog es sie wieder an den Tatort zurück; heute lebt, arbeitet und mordet sie in der Nähe von Frankfurt.

Dietmar Thate
geboren 1957 in Rheine. Nach einem Germanistikstudium über viele Jahre als Journalist und PR-Mann der Welt der Fakten verpflichtet, bekam er große Lust, auch einmal fantasiegesteuert und jenseits politischer Korrektheit Texte zu schreiben. Der Kurzkrimi »Vampir im Ostpark« ist ein Ergebnis dieser neuen Leidenschaft.

Belinda Vogt
geboren 1955 in Wiesbaden, studierte Publizistik in Mainz und begann als Drehbuchautorin und Regisseurin für Industriefilme. Danach ging sie zum Fernsehen, wo sie als Redakteurin bei SAT.1 und später beim ZDF arbeitete. Seit 2008 schreibt sie Kriminalromane und Kurzgeschichten. Gemeinsam mit der Autorin Uli Aechtner verfasste sie 2009 den Krimi »Frauenschwimmen« und 2013 »Keltenzorn«. Beide Bücher sind im *Emons Verlag* erschienen. Belinda Vogt war zweimal nominiert für den Agatha-Christie-Krimipreis und lebt mit ihrer Familie in Wiesbaden.

Fenna Williams
geboren 1956, lebt und arbeitet in Wiesbaden und überall dort, wohin die Recherche zu ihren Büchern und ihr Blog sie führen (www.

genussliga.de). Sie studierte Kreatives Schreiben in Seattle, London und Frankfurt und schreibt seitdem Drehbücher sowie Kurzgeschichten und Romane verschiedener Genres. Ihr Ermittlerteam um die Geisterjägerin Dona Holstein löst auf historischen Tatsachen beruhende Fälle, die in der Gegenwart zu mörderischen Problemen führen. Als erster Teil des Autorenduos Auerbach & Keller arbeitet Fenna zusammen mit ihrer Kollegin an der Comic-Crime-Serie um die Haushüterin und Übersetzerin Pippa Bolle. Sie ist Mitglied bei den *Mörderischen Schwestern* und im *Syndikat* und im Verband deutscher Schriftsteller. Fenna hat vier Passionen: Schreiben, Shakespeare, Single Malt Whisky und den Wunsch, diese drei Dinge immer wieder neu zu verbinden.
Preise und Auszeichnungen: 2. Platz beim Zola Literary Contest, Seattle, USA für das Drehbuch »Amazing Days«, Nürnberger Drehbuchstipendium, Tatort Töwerland Aufenthalts-Stipendium der Insel Juist. www.fenna-williams.com

Danksagung

Liebe Leserin, lieber Leser,

vielen Dank, dass Sie sich für »Hortus Delicti« entschieden haben. Wir hoffen, Sie hatten ein mörderisch schönes Parkvergnügen. Es erscheinen jährlich so viele Bücher, dass man meinen könnte, sie schrieben sich ganz von allein. Doch bis Sie durch dieses Buch blättern konnten, haben viele daran gearbeitet. Deshalb möchten wir, die Herausgeberinnen Fenna Williams und Leila Emami, den Platz am Ende des Buches nutzen, um uns bei allen Mitwirkenden zu bedanken.

Geschichten nehmen ihren Anfang in den Köpfen ihrer Autoren und beginnen zu leben, sobald sie niedergeschrieben werden.

Wir bedanken uns somit bei allen Autoren, die fleißig schrieben, unerschrocken überarbeiteten, kürzten und streckten, auch wenn das Lektorat manchmal wehtat.

Apropos Lektorat, ohne das eine Geschichte ein ungeschliffener Diamant bleiben würde: Wir bedanken uns bei Johannes Paesler für seine Adleraugen, denen nichts entgeht.

Wir bedanken uns bei allen Verantwortlichen der Parks und Gärten dafür, dass wir die wunderschönen Anlagen in Tatorte verwandeln durften. Wir haben auch wieder aufgeräumt und alle Spuren – außer in diesem Buch – beseitigt.

Wir bedanken uns bei unseren Sponsoren, ohne deren Hilfe dieses Buch in dieser Form nicht hätte erscheinen können. Unsere Helfer im Hintergrund waren:

Die Schlocker-Stiftung in Hattersheim mit einem großen Herzen für Mensch und (Garten-)Kultur, die 2016 ihr 25-jähriges Jubiläum begeht. Herzlichen Glückwunsch an dieser Stelle. (www.schlocker-gaertnerei.de)

Naturefund. e. V., die weltweite Organisation zum Erhalt ursprünglicher Lebensräume und Landschaften wie zum Beispiel der Streuobstwiesen. (www.naturefund.de)

Was wäre ein Buch ohne Verlag, der sich um Gestaltung, Druck und Vertrieb kümmert? Wir möchten uns deshalb ganz herzlich bei Ulrich Wellhöfer bedanken, der mit viel Enthusiasmus zustimmte, mit uns die Parks und Gärten auch als Lesevergnügen einem breiten Publikum zu öffnen.

Uns hat es große Freude bereitet, mit und für Euch zu arbeiten. Wir legen schon mal unsere Waffen bereit, falls Ihr mit uns noch einmal mörderisch gute Tatorte schaffen wollt.

Mordsfrohe Gartengrüße,
Fenna und Leila

Unterstützt wurde das kriminelle Gartenprojekt von der EVIM Behindertenhilfe Werkstatt Schlocker-Stiftung in Hattersheim . . .

Die Werkstatt Schlocker-Stiftung der EVIM Behindertenhilfe feiert 2016 ihr 25-jähriges Jubiläum. Derzeit arbeiten 370 Menschen mit einer geistigen und/oder körperlichen Beeinträchtigung in unserer Werkstatt in Hattersheim am Main. Neben Büro-, Verpackungs- und Montagearbeiten, einer Bäckerei und einer Fahrradwerkstatt ist unsere Gärtnerei ein wichtiger Teil der Werkstatt. Hier werden Beet- und Balkonpflanzen wie Primeln, Studentenblumen und über dreißig Sorten Geranien in den Gewächshäusern selbst gezogen.

Seit 2016 hat die Gärtnerei auch eine Abteilung, in der unter freiem Himmel essbare Wildkräuter und heimische Wildstauden auf biologische Weise angebaut werden. Wer bei uns Wildstauden kauft, schützt nicht nur regionale Wildpflanzen, sondern auch Schmetterlinge, Wildbienen, Hummeln und andere nützliche Insekten. Die Gärtnerei bietet zudem noch lokale Grabpflege sowie Park- und Gartenpflege an. Unser *Grüner Daumen* ist ein spannender Veranstaltungsort für Gartenfreunde und Kulturinteressierte. Die Schlocker-Gärtnerei liegt einen Katzensprung von der A66 entfernt in der Dürerstraße 25 in Hattersheim.

Wir freuen uns auf Ihren Besuch!

www.schlocker-gaertnerei.de **www.evim.de**

... und
Naturefund e.V.
in Wiesbaden

NATUREFUND

Naturefund ist eine gemeinnützige Naturschutzorganisation, die weltweit Land kauft, um Lebensräume für die Vielfalt von Tieren und Pflanzen zu bewahren. In nur wenigen Jahren hat Naturefund eine Reihe von Wiesen, Wäldern und Feuchtgebiete erworben. Im Zuge des Klimawandels kauft Naturefund verstärkt Wälder und forstet wieder auf - aktuell im Nationalpark Tunari im Hochland von Bolivien und in Madagaskar. Gleichzeitig wurden in Europa in den letzten Jahren über 100.000 Bäume gepflanzt. Seit 2012 setzen wir uns auch für den Erhalt der Streuobstwiesen in Wiesbaden ein. Gut 40.000 Obstbäume wachsen hier, darunter zahlreiche seltene Sorten. Es ist ein einzigartiger Lebensraum für viele gefährdete Arten, darunter der Wendehals, der Gartenschläfer und eine der größten Steinkauzpopulationen Hessens - und ein idealer Ort für den perfekten Krimi.

www.naturefund.de